新・判例ハンドブック

【民法総則】

河上正二
中舎寛樹 編著

日本評論社

はしがき

ここに『新・判例ハンドブック民法総則』をお届けする。本書の前身は、一九九二年に甲斐道太郎先生によって編纂された『判例ハンドブック民法総則・物権〔第二版〕』であり、そのコンパクトな内容で多くの学生の支持を得てきたが、既に四半世紀を経て、新しい判例・裁判例が集積し、立法・学説も進展する中で、永らく改訂が求められていたものである。本書は、かつての「ハンドブック」の良さを承継しながらも、新しい時代に即した内容で組み直したもので、収録裁判例の数も大幅に増え、編集の過程でこれだけはというものに絞り込んだつもりではあるが、それでも総則だけで一五八件に達している。結果として総則と物権は別編成となった。各項目では、簡単な事実関係と裁判所の判断の要点、そして判決を読む際に留意していただきたいコメントが1頁に凝縮され、比較的入手しやすい判例評釈や解説の文献情報が付されている。執筆には、この分野で活躍するベテラン・中堅・若手の有力な研究者があたってくださった。

膨大な法律情報があふれる中、学生諸君には、これをきっかけに教科書や講義などで登場する主要な判例・裁判例の大まかなイメージを掴みながら勉強をはじめていただくことが期待されているわけであるが、少し勉強の進んだ学生にとっても、判決理由や調査官解説等のどこがポイントなのかを知り、あるいは知識の確認をすることができるといったメリットがあろうと考えている。

今日、民法の学習をするに当たって判例・裁判例に関する知識は不可欠なものとなっている。恐らく民法典の条文を見ただけで日本民法の現状を理解することは不可能というほかない。とはいえ、各判例・裁判例を正確に理解し、位置づけることが必ずしも容易でないことにも留意していただく必要がある。判例・裁判例の事案の特殊性や当時の時代思潮を背景に、判例の理論や準則の射程を慎重に測る必要があるだけに、研究者の間でも、判例の読み方や位置づけは一様ではないからである。一件の最高裁判決が出るたびに、十件以上の判例評釈や解説が登場し、最近の民法（債権法）改正作業でも、判例準則の明文化が試みられ、一部結実したものの、なお判例に委ねられたものが少なくないことは、この作業の難しさを示していよう。しかし、判例・裁判例は民法学習の宝庫でもある。その意味では、読者諸君が、あくまで本書を手掛かりに、必要に応じて判例集等の原典にあたりながら、より進んだ学習に取り組んでいただくことを切に希望するものである。

最後に、編者の意図をくみ取り、多忙を極める中で執筆の労をとって下さった執筆者の諸先生をはじめ、煩わしい編集事務に携わってくださった日本評論社法学セミナー編集部の小野邦明氏に心から御礼申し上げたい。

二〇一五年四月

河上正二
中舎寛樹

目次

はしがき

●第一章／通則

I 信義則・権利濫用――山崎暁彦＋河上正二＋中舎寛樹 20

① 信義則(1)／深川渡事件――大判大正14年12月3日民集四巻六八五頁
② 信義則(2)／権利失効の原則――最3判昭和30年11月22日民集九巻一二号一七八一頁
③ 信義則(3)／ダイヤルQ2事件――最3判平成13年3月27日民集五五巻二号四三四頁
④ 権利濫用(1)／信玄公旗掛松事件――大判大正8年3月3日民録二五輯三五六頁
⑤ 権利濫用(2)／宇奈月温泉事件――大判昭和10年10月5日大判民集一四巻一九六五頁
⑥ 権利濫用(3)／高知鉄道敷設事件――大判昭和13年10月26日民集一七巻二〇五七頁
⑦ 権利濫用(4)／日照権事件――最3判昭和47年6月27日民集二六巻五号一〇六七頁
⑧ 権利濫用(5)／サブディーラー事件――最2判昭和50年2月28日民集二九巻二号一九三頁
⑨ 権利濫用(6)／日本食塩製造事件――最2判昭和50年4月25日民集二九巻四号四五六頁
⑩ 権利濫用(7)／富田浜病院事件――安濃津地判大正15年8月10日新聞二六四八号一一頁

Ⅱ 人格権――中里　真 30
⑪ 人格権に基づく出版の事前差し止め／北方ジャーナル事件――最大判昭和61年6月11日民集四〇巻四号八七二頁

●第二章／人●

Ⅰ 能力――中里　真 31
⑫ 意思無能力者／意思無能力者手形振出事件――大判明治38年5月11日民録一一輯七〇六頁
⑬ くも膜下出血の後遺症と金銭消費貸借――東京高判平成11年12月14日金法一五八六号一〇〇頁
⑭ 胎児と代理／阪神電鉄事件――大判昭和7年10月6日民集一一巻二〇二三頁
⑮ 勧誘員の指示による偽生年月日の記入――茨城簡判昭和60年12月20日判時一一九八号一四三頁
⑯ 詐術の意義――最1判昭和44年2月13日民集二三巻二号二九一頁
Ⅱ 住所・失踪宣告――中里　真 36
⑰ 大学生の住所――最大判昭和29年10月20日民集八巻一〇号一九〇七頁
⑱ 失踪宣告の取消し前の行為――大判昭和13年2月7日民集一七巻五九頁

●第三章／法人●――渡辺達徳 38

⑲ 権利能力のない社団の要件――最1判昭和39年10月15日民集一八巻八号一六七一頁

⑳ 和解と法人格否認の法理――最1判昭和44年2月27日民集二三巻二号五一一頁
㉑ 権利能力のない社団の資産である不動産の登記方法――最2判昭和47年6月2日民集二六巻五号九五七頁
㉒ 権利能力のない社団と総有権確認訴訟の原告適格（入会団体の場合）――最3判平成6年5月31日民集四八巻四号一〇六五頁
㉓ 非営利法人と目的の範囲――最1判昭和33年9月18日民集一二巻一三号二〇二七頁
㉔ 員外貸付と無効主張の可否――最2判昭和44年7月4日民集二三巻八号一三四七頁
㉕ 株式会社の政治献金と法人の目的――最大判昭和45年6月24日民集二四巻六号六二五頁
㉖ 司法書士会による政治献金と法人の目的／群馬司法書士会事件――最1判平成14年4月25日判時一七八五号三一頁
㉗ 法人代表者の取引的不法行為と相手方の悪意重過失――最2判昭和50年7月14日民集二九巻六号一〇一二頁

●第四章／物●

――中里　真　47
㉘ 集合動産譲渡担保目的物の特定――最1判昭和54年2月15日民集三三巻一号五一頁
㉙ 建築中の建物／不動産となる時期――大判昭和10年10月1日民集一四巻一六七一頁
㉚ 干潟と土地所有権／田原湾事件――最3判昭和61年12月16日民集四〇巻七号一二三六頁
㉛ ガソリンスタンドの地下タンク・洗車機――最1判平成2年4・19判時一三五四号八〇頁

●第五章／法律行為●

Ⅰ　法律行為総則――尾島茂樹＋宮下修一　51
㉜ 賭博債務／射倖行為・賭博債務の弁済を目的とした消費貸借／動機の不法――大判昭和13年3月30日民集一七巻五七八頁

㉝ 芸娼妓契約――最2判昭和30年10月7日民集九巻一一号一六一六頁
㉞ 取締規定違反の私法上の効力／有毒アラレ事件――最1判昭和39年1月23日民集一八巻一号三七頁
㉟ 両建預金の効力――最2判昭和52年6月20日民集三一巻四号四四九頁
㊱ 女子若年定年制――最3判昭和56年3月24日民集三五巻二号三〇〇頁
㊲ 愛人への三分の一の遺贈の効力――最1判昭和61年11月20日民集四〇巻七号一一六七頁
㊳ 賭博の負け金債務と異議を留めない承諾――最3判平成9年11月11日民集五一巻一〇号四〇七七頁
㊴ 損失補填契約と公序良俗違反の判断時期――最2判平成15年4月18日民集五七巻四号三六六頁
㊵ 建築基準法等に反する建物の建築請負契約の公序良俗違反性――最2判平成23年12月16日判時二一三九号三頁
㊶ 法律行為の解釈／「塩釜レール入」事件――大判大正10年6月2日民録二七輯一〇三八頁
㊷ 自然債務／カフェー丸玉事件――大判昭和10年4月25日新聞三八三五号五頁
㊸ 遺贈の解釈――最3判平成5年1月19日民集四七巻一号一頁
㊹ ゴルフ会員権譲渡と会則の解釈――最3判平成9年3月25日民集五一巻三号一六〇九頁

Ⅱ 意思表示――武川幸嗣＋鹿野菜穂子＋北居 功 64

㊺ 養子縁組と心裡留保――最1判昭和23年12月23日民集二巻一四号四九三頁
㊻ 代理人の権限濫用行為――最1判昭和42年4月20日民集二一巻三号六九七頁
㊼ 心裡留保と第三者――最2判昭和44年11月14日民集二三巻一一号二〇二三頁
㊽ 法定代理と代理権濫用――最1判平成4年12月10日民集四六巻九号二七二七頁
㊾ クレジット契約における名義貸し――最2判平成7年7月7日金法一四三六号三一頁
㊿ 外形自己作出型九四条二項類推適用――最2判昭和29年8月20日民集八巻八号一五〇五頁
(51) 意思外形非対応型九四条二項類推適用――最1判昭和43年10月17日民集二二巻一〇号二一八八頁

52 放置と他人作出型九四条二項類推適用――最3判昭和45年9月22日民集二四巻一〇号一四二四頁
53 財団法人設立行為と虚偽表示――最3判昭和56年4月28日民集三五巻三号六九六頁
54 他人名義への移転登記と九四条二項・一一〇条の類推適用――最1判平成18年2月23日民集六〇巻二号五四六頁
55 和解契約の成否と錯誤――大判大正5年7月5日民録二二輯一三二五頁
56 動機の錯誤／受胎馬事件――大判大正6年2月24日民録二三巻二八四頁
57 錯誤と瑕疵担保責任／中古電動機事件――大判大正10年12月15日民録二七輯二一六〇頁
58 粗悪ジャムと要素の錯誤――最1判昭和33年6月14日民集一二巻九号一四九二頁
59 桁違いの手形と錯誤による一部無効――最1判昭和54年9月6日民集三三巻五号六三〇頁
60 動機の錯誤と黙示の表示――最1判平成元年9月14日家月四一巻一一号七五頁
61 空クレジット契約の連帯保証契約の効力――最1判平成14年7月11日判時一八〇五号五六頁
62 脱毛機の性能不足と錯誤――大阪地判昭和56年9月21日判タ四六五号一五三頁
63 他に連帯保証人がいるとの誤信と錯誤――大阪高判平成2年6月21日判時一三六六号五三頁
64 詐欺取消後の第三者――大判昭和17年9月30日民集二一巻九一一頁
65 詐欺取消しの第三者と登記の要否――最1判昭和49年9月26日民集二八巻六号一二一三頁
66 第三者の強迫による法律行為の取消し――最3判平成10年5月26日民集五二巻四号九八五頁
67 故意による沈黙と詐欺――東京地判昭和53年10月16日判時九三七号五一頁
68 催告書の郵送と到達――最1判昭和36年4月20日民集一五巻四号七七四頁
69 留置期間の経過と到達――最1判平成10年6月11日民集五二巻四号一〇三四頁

Ⅲ 消費者契約――丸山絵美子＋宮下修一 89

70 外国語会話受講契約の清算規定と特商法四九条／NOVA事件――最3判平成19年4月3日民集六一巻三号九六七頁

⑦1 商品の対価についての不実告知――大阪高判平成16年4月22日消費者法ニュース六〇号一〇一二頁
⑦2 スポーツクラブ会則における免責条項の解釈――東京地判平成9年2月13日判時一六二七号一二九頁
⑦3 入学辞退と学納金の返還請求――最2判平成18年11月27日民集六〇巻九号三四三七頁
⑦4 売買契約の解除と違約金条項――大阪地判平成14年7月19日金判一一六二号三二頁
⑦5 敷引特約の有効性――最1判平成23年3月24日民集六五巻二号九〇三頁
⑦6 更新料条項の有効性――最2判平成23年7月15日民集六五巻五号二二六九頁
⑦7 荷受人の損害賠償請求と宅配便約款上の責任制限条項――最1判平成10年4月30日判時一六四六号一六二頁

Ⅳ 代理――成田　博＋川　淳一＋森永淑子＋田中教雄＋王　冷然 97

⑦8 署名代理――大判大正9年4月27日民録二六輯六〇六頁
⑦9 復代理人の義務――最2判昭和51年4月9日民集三〇巻三号二〇八頁
⑧0 登記申請行為と債務の履行――最2判昭和43年3月8日民集二二巻三号五四〇頁
⑧1 本人名義の使用許諾／東京地裁厚生部事件――最2判昭和35年10月21日民集一四巻一二号二六六一頁
⑧2 白紙委任状の輾転流通――最2判昭和39年5月23日民集一八巻四号六二一頁
⑧3 一〇九条と一一〇条の重畳適用――最3判昭和45年7月28日民集二四巻七号一二〇三頁
⑧4 営業部長と代理人呼称――東京高判昭和42年6月30日判時四九一号六七頁
⑧5 法定代理権と表見代理――大判昭和17年5月20日民集二一巻五七一頁
⑧6 経理部員と基本代理権――最2判昭和34年7月24日民集一三巻八号一一七六頁
⑧7 夫婦と表見代理の正当理由判断――最3判昭和36年1月17日民集一五巻一号一頁
⑧8 無権代理行為の直接の相手方からの転得者――最3判昭和36年12月12日民集一五巻一一号二七五六頁
⑧9 公法人代表者の権限外行為――最3判昭和39年7月7日民集一八巻六号一〇一六頁

⑽ 日常家事債務に関する代理権と表見代理――最1判昭和44年12月18日民集二三巻一二号二四七六頁
⑾ 専門家と表見代理の正当理由判断――最2判昭和51年6月25日民集三〇巻六号六六五頁
⑿ 代表権の制限につき悪意の場合と越権代理――最2判昭和60年11月29日民集三九巻七号一七六〇頁
⒀ 死亡により代理権が消滅しない特約――最2判昭和31年6月1日民集一〇巻六号六一二頁
⒁ 一一〇条と一一二条の重畳適用――大連判昭和19年12月22日民集二三巻六二六頁
⒂ 法人理事の退任登記と悪意――最3判平成6年4月19日民集四八巻三号九二二頁
⒃ 本人の無権代理人相続――最2判昭和37年4月20日民集一六巻四号九五五頁
⒄ 無権代理人による本人相続――最2判昭和40年6月18日民集一九巻四号九八六頁
⒅ 無権代理人と本人の双方相続――最3判昭和63年3月1日家月四一巻一〇号一〇四頁
⒆ 共同相続と無権代理行為の追認――最1判平成5年1月21日民集四七巻一号二六五頁
⒇ 無権代理人の後見人就任と追認拒絶――最3判平成6年9月13日民集四八巻六号一二六三頁
(101) 本人の無権代理行為追認拒絶後の相続――最2判平成10年7月17日民集五二巻五号一二九六頁
(102) 無権利者による処分行為の追認――最2判昭和37年8月10日民集一六巻八号一七〇〇頁
(103) 譲渡禁止特約付債権の譲渡の承認――最1判平成9年6月5日民集五一巻五号二〇五三頁
(104) 無権代理人の損害賠償責任の範囲――大判大正4年10月2日民録二一輯一五六〇頁
(105) 無権代理と表見代理の関係等――最3判昭和62年7月7日民集四一巻五号一一三三頁

V 無効及び取消し――――――王 冷然＋五十川直行 125

(106) 無効行為の転換・嫡出届と認知――最2判昭和53年2月24日民集三二巻一号一一〇頁
(107) 現存利益と生活費の返還――大判昭和7年10月26日民集一一巻一九二〇頁
(108) 履行の受領と法定追認――大判昭和8年4月28日大判民集一二巻一〇四〇頁

(109) 無権代理行為の追認と法定追認――最2判昭和54年12月14日判時九五三号五六頁

VI 条件及び期限―――五十川直行 129

(110) 仲介報酬契約と直接取引――最1判昭和39年1月23日民集一八巻一号九九頁
(111) かつらの特殊製法に関する和解契約違反――最3判平成6年5月31日民集四八巻四号一〇二九頁
(112) 条件の成否が債権者の意思のみに係る法律行為の効力――大判大正7年2月14日民録二四輯二二一頁
(113) 出世払い債務の性質――大判大正4年3月24日民録二一輯四三九頁

●第六章／時効●

I 時効総則―――松久三四彦＋池田清治＋河上正二 133

(114) 時効の援用権者・直接利益を受ける者――大判明治43年1月25日民録一六輯二二頁
(115) 連帯保証人と時効の援用――大判昭和7年6月21日民集一一巻一一八六頁
(116) 裁判外の時効の援用と時効の効果の確定――大判昭和10年12月24日民集一四巻二〇九六頁
(117) 物上保証人による時効の援用、放棄の相対効――最2判昭和42年10月27日民集二一巻八号二一一〇頁
(118) 時効援用権の代位行使――最1判昭和43年9月26日民集二二巻九号二〇〇二頁
(119) 建物賃借人による敷地の時効取得の援用――最3判昭和44年7月15日民集二三巻八号一五二〇頁
(120) 抵当不動産の第三取得者と消滅時効の援用――最2判昭和48年12月14日民集二七巻一一号一五八六頁
(121) 仮登記担保不動産の第三取得者と消滅時効の援用――最3判昭和60年11月26日民集三九巻七号一七〇一頁
(122) 時効の効果に関する停止条件説――最2判昭和61年3月17日民集四〇巻二号四二〇頁

⑫③ 売買予約のある不動産の第三取得者と消滅時効の援用――最1判平成4年3月19日民集四六巻三号二二二頁
⑫④ 後順位抵当権者と消滅時効の援用――最1判平成11年10月21日民集五三巻七号一一九〇頁
⑫⑤ 共同相続人の一人による取得時効の援用――最3判平成13年7月10日判時一七六六号四二頁
⑫⑥ 消滅時効完成後の承認――最大判昭和41年4月20日民集二〇巻四号七〇二頁
⑫⑦ 消滅時効の援用権喪失後の再度の時効期間経過――最1判昭和45年5月21日民集二四巻五号三九三頁
⑫⑧ 一部請求と消滅時効の中断――最2判昭和45年7月24日民集二四巻七号一一七七頁
⑫⑨ 裁判上の催告――最1判昭和45年9月10日民集二四巻一〇号一三八九頁
⑬⓪ 連帯保証債務の物上保証人に対する抵当権の実行と主債務の消滅時効の中断――最2判平成8年9月27日民集五〇巻八号二三九五頁
⑬① 仮差押えによる時効中断の効力――最3判平成10年11月24日民集五二巻八号一七三七頁
⑬② 債務者の承認による時効中断の物上保証人に対する効力――最2判平成7年3月10日判時一五二五号五九頁
⑬③ 詐害行為取消しの受益者と消滅時効の援用――最2判平成10年6月22日民集五二巻四号一一九五頁
⑬④ 被告による所有権の主張と取得時効の中断――最大判昭和43年11月13日民集二二巻一二号二五一〇頁
⑬⑤ 一五八条の時効の停止と七二四条後段との関係――最2判平成10年6月12日民集五二巻四号一〇八七頁
⑬⑥ 事理弁識能力を欠く常況にある者と一五八条一項の類推適用――最2判平成26年3月4日民集六八巻三号二二九頁
⑬⑦ 一六〇条の時効の停止と七二四条後段との関係――最3判平成21年4月28日民集六三巻四号八五三頁

Ⅱ 取得時効――池田清治＋石月真樹 157

⑬⑧ 取得時効における当事者と登記の要否――大判大正7年3月2日民録二四輯四二三頁
⑬⑨ 取得時効と登記、時効完成後の第三者――大民連判大正14年7月8日民集四巻九号四一二頁
⑭⓪ 取得時効と登記、時効完成前の第三者――最3判昭和41年11月22日民集二〇巻九号一九〇一頁

141 自己の物の時効取得――最2判昭和42年7月21日民集二一巻六号一六四三頁
142 土地所有権の取得時効における無過失の判断基準――最2判昭和43年3月1日民集二二巻三号四九一頁
143 売買契約の当事者間における買主の所有権取得時効の援用――最1判昭和44年12月18日民集二三巻一二号二四六七頁
144 不動産の二重売買と所有権の取得時効の起算点――最2判昭和46年11月5日民集二五巻八号一〇八七頁
145 一六二条二項の取得時効と無過失の立証責任――最1判昭和46年11月11日判時六五四号五二
146 農地の取得時効の効果と原始取得――最1判昭和50年9月25日民集二九巻八号一三二〇頁
147 取得時効における所有の意思と他主占有事情――最2判平成7年12月15日民集四九巻一〇号三〇八八頁
148 時効完成後の再度の時効取得と抵当権――最2判平成15年10月31日判時一八四六号七頁
149 賃借権の時効取得の要件――最3判昭和43年10月8日民集二二巻一〇号二一四五頁
Ⅲ 消滅時効――石月真樹 169
150 契約解除による原状回復義務、不履行による損害賠償請求の消滅時効――最3判昭和35年11月1日民集一四巻一三号二七八一頁
151 過怠約款を付した割賦払債務の消滅時効の起算点――最2判昭和42年6月23日民集二一巻六号一四九二頁
152 じん肺訴訟と消滅時効の起算点／日鉄鉱業じん肺訴訟――最3判平成6年2月22日民集四八巻二号四四一頁
153 債務不履行による損害賠償請求権の消滅時効の起算点――最2判平成10年4月24日判時一六六一号六六頁
154 瑕疵担保責任による損害賠償請求権の消滅時効の起算点――最3判平成13年11月27日民集五五巻六号一三一一頁
155 自動継続特約付定期預金の消滅時効の起算点――最3判平成19年4月24日民集六一巻三号一〇七三頁
156 契約解除権と原状回復請求権にかかる二段構成――大判大正7年4月13日民録二四輯六六九頁
157 遺留分減殺請求による登記請求権と消滅時効――最2判平成7年6月9日判時一五三九号六八頁
158 マンション管理費債権と定期金債権の消滅時効――最2判平成16年4月23日民集五八巻四号九五九頁

凡　例

▽判例の引用方法

・「最大判平成3・5・8民集四五巻二号八九頁」とあるのは、「平成三年五月八日最高裁判所大法廷判決、最高裁判所民事判例集平成三年度四五巻二号八九頁（通し頁）」を指す。なお、例えば「最決」の「決」は決定の略である。また、大法廷判決（決定）は「最大判（決）」、小法廷判決（決定）は「最1判（決）」のように表記した。

・その他、東京地判→東京地方裁判所判決、大阪高決→大阪高等裁判所決定、札幌地小樽支判→札幌地方裁判所小樽支部判決のごとくである。

▽登載判例集は、次のように略記した。

民（刑）集＝最高裁判所民事（刑事）判例集、大審院民事（刑事）判例集

高民（刑）集＝高等裁判所民事（刑事）判例集

下民（刑）集＝下級裁判所民事（刑事）判例集

集民（刑）＝最高裁判所裁判集民事（刑事）

家月＝家庭裁判月報

判時＝判例時報

判タ＝判例タイムズ

商事＝商事法務

金判＝金融・商事判例

金法＝金融法務事情

・なお、解説本文において、例えば（25判決）とあるのは、本書掲載判例のうち裁判例番号25のものを指す。

▽文献（雑誌・単行本等）

百選Ⅰ、Ⅱ、Ⅲ　　民法判例百選Ⅰ、Ⅱ、Ⅲ（第七版）

	＊末尾の数字は、掲載判例の項目番号を指す。また、現段階で最新版の「第七版」については、特にこれを明示せず、第一版～六版については、例えば「百選Ⅰ（六版）」と表記した（他の判例百選についても同様。）
家族百	家族法判例百選
商百	商法（総則商行為）判例百選
会社百	会社法判例百選
経済百	経済法判例・審決百選
独禁百	独禁法審決・判例百選
手小百	手形小切手判例百選
民訴百	民事訴訟法判例百選
消百	消費者法判例百選
不取百	不動産取引判例百選
銀行百	銀行取引判例百選
倒産百	倒産法判例百選
民保百	民事執行・保全判例百選
判例百選	ジュリスト二〇〇号（一九六〇年）特集「判例百選」
昭和（平成）○年重判	昭和（平成）○年度重要判例解説（ジュリ臨増）
	＊末尾の（　）内は、掲載判例の法分野名、項目番号を指す。
ジュリ	ジュリスト
曹時	法曹時報
判セ	判例セレクト
判評	判例評論
法教	法学教室
法協	法学協会雑誌
法セ	法学セミナー

民研	民事研修
民商	民商法雑誌
リマークス	私法判例リマークス
最判解○年度	最高裁判所判例解説
注民	『注釈民法』（有斐閣）
新注民	『新版　注釈民法』（有斐閣）
判例講義Ⅰ	奥田昌道ほか『判例講義民法Ⅰ総則・物権〔第二版〕』（悠々社、二〇一四年）
判プラⅠ、Ⅲ	松本恒雄＝潮見佳男編『判例プラクティス民法Ⅰ（Ⅲ）』（信山社、二〇一〇年）
判例民法1	能見善久・加藤新太郎編『論点体系　判例民法〔第二版〕　1総則』（第一法規、二〇一三年）
民事判例Ⅴ	現代民事判例研究会編『民事判例Ⅴ　二〇一二年前期』（日本評論社、二〇一二年）
内田	内田貴『民法Ⅰ　総則・物権総論〔第四版〕』（東京大学出版会、二〇〇八年）
梅	梅謙次郎『民法要義巻之一——総則編　復刻版』（有斐閣、一九八四年）
近江	近江幸治『民法講義Ⅰ民法総則〔第六版補訂〕』（成文堂、二〇一二年）
加藤	加藤雅信『民法総則〔第二版〕』（有斐閣、二〇〇五年）
川井	川井健『民法概論Ⅰ——民法総則〔第四版〕』（有斐閣、二〇〇八年）
河上	河上正二『民法総則講義』（日本評論社、二〇〇七年）
河上・入門	河上正二『民法学入門〔第二版〕増補版』（日本評論社、二〇一四年）
潮見	潮見佳男『民法総則講義』（有斐閣、二〇〇五年）
四宮・能見	四宮和夫・能見善久『民法総則〔第八版〕』（弘文堂、二〇一〇年）
富井	富井政章『民法原論　第一巻——総論　復刻版』（有斐閣、一九八五年）
中舎	中舎寛樹『民法総則』（日本評論社、二〇一〇年）
平野	平野裕之『民法総則〔第三版〕』（日本評論社、二〇一一年）
山田ほか	山田卓生ほか『分析と展開　民法Ⅰ総則・物権〔第三版〕』（弘文堂、二〇〇四年）
山本	山本敬三『民法講義Ⅰ　総則〔第三版〕』（有斐閣、二〇一一年）

我妻　　　　　　　　　　　我妻栄『新訂　民法総則（民法講義Ⅰ）』（有斐閣、一九六五年）

▽法令等

・本文において、例えば「四二六条」などとして、法律名が省略されているものは、民法の条文を指す。

・民法以外の法令等で略記をしたものは次の通りである。

会社	会社法
刑	刑法
戸	戸籍法
商	商法
消契法	消費者契約法
宅建業法	宅地建物取引業法
特商法	特定商取引法
独禁法	独占禁止法
不登法	不動産登記法
文化財	文化財保護法
民訴法	民事訴訟法

新・判例ハンドブック　民法総則

信義則(1)……深川渡事件

1 大判大正14・12・3民集四巻六八五頁

買主は、引渡場所について、問合せ等で知る義務があるか。

事実　売主Xと買主Yは、大豆粕について「物品引渡場所深川渡大正九年五月中引渡ト同時ニ代金ヲ支払フ」旨の売買契約を締結した。「深川渡」とは、商慣習上、売主の指定する深川所在の倉庫またはその付近の艀船繋留河岸において引渡す、と解釈される。Xは、深川所在の甲倉庫に引渡しの準備を整え、Yに目的物と引換えに代金支払いを請求したが、Yがこれに応じなかったため、Yに対して、催告の上、本件契約を解除し、目的物の価値下落分の賠償を請求した。これに対し、Yは、本件契約では、単に「深川渡」と定めてあるだけで、Xが特定の引渡場所（甲倉庫）を指定していないため、代金支払いについて履行遅滞の責めを負わないとして、争った。X上告。

裁判所の見解　破棄差戻。本件商慣習にいう売主による引渡場所の指定は、必ずしも明示することを要せず、黙示でもよく、買主が引渡場所を知り、または、知り得た場合には、売主は、とくに通知する必要はない。本件においては、Yは、引渡場所が甲倉庫であることを了知していたと推測されるが、仮にこれを知らなかったとしても、Yに誠実に取引する意思があれば、Xに対する一片の問合せによってただちにこれを知り得たのであるから、信義則上、Yは、問合せを怠ったことにより履行遅滞の責めを免れない。

関連条文　一条二項・四九三条

解説　XがYの債務不履行を理由とする解除および損害賠償を主張するためには、Xは、弁済の提供（四九二条・四九三条）、すなわち、大豆粕の引渡しを準備し、Yに通知することをもって、相手方であるYの同時履行の抗弁権（五三三条）を奪わねばならない。本件においては、Xが具体的な引渡場所を指定しておらず、弁済の提供が有効であるか否かが問題となる。これについて、原審が、Xが甲倉庫で引渡すとは通知していないためYがそれに応える義務はなく、遅滞の責めを負わないと判示しているのに対し、本判決は、Yには、信義則（一条二項）上、Xに問合せするなどの協力をする責務（間接義務）があり、右責務を怠っているため遅滞の責めを免れないと判示している。信義則には、①法または法律行為の決疑的な解釈の基準、②法の形式的な適用から生じる弊害について、結果妥当性等の利益衡量判断から、欠缺補充、あるいは、制定法の修正のかたちで是正するための論拠、という機能がある（山本・六二一頁以下、平野・六二三頁以下等）。本判決は、①の機能から、両当事者の権利義務内容について、Yに協力義務を課し、Yが右義務を怠っているにもかかわらず、Xの通知の不備を主張することを認めないものである。

▼**評釈**――我妻栄・判例民事法大正一四年度111等

信義則(2)……権利失効の原則

2 最3判昭和30・11・22民集九巻一二号一七八一頁

権利は、長期間、行使しなければ、信義則上、失効するか。

事　実　Xは、訴外Aから、甲土地を賃借し、乙建物を建築所有していたが、昭和二〇年二月、乙建物および（Aには無断で）甲土地の賃借権を、訴外Bに譲渡した（一ヶ月後、乙建物は、滅失している）。その後、YがAから、甲土地を賃借したとして、丙建物を建築したため、Xは、自分が甲土地の賃借権者であるとして、Yに対して、建物収去および土地明渡しを請求した。これに対し、Yは、Aから、甲土地を賃借し、昭和二七年八月、Aが、XのBに対する賃借権の無断譲渡により、X・A間の賃貸借契約を解除した（六一二条二項）として、他方で、Xは、本件解除権は、「権利失効の原則」に基づいて、失効しているとして、争った。X上告。

裁判所の見解　上告棄却。解除権者が長期間、権利行使せず、相手方が、右権利が行使されないと信頼する正当事由を有するに至り、その後、権利行使することが信義則違反であると認められる特段の事情がある場合には、解除は許されないが、本件においては、右特段の事情は、認められない。

解　説　無断転貸による賃貸借契約の解除権は、転貸時から一〇年で時効消滅する（一六七条一項）が、本件においては、七年半しか経過しておらず、Aの解除権行使が信義則違反であるとして、否認されるか否かが問題となる。Xは、「長期間、権利行使しなければ、信義則上、権利が消滅する、あるいは、行使できない」というドイツの議論を引いて、本件解除は無効であると主張している。本判決は、一般論として、かかる「権利失効の原則」を認め、消滅時効や除斥期間の完成前に、権利行使を制限し得ることを明らかにするものとして、意義がある（加藤一郎『民法ノート（上）』一一三頁）が、その後、判例・学説は、右原則について、消極的である（判例・学説の動向については、山崎敏彦「権利失効の原則」森泉章編『民法基本論集⑴』二五五頁以下が詳しい）。本判決に対しては、①長期間の不行使のみならず、相手方の信頼を保護する利益衡量判断が必要であるところ、Xの賃料支払いの有無、乙建物の滅失により、Aは、無断譲渡について不可知か、丙建物の建築により、Xは、解除を予知し得るか、などが、十分に検討されておらず、権利失効の原則の要件が明らかでない、②本件解除の無効は、Aの黙示の承諾・解除権の放棄、信頼関係破壊の法理等、ほかの法律構成で説明できる、などとの批判がある（星野英一・法協九三巻六号、林幸司・法セ五五一号）。権利失効の原則は、信義則の具体的な規範であるとして、容認し得るが、概念としての有用性は低い。

関連条文　一条二項・六一二条二項

信義則(3)……ダイヤルQ2事件

3　最3判平成13・3・27民集五五巻二号四三四頁

関連条文　一条二項

第三者によるダイヤルQ2の利用に関わる通話料は、約款に基づいて、加入電話契約者に支払い請求できるか。

事実　電気通信事業者Xと、Yは、加入電話契約を締結していたが、その後、Xは、ダイヤルQ2を開始した。ダイヤルQ2とは、利用者が「0990」で始まる番号に電話すると、情報提供者から有料情報を入手できるサービスであり、情報料は、Xが通話料と一体として請求し（回収代行し）、手数料控除の上、情報提供者に支払う。Yの未成年の子訴外Aが、Yに無断でダイヤルQ2を利用し、Xは、Yに対して、「契約者回線からの通話は、（第三者による利用であっても）加入電話契約者が支払い義務を負う」旨の電話サービス約款一一八条一項に基づいて、通話料の支払いを請求した。X上告。

裁判所の見解　一部破棄自判、一部棄却。本件約款は、大規模な公益事業では、止むを得ず、一般利用者の利益にもなるため、文言上、Yは、本件通話料の支払い義務を負うことになるが、契約の拠って立つ事実関係が変化し、契約当事者の当初の予想と著しく異なる結果を招来した場合には、右権利・義務内容は、信義則に照らして、評価しなければならない。ダイヤルQ2は、従来の通話とは異なり、通話料が高額化する危険性があるが、Xは、開始にあたり、右危険性を周知徹底し、可能な限りの対策を講じておく責務を懈怠しているため、Yに全額負担させるのは、妥当ではなく、他方で、Yが加入電話の使用・管理を決し得ることなどを考慮すれば、その五割を以て相当とする。

解説　第三者によるダイヤルQ2の利用に関わる通話料の支払い請求をめぐっては、①ダイヤルQ2の危険性（高額化・無断利用・公序良俗違反性等）、②Xの情報提供の不徹底、③情報料との不可分一体性、などに鑑み、否認する見解と、①右危険性がダイヤルQ2に固有ものではないこと、②右不可分一体性は、事実上のものにすぎないこと、③加入電話契約者の管理責任、などに鑑み、認容する見解とに分かれていたが、本判決は、本件約款の効力を容認しつつ、信義則に基づいて、履行請求権を制限し、中間的な解決を図っている。約款取引について、決疑的な評価が認められるか否かは、議論があるが、本件のような長期間契約においては、締結時に将来生じ得るすべての事項を予想する「現在化」が困難であり、契約の基盤となる事実関係に変化をもたらした者が、信義則上、情報提供・損害予防対策等の責務を懈怠したため、予想と異なる結果を招来した場合には、履行請求権の縮減というかたちで、契約内容を修正し、契約当事者の利害を調整する必要がある。

▼**評釈**――伊藤進・リマークス二五号（下）、豊澤佳弘・最判解平成一三年度、大澤彩・消百97

権利濫用(1)……信玄公旗掛松事件

4 大判大正8・3・3民録二五輯三五六頁

関連条文 一条三項・七〇九条

権利行使も不法行為となることがあるか。

事実 Xは、由緒ある樹木を所有していたが、Y（国）が右樹木のすぐそばに鉄道線路を敷設し、操車場にしたため、右樹木は、汽車の煤煙により枯死した。そこで、Xは、Yに対して、損害賠償を請求した。これに対し、Yは、汽車の運転は、権利行為であり、通常の方法における適切な権利行使であれば、違法な行為ではないとして、争った。Y上告。

裁判所の見解 上告棄却。故意または過失により、社会観念上一般に容認される適当な範囲を超越し、失当な方法で権利行使したため、他者の権利を侵害した場合には、不法行為が成立する。

解説 「私権の絶対性（権利行使の自由）」の原則においては、「権利者は悪をなさず」の通り、権利行使は、不法行為とはならず、資本主義経済の発展が期待されるが、明治末期になると、重化学工業が興隆し、公害などの生活妨害が争訟されはじめ、右原則の修正が求められるようになった。本件においては、鉄道事業による煙害が不法行為になるか否かが問題となる。これについて、原審が、汽車の運転に際して、煙害予防の方法を施さないなど、故意または過失により、他者の権利を侵害した場合には、権利濫用であり、違法性がある（今日の「過失一元論」に繋がる）と判示しているのに対し、本判決は、故意または過失により、妥当な範囲を超えて、他者の権利を侵害した場合には、違法性がある（今日の「受忍限度論」に繋がる）と判示しており、故意または過失とは別の要件として、権利行使の態様を考慮している（大村敦志・法教三四七号）。今日では、このような事例は、不法行為法の対象であり、本判決の先例的な価値は、失われている。権利濫用（一条三項）には、①衝突する諸権利の調整・権利の限界付け、②法の形式的な適用から生じる弊害について、結果妥当性等の利益衡量判断から、欠缺補充、あるいは、制定法の修正のかたちで是正するための論拠、という機能がある（平野六三五頁以下等）。本判決は、①の機能から、権利行使が、原則として、適法であるとしつつ、適当な範囲を超越し（権利濫用であり）、他者の権利を侵害する場合には、違法となるとして、不法行為を成立させるものであり（新美育文・法セ増刊『不法行為法』一〇一頁、新注民(1)（改訂版）一六五頁以下）、権利濫用は、そのため借用されている。今日の権利濫用および不法行為法の議論に寄与し、また、国家権力が強いなか、時代の要請を受け、被害者救済へ転換しているという意味では、重要な判決である（川井建『民法判例と時代思潮』二七四頁以下）。

▼**評釈**――石本雅男・判例百選民法5、長野史寛・百選Ⅰ2

権利濫用(2)……宇奈月温泉事件

5 大判昭和10・10・5大判民集一四巻一九六五頁

関連条文 一条三項

所有権の行使が権利濫用にあたるのは、どのような場合か。

事実 係争地は、黒部渓谷断崖に面し、A→B→Xと譲り受けたものでそれぞれ登記を経由している。鉄道会社Yは宇奈月の温泉経営をしているが、これは、かねてCが巨費を投じて上流の黒薙温泉泉源から総延長約七・五kmに及ぶ引湯管を敷設して開始した事業を承継したものである。この湯管の一部が、当時A所有地の一部（約二坪）を、何の権原もなく通過していた（争いがある）。本件土地は引湯管敷設にとって不可欠ではないが、迂回して敷設するとすれば多額の費用と時を要するものであった。Xは、Xの所有権侵害を理由に、引湯管収去とYの立入り等を排除すべく訴えを提起。Yは、Xの主張は権利の濫用であると主張して争う。

裁判所の見解 上告棄却。「所有権に対する侵害又はその危険の存する以上、所有者は、かかる状態を除去または禁止せしむるため裁判上の保護を請求し得べきや勿論なれども、該侵害に因る損失云うに足らず。而も侵害の除去著しく困難にして、縦令之をなし得とするも莫大なる費用を要すべき場合において、第三者にして、かかる事実あるを奇貨とし、不当なる利得を図り、殊更侵害に関係ある物件を買収せる上、一面において侵害者に対し侵害状態の除去を迫り、他面においては該物件その他の自己所有物件を不相当に巨額なる代金をもって買取られたき旨の要求を提示し、他の一切の協調に応ぜずと主張するが如きに於いては、該除去の請求は単に所有権の行使たる外形を構ふるに止まり真に権利を救済せむとするにあらず。即ち、如上の行為は全体に於いて専ら不当なる利益の獲得を目的とし、所有権を以てその具に供するに帰するものなれば、社会通念上、所有権の目的に違背し、その機能として許さるべき範囲を超脱するものにして、権利の濫用に外ならず。」

解説 権利の濫用は、一般に、権利の行使がもっぱら加害の意思や目的をもって行われる場合は比較的容易に認められる（13判決等）。また、権利行使者の強い主観的態様の悪性が認められない場合も、当該権利の持つ社会的意義や目的、権利行使を認めあるいは否定した場合の権利者や相手方の受ける利益・不利益の内容・程度、不利益を回避する手段の有無、不利益の及ぶ社会的影響の範囲や程度など種々の要素を比較考量して、判断されることもある（大判昭和13・10・26民集一七巻二〇五七頁〔高知鉄道事件〕、最3判昭和40・3・9民集一九巻二号二三三頁〔板付基地事件〕）。しかし、権利濫用法理は、あくまで原則として認められるべき権利行使の修正原理であり、安易に多用することは慎重でなければならない。

▼**評釈**――穂積重遠・法協五四巻四号、大村敦志・百選Ⅰ（六版）1

権利濫用(3)……高知鉄道敷設事件

6 大判昭和13・10・26民集一七巻二〇五七頁

関連条文 一条三項・二〇六条

所有地への侵害の除去は、原状回復が困難な場合、請求できるか。

事実 Xは、断崖に狭隘な原野（甲土地）を所有していたが、鉄道会社Yは、線路敷設工事にあたり、甲土地を訴外Aのものであると誤認し、Aから買受け、築堤工事を開始した。Xは、再三にわたり、裁判上（土砂搬入・埋立て工事差止の仮処分等）、裁判外で抗議したにもかかわらず、Yは、仮処分取消の判決を得て、その仮執行の宣言に基づいて工事を進行し、完成させた。そこで、Xは、Yに対して、甲土地の所有権の確認、および、右所有権に基づく妨害排除請求権による原状回復、すなわち、土砂を取除くこと、を請求した。なお、原審において、Xの所有権は確認されている。X上告。

裁判所の見解 上告棄却。本件鉄道線路を現状のまま土砂を取除くことは、技術上不可能であり、しいて掘取すれば、多大な期間・費用がかかり、この地方の重要な交通路に著しい不便と危険が生じるため、一般公共の利益を阻害する。甲土地には、特段の利用方法もない。したがって、土砂を取除くことは、社会通念上不能であり、損害賠償請求は格別、Xの原状回復請求は、権利濫用である。

解説 明文はないが、所有権者は、円満な物の支配に対する侵害（の可能性）があれば、その回復が保障されている（物権的請求権）。本件においては、客観的な事情から原状回復が困難な場合には、この物権的請求権の一つである、妨害排除請求権によって、侵害の除去を請求することが権利濫用（一条三項）に照らして許されるか否かが問題となる。権利濫用の評価基準には、①権利者の害意という主観的要件、②利害状況・社会的な影響などの客観的要件、がある（山田ほか・六頁以下等）。初期は、「権利行使の自由」の調整として、①の要件のみで評価されていたが、宇奈月温泉事件（5判例）で①に加え、②の要件が考慮されて以降、②が重視されている。本判決は、②のみ、すなわち、原状回復にかかるXの利益・Yの不利益、公益のみを衡量し、原状回復が不能であるため、侵害の除去を請求することが権利濫用であると判示している（社会経済的不能論。同旨、最3判昭和40・3・9民集一九巻二号二三三頁〔板付飛行場事件〕）。しかし、これに対しては、②のみで評価すると、不法であっても、国・企業が公共のため、多大なコストを投じて既成事実を作ってしまえば、勝つことになり、「権利濫用の濫用」であるとして、警戒・批判が強い（加藤四四頁以下等）。

▼**評釈**――戒能通孝・判例民事法昭和一三年度125等

権利濫用(4)……日照権事件

7 最3判昭和47・6・27民集二六巻五号一〇六七頁

日照阻害により、損害賠償が請求できるか。

事　実　Xは、南側に接するY所有建物において、二階等の増築工事がなされ、容積率違反、無届けを理由に工事停止・違反部分の除却命令を受けたにもかかわらず、完成されたため、日照等の阻害を蒙って、自らの土地建物を売却し、転居した。そこで、Xは、Yに対して、損害賠償を請求した。Y上告。

裁判所の見解　上告棄却。日照阻害は、積極的な生活妨害とは異なる消極的な侵害であるが、利害状況は大差なく、日照は、快適で健康な生活に必要な生活利益であるから、法的保護の対象となる。建築行為による日照阻害は、ただちに不法行為が成立するものではないが、本件工事が建基法に違反し、停止・除却命令を無視して行われ、その結果、Xが住居地域にあって著しい日照阻害を蒙っており、かかる侵害が社会生活上の一般的な忍容の限度を超える場合には、権利濫用であり、違法性を帯び、不法行為が成立する。

解　説　日照をめぐっては、昭和四〇年代、それまでのもっぱら害意による日照阻害の事例とは異なり、都市の適法な中高層建築物に関わる紛争が増加した（なお、本件は、事案が異なる）。一審は、本件工事は、建基法違反ではあるが、許される範囲のものであり、Yに害意はなく、日照阻害は軽微であるため、受忍限度内であるとして否認するのに対し、原審は、日照は、不可欠の生活利益であるから、法的保護の対象となり、本件工事は、建基法違反の、極めて悪質な違法増築であり、日照阻害は著しいため、受忍限度を超えているとして、人格権侵害に基づく非財産的損害の賠償請求を認容している。建築行為による日照阻害については、論者が従来の権利濫用構成に寄るか、それに代わる不法行為構成、さらには、新受忍限度論に寄るかにより、日照利益の権利性、害意の要否等で見解が分かれている。本判決が「日照権」を認めているとの評価もあるが、回復の対象となる何らかの絶対権（所有権、人格権、環境権等）が不可欠な差止ではなく、損害賠償の請求であるためか、本判決では、日照利益の権利性には言及されていない。しかし、本判決は、従来の権利濫用構成とは異なり、土地所有権の限界付けのかたちで右権利と衝突する新しい利益（日照利益）を保護するものであり（楠本安雄・百選Ⅱ（一版）77、平野六三六頁等）、権利濫用が生成中の権利・利益を保護している（須永醇『民法総則要論（二版）』二五頁）。今日では、「眺望権」、さらには、「景観権」等が議論されている。

関連条文　一条三項・七〇九条

▼**評釈**——篠塚昭次・法セ二〇〇号、好美清光・民商六八巻六号、甲斐道太郎・公害・環境判例（二版）34、日置雅晴・環境百（二版）71等

権利濫用(5)……サブディーラー事件

8　最2判昭和50・2・28民集二九巻二号一九三頁

関連条文　一条三項

車両の留保売主は、転買人に対して、引渡請求ができるか。

事　実　ディーラー（販売業者）Xは、サブディーラー（副販売業者）訴外Aと協力して、ユーザー（顧客）に自動車を販売している。Aは、本件車両について、先に、Yと売買（転売）契約を締結し、完済を受け、引渡ししてから（なお、Xの従業員が何度かYを訪れ、車両登録手続を代行した）、Xと売買契約を締結した。その際、X・A間の売買契約においては、分割払いとし、代金完済までは、車両の所有権はXにあるままとする（登録名義はX）旨の特約を付けた。ところが、Aが不払いのため、Xは、契約解除し、Yに対して、所有権に基づいて、本件車両の引渡しを請求した。X上告。

裁判所の見解　上告棄却。XがA・Y間の転売契約の履行に協力しておきながら、その後、X・A間で締結した所有権留保特約付売買契約についてAの債務不履行に基づいて解除し、完済し引渡しを受けているYに対して、本件車両の引渡しを請求することは、Xの利益のためYが不測の損害を受けるものであり、権利濫用である。

解　説　目的物の先渡しがなされる売買契約においては、売主は、債権回収（取立ての確保）のため、完済まで所有権を自らの下に留めおく旨の特約を付け、不払いの場合には、契約解除し、所有権に基づいて目的物を取戻し、そこからの優先弁済を図ることが多い。かかる担保の仕組み（所有権留保）は、本件のような販売形態においては、動産の先取特権では転買人への追及に制限があり（三一一条・三三三条）、また、所有者名義が登録済みの車両については、転買人が即時取得（一九二条）による保護を受けないため、実務上、広く使われている（森井英雄・民商七三巻六号）。しかし、これでは、転買人が買主の無資力リスクを負うことになり、売主・転買人の利害調整、すなわち、所有権留保の効力の範囲が問題となる。判例は、①売主の協力行為または転売容認がある、②転買人が完済し引渡しを受けている、③転買人が所有権留保売買について善意無過失である、場合には、権利濫用として引渡し請求を否認している。ただし、かかる禁反言的な権利濫用構成では、所有名義が売主、占有（使用者）名義が転買人のまま棚上げされ、法律関係が不明確になるため、転買人の保護が不十分であるとの批判があり（米倉明・法協九三巻八号）、流通過程におく物の所有権留保については、転買人＝所有権者とする法律構成が探求されている。権利濫用構成は、かかる所有権留保について、売主＝担保権者・転買人＝所有権者とする担保権的構成への法形成中の論理である。

▼評釈――道垣内弘人・商百（五版）59、千葉恵美子・百選Ⅰ（六版）100等

権利濫用(6)……日本食塩製造事件

9 最2判昭和50・4・25民集二九巻四号四五六頁

除名が無効な場合、ユ・シ協定に基づく解雇は、有効か。

事実　Xは、Y社の従業員であり、訴外A労働組合の組合員である。Yは、Aの争議行為に対し職場規律違反により懲戒処分を行い、とくに、Xについては、Xが著しい争議行為をなしたことなどにより懲戒解雇した。Aは、労働委員会に対し、不当労働行為の救済申立てを行い、右委員会の斡旋により、Y・A間で、Yが懲戒処分を撤回し、解決金を支払うとともに、(闘争終結・労使関係改善のため) Xが和解成立の日をもって退職する旨の和解が成立した。Aは、Xが退職しなかったため、離籍処分とし、Yにその旨通知した。Y・A間においては、「会社は組合を脱退し、または除名された者を解雇する」旨の協定(ユニオン・ショップ協定、以下「ユ・シ協定」という)が締結されていた。Yは、かかる通知を受け、本件協定に基づいて、Xを解雇したため、Xは、Yに対して、雇用関係存在の確認を請求した。X上告。

裁判所の見解　破棄差戻。使用者の解雇権行使は、客観的に合理的な理由がなく、社会通念上相当として是認することができなければ、権利濫用として無効となる。ユ・シ協定は、(採用時までの組合加入を義務付け)間接的に労働組合の組織の拡大強化を図る制度であり、右協定に基づいて使用者が組合に対して解雇義務を負うのは、当該労働者が正当な理由なく組合員の資格を取得しない、あるいは、有効に脱退し、または、除名されて組合員の資格を喪失する、などの場合に限られ、右協定に基づく解雇は、右義務が発生している場合に限り、正当であるため、除名が無効な場合には、権利濫用である。

解説　一審は、Xには組合規定の除名事由に該当する事実はなく、除名は無効であるため、解雇は無効であると判示しているのに対し、原審は、使用者は解雇の自由を有し、他方で、組合の自主性を尊重し、除名の効力は使用者の調査する事項ではなく、手続的に正当な除名通知があれば、使用者は、解雇することで足り、除名が無効であっても、解雇は無効ではないと判示している。判例・学説は、①除名が無効であれば、当然、解雇は無効となるとの見解、②除名の無効は、解雇の効力には関係ないとの見解に分かれている。その論理は、様々であるが、結論は、使用者の調査できない除名無効のリスクは使用者・当該労働者のいずれが負うかの利益衡量判断に依っている(小宮文人・労働百(五版)97)。本判決は、先例を受け、解雇の自由(六二七条)は認めながら、正当事由がなければ、権利濫用であるとして、使用者の解雇権を制限する「解雇権濫用法理」を確立したものであり(山口浩一郎・判タ三二四号)、今日、右判例法理は、労契法一六条(旧労基法一八条の二)として、条文化されている。

関連条文　一条三項・六二七条

権利濫用(7)……富田浜病院事件

10 安濃津地判大正15・8・10新聞二六四八号一一頁

関連条文 一条三項

もっぱら他人の権利を害することを目的として権利を行使することは許されるか。

事 実 結核病院が周辺の土地を買収して病棟を拡張していたが、沼地状であることから買い取らなかった隣地の所有者が病棟との境界線ぎりぎりに豚小屋やトタン葺きでアスファルトを塗った二階建相当の物置小屋を設置し、またこれらの建築中にことさらに騒音をたてたり暴言を吐いたりしたため、病院の環境が悪化して入院患者が減少した。そこで病院が隣地所有者に対して損害賠償と物置小屋等の撤去を請求した。

裁判所の見解 所有権に基づく物権的請求権により物置小屋の撤去を認め、損害賠償についても以下のように判示して請求を認めた。「凡そ私権の行使に付ては法令に依り種々の制限を附せらるることなきに非ずと雖もその制限なき場合に於ても猶権利者は無制限にその権利を行使することを許さるるもの解するを相当とす。」「私権の行為とは私権の内容たる諸種の機能を実現せしむるの謂に外ならざるが故に既にその内容にして公序良俗に反する濫用なりと称し得べき場合に於ては之を行使することも亦公序良俗に反すべく従て私権の範囲に属せざるものとして之を許すべきに非ざるなり。故に権利者が権利の行使に際しその適当なる範囲を超越して失当なる方法を行ひ故意又は過失に因り他人の権利を侵害したる時は権利の濫用として不法行為上の責任を免れざるべく権利濫用なる観念は私権の総てに亘りて之を認むることを得べきものにして特に所有権を除外すべき理由毫も存することなし。」

解 説 本件は、5判決（宇奈月温泉事件）とともに、権利行使がもっぱら他人の権利を害する意図（害意）をもってなされた権利濫用類型（シカーネ）に属する代表的な裁判例である。事実関係を見れば、判決の結論自体に異論はないところであろう。ただし、本件では、事件が起こるまでに、付近が白砂青松の海水浴場であったところ突然結核病院が作られ、増築を重ねることに対する周辺住民の反発があったという事情があり、また、本判決後は、控訴審裁判所の勧告により、結局、病院が隣地を相当高額で買い取って和解したという事情がある。権利濫用の禁止では、行きすぎた権利の行使が否定されるが、権利そのものが否定されるわけではない。その結果、本件のように、権利濫用は、紛争の暫定的な解決には資するものの、紛争当事者間の対立に根本的・終局的な解決を導くものではない。権利濫用の禁止は、紛争の一断面を切り取って示したにすぎないことに注意すべきである。

あまり知られた判決ではないが、初期の典型的なシカーネ事件なので、事件の経緯について、中舎寛樹「富田浜病院事件」玉田古稀『現代民法学の諸問題』一頁をあげておく。

人格権に基づく出版の事前差し止め……北方ジャーナル事件

11 最大判昭和61・6・11民集四〇巻四号八七二頁

関連条文 七〇九条・七一〇条

名誉権を侵害された者が出版の事前差し止めを認められるための基準はどのようなものか。

事実 昭和五四年二月、Xは『北方ジャーナル』に、元旭川市長であったYが立候補予定であった二ヶ月後の北海道知事選挙に関して、知事たる者の適格要件を記載した記事を掲載予定であった。その記事内容はYの人物像を述べるにあたり、「天性の嘘つき」「メス犬の尻のような市長」「ゴキブリ」「大道ヤシ」などという表現を用いた、Yに対する人身攻撃等を多分に含むものであった。そこでYは札幌地裁に対し、名誉権の侵害を予防するために雑誌の印刷、製本、販売および頒布の禁止等を命ずる仮処分の決定を求め、同地裁は仮処分決定をした。それに対しXは決定を不服とし、差し止めは違憲であるなどとして訴えた。原審が訴えを棄却したためXが上告。

裁判所の見解 上告棄却。人格権としての名誉権は、物権の場合と同様に排他性を有する権利というべきで、名誉を違法に侵害された者は、民法に規定される損害賠償請求又は名誉回復のための処分の請求のほかにも、加害者に対する侵害行為の排除や、侵害の予防のための侵害行為の差し止めを求められる。なお、公共事項に関する表現の自由は、私人の名誉権に優先する社会的価値を含み憲法上特に保護されるべきで、事前差し止めは原則許されない。ただその表現内容が真実でなく、又はそれがもっぱら公益を図る目的のものでないことが明白、かつ、被害者が重大で著しく回復困難な損害を被る虞があれば、表現行為の価値が被害者の名誉に劣後し、差し止めの必要性もあるため、例外的に事前差し止めが許される。

解説 本件は、名誉侵害のおそれがある表現行為に対する事前差し止めの認容可否について判断した初めての最高裁判決であり、憲法上（検閲）、民法上（差止可否）、民事訴訟上（審理手続）等多くの論点を含む。人格権は私権として法的に保護される利益であり、名誉権はプライバシー権と並び具体化された人格権のひとつである。人格権の侵害が民法上の不法行為になることは明らかだが（七一〇条、七二三条）、七二三条の「適切な処分」とは別に人格権の侵害を根拠に雑誌の出版の事前差し止めが認められた点に意義がある。判決では、その理由に人格権に物権と同様の排他性を挙げ、差し止めが認められる基準として、憲法上の表現の自由との衡量から①表現内容の真実性か公益目的のいずれかを欠き、②被害の重大性が存することを求める。なお、本件の後、名誉棄損・プライバシー・名誉感情侵害を理由に小説の出版差し止めが認められた判決がある（最3判平成14・9・24判タ一一〇六号七二頁）。

▼**評釈**――山本敬三・百選Ｉ4等

意思無能力者……意思無能力者手形振出事件

12 大判明治38・5・11民録一一輯七〇六頁

関連条文 七条・八条・九条

意思無能力者が行った法律行為の効力をどのように考えるべきか。

事実 Y（被告・被控訴人・被上告人）の先代A（第一審口頭弁論前に死亡）は、家庭裁判所によって禁治産宣告を受けていた。しかし、Aはその禁治産宣告を受けるよりも前に約束手形を振り出していた。約束手形は、その裏書により最終的に銀行X（原告・控訴人・上告人）に取得され、Xが約束手形上の請求をなしたのが本件である。原審が、本件手形振出しの当時Aは意思能力を有せず、本件手形の振り出し行為は当然無効であるとの判断を下してXの訴えを容れたため、Yが上告した。

裁判所の見解 上告棄却。手形が外観上法定の要件を具備するような場合に、手形として有効だとしても、実質的に手形行為の成立を妨げるような瑕疵のあるときは、その手形行為は無効となる。禁治産者等の無能力者の行為が取消しうるのは、無能力者の利益を保護するために証明責任を課すことなく、当然これが取消しうるものとしたのであって、無能力者でない者の行為が絶対にその効力を有するとの趣旨ではない。よって、たとえ禁治産中の行為でも全く意思能力を有さない事実がある場合には、何等取消しの意思を表示することなく、当然無効となるのは誠に明白な法理である。

解説 禁治産とは平成一一年の成年後見制度制定前の表現であり、「心神喪失の常況」にある者が、一定の手続で宣告されると後見人が付され、単独で有効な行為がなし得ず、常に取消し得るとされていた。このような制度が設けられている趣旨は、要保護者の立証責任の軽減のためで、効果が取消とされているのは、要保護者側に行為を有効とするか否かの決定権を委ねているためである。意思無能力者の法律行為そのものについては民法は規定を持たないが、近代市民法の原則は、法律行為に「意思」を必要とすることを前提としており（我妻六〇頁）、本判決は制限行為能力者でない者の行為が絶対に有効となるわけではないとの表現でこの点を明示したと評価できる。近年も意思能力無き者の行為が無効であることを一応の前提としていることから（最3判平成6・9・13民集四八巻六号一二六三頁）、その内実はともかく、その考え方の大枠は判例上ゆるぎない（河上四〇頁）。しかし、制限行為能力者制度の趣旨からも、法律行為の効果を引き受けるか否かを意思無能力者側に選択させるべく、表意者からのみ無効の主張を認める（相対的無効）との考え方が現在の通説であることから、本判決の無能力者の行為が絶対的無効であるという伝統的な考え方は揺らいでいるといえる。

▼**評釈**――河上正二・百選Ⅰ5等

くも膜下出血の後遺症と金銭消費貸借

13　東京高判平成11・12・14金法一五八六号一〇〇頁

関連条文　七条・八条・九条

意思無能力者の自署した契約書がある場合、契約の効力はどのように考えるべきか。

事実　平成元年二月、Yは、くも膜下出血を発病し前頭葉機能障害の後遺症を負った。その症状は、日常生活やあいさつは何とか可能だが、一人前の労働能力はないような程度であった。平成二年にB銀行はYの義父Aから相談を受け、YがXの保証を受けることを前提に、Y名義でのBからの新たな融資を決定した（なおBはAの経営するC社との間で融資取引を行っており、YからXへ保証委託するための準備等はAが行った）。Yは、A同席のもとでB銀行との金銭消費貸借契約書に氏名・住所を自署して貸し付けを受け、貸し付けられた金銭はAの債務の弁済に充当された。その後Xは、YがBへ負った債務を代位弁済したとして、Yへ求償債務の支払いを求めた。一審は、YB間の金銭消費貸借契約の成立は認められないとして訴えを棄却したため、Xが控訴した。

裁判所の見解　控訴棄却。Yは日常的に行われる金の貸し借りの意味や借りた金は返さなければならないということは理解できたが、高度に複雑な論理的判断をする能力は欠けており、本件金銭消費貸借契約当時、その内容を理解し、右契約を締結するかどうかを的確に判断するだけの意思能力はなかった。金銭消費貸借契約書にYの自署がなされていても、Yに意思能力のない以上、契約書作成はYの意思に基づいたものとは認められず、ゆえに契約の成立は認められない。

本判決は、Yの意思能力の欠けていたことを理由として、XY間の保証契約の前提となるYB間の金銭消費貸借契約の成立を否定している。

解説　12判決のとおり、意思無能力者の行為の効力は無効とされるが、意思の不存在を認めるための判断基準をどのように考えるのかには問題がある。意思無能力の証明は、成年後見制度のように要保護者か否かといった基準で一律には定まらない以上、個別具体的に判断する必要があるためである。この点について本件は、本人の意思能力判断において、①契約書の自署能力、②金銭貸借の認識、③複雑な取引の認識と段階的に分けて判断し、①や②が存在しても、③の不存在をもって契約締結可否の意思能力の不存在を認定している点に特徴がある。このことは契約成立の危険を一方的に本人に帰属させることが適当でないとの価値判断により、「契約書」や「念書」など形式的に本人の意思証明書面が存在しても、その他の情況等から、契約の成立が否定されるとの可能性を示す。しかしそこには立証の困難さもあり、また本人の意思無能力状態につけ込んだ悪性が相手側ではなく本人の親族等にある場合にも、同様の帰結を導き得るかの問題もある。

胎児と代理……阪神電鉄事件

14 大判昭和7・10・6民集一一巻二〇二三頁

関連条文 三条

七二一条の「生まれたものとみなす」の意味。

事実 阪神電鉄Yの従業員（電柱運搬人夫）Aは、踏切を横断中に自社の電車にはねられ、翌々日に死亡した。Aには内縁の妻X_1がおり、Aとの間の子X_2を妊娠中であったが、Aの死の翌月X_2は出生した。Aの死に関するYとの折衝にあたったのは、Aの親族およびX_1から権限を与えられた訴外Bであり、X_1がX_2を懐妊している点も考慮に入れて、Yより金千円を受領し、将来X_1等はYに対し何らの請求しないことを約束する旨の和解契約が成立した。その後、Aの親族には千円が交付されたが、X_2の出生後、X_1X_2は財産上・精神上の損害を受けたとして改めてYに損害賠償を請求した。

裁判所の見解 X_1の請求棄却。X_2の請求破棄差戻。内縁の妻に対してもその内縁の夫に対する不法行為上の権利侵害があれば、相当の救済を与えることが正当であり、YはX等に対する損害賠償の責任を負う。しかし、X_1の請求権は和解契約によって消滅しているため、X_1の訴えは認められない。一方X_2の請求については、胎児は出生したときに、（問題となる事実が生じたときに）遡って権利能力を取得するのであり、民法上胎児の処分行為を代行すべき機関についての規定がないため、出生前にはその請求権を処分することができないから、X_2は改めて賠償請求できる。

解説 民法は、権利能力の取得を出生の時とするが（三条）、出生した場合に胎児が不利益を受けないよう、不法行為に基づく損害賠償請求など一定の場合に胎児の出生を擬制して権利能力を認める（七二一条、八八六条、九六五条）。しかし死産の場合には、出生を擬制した胎児保護の必要はなく、当該胎児の権利能力は認められない。この点で民法では主として代理の可否をめぐり①生きて生まれるまで胎児の権利能力を停止させる（代理不可）と考える説（停止条件説）と②胎児に権利能力を帰属させたのち（代理可）、死産であれば解除するとの説（解除条件説）とが対立しており、本判決は①を採ったものとされる。近年学説は相続など胎児の間に保存行為を必要とする場合などに着目し（我妻五二頁）、②がやや優勢とされるが、民法には胎児の代理に関する規定がないため、代理権行使に関する解釈には無理も伴う（河上・入門五二頁）。また、胎児にとって不利な代理行為が行われる危険の回避も考える必要がある。近時、胎児が被保険者に含まれるか否かにつき裁判例があり（岐阜地大垣支判平6・7・29判タ八七二号二八一頁、最3判平18・3・28民集六〇巻三号八七五頁）、新たな議論の展開もまたれている。

▼**評釈**――幡野弘樹・百選Ⅰ（六版）3等

勧誘員の指示による偽生年月日の記入

15 茨木簡判昭和60・12・20判時一一九八号一四三頁

関連条文 二一条

相手方に影響された未成年者の行為に詐術が認められるか。

事実 満一八歳であったXは、Y_1社の従業員A等のキャッチセールスによって総額一六万五千円の化粧品購入契約等を締結した。その際、Xは同契約に関し、Y_2社のクレジットを利用することとし、Y_1の代行によって、Y_1との契約と同時にY_2との立替払い契約の申し込みをした。Xは、Y_1およびY_2との契約書記載に際し、自己の年令を一八歳とA等に告知したところ、満二〇歳と記載するように指示され、その指示に従った。Xは、Y_1との契約時に一万五千円を支払い、Y_2に対しては、立替払い契約に従って割賦金一万四千円を支払った後、Y_1、Y_2に対し未成年者として取消しの意思表示をし、既払い金の返還を請求した。それに対し、Y_1・Y_2ともに契約書に虚偽の年令を記載している点が詐術に当たるなどとして争った。

裁判所の見解 一部認容。XがY_1との契約締結に当たり、自己の事実の年令、生年月日と異なる生年月日を記載したのは、A等が指示したものであって、このような状況にあってはXが自ら成年者であって能力者であることをY_1に信じさせるために詐術を用いたことには当たらない。Y_2との契約については、Xが積極的にY_2に対して自己を能力者として信じさせようとの意思をもって虚偽の年令を記載した場合には詐術に当たるというべきであるが、単にY_2の事務を代行するY_1の従業員の指示よって虚偽の年令を記載した場合には能力者であると信じさせるための詐術であるとはいえない。

解説 二一条適用のためには、詐術と誤信の間に因果関係があることを要する。本件のY_1との関係では、XはY_1の従業員によって指示された内容を契約書へ記載していることからも、Y_1の判断に影響を与えているとはいえず、二一条の適用はない。また、ウェブ決済の場面でも二一条を意識したような年齢確認の多くは、本件同様の評価ができるため詐術性は否定されるべきである。なお、Y_2との関係では、Xが形式的には年令を偽る行為を行っていると評価され得るため、16判決のような単純な黙秘の場面とは確かに状況を異にする。しかし判決で示されたように、Y_1の従業員がY_2の代行者であるといった両者の密接な関係性を考えれば、その誘導行為はY_2側の事情として評価し得よう。そうした結果、制限行為能力者が能力者であるかのような外観を作出させられた場合にも、詐術とはならないとの指摘もあり（河上一一二頁）、本件では、そもそもXの当該記載が自らを成年であるように信じさせる行為とはいえまい。

▼評釈――坂東俊矢・消百5等

詐術の意義

16 最1判昭和44・2・13民集二三巻二号二九一頁

関連条文 二一条

制限行為能力者であることの単なる黙秘が、二一条の詐術にあたるか。

事実 小学校を中退し、早くから悪友に誘われて賭け事などに耽っていたXは、かねてから伝来の相続財産を処分する有様であったため、準禁治産宣告を受けた。しかし、Xは保佐人である妻に内緒で借金をしたうえ、その返済のために本件土地をYに売却し、Yは所有権移転請求権保全の仮登記をした。契約に際し、Xは代金額の決定や書類作成などに、ある程度積極的に行動したほか、Yからの「畑（本件土地）は奥さんも作っているのに相談しなくてもよいのか」との問いに「自分のものを自分が売るのになぜ妻に遠慮がいるか」などと述べていた。その後、Xは、Yに対して売買契約取消しの意思表示をしたが、Y側はXに詐術があったため取消しは認められないと争った。原審はXの訴えを容れたため、Yが上告。

裁判所の見解 上告棄却。詐術を用いたときとは、相手方に対し積極的術策を用いた場合に限られず、無能力者が、ふつうに人を欺くに足りる言動を用いて相手方の誤信を誘起し、または誤信を強めた場合をも包含する。無能力者であることの黙秘は、それが他の言動などと相まって、相手方を誤信させ、または誤信を強めたものと認められるときは、なお詐術に当たるが、単に無能力者であることを黙秘していたというだけでは、右にいう詐術には当たらない。

解説 二一条が詐術を用いた制限行為能力者の取消権排除を規定するのは、法律行為の有効を信じた相手方保護を図る趣旨を含む。かつては積極的な詐術が要求され、単に自らが無能力者であると告げるのみでは詐術とは判断されなかった（大判大正5・12・6民録二二輯二三五八頁、大判大正6・9・26民録二三輯一四九五頁）が、昭和期に入り、取引安全の重視と相まって積極的詐術要件が緩和傾向になり、直接能力者であるかどうかに言及しない場合（自分には相当の資産があるので安心して取引してくれと述べたような事案）でも詐術に当たるとされるようになった（大判昭和8・1・31民集一二輯二四頁）。本件は、事案解決としては原審を維持し詐術を否定するものの、一般論として無能力者であることの黙秘が、他の言動と相まって相手方の誤信を誘起したり強めたりしたときに詐術に当たると判じる点に特徴がある。もっとも、相対的に保護要請の高い制限行為能力類型（未成年者・成年被後見人等）については、詐術を行う能力の有無などを踏まえた慎重な対応が求められ、特殊事案ながら、下級審判決（京都地判平成25・5・23判時二一九九号五二頁）にもその旨意識した言及も見られる。

▼**評釈**——新井誠・百選Ⅰ（六版）6等

大学生の住所

17 最大判昭和29・10・20民集八巻一〇号一九〇七頁

関連条文 二二条

学生が選挙権を行使すべき住所はどのように定まるか。

事実　学生であるXら四七名はA村内にある大学の附属寮に入寮しており、もっとも長期で四年、最も短期でも一年はいる予定であった。Xらは、休暇中に郷里等へ帰省することはあったが、休暇以外は寮におり、住民登録も一部の者を除いては、A村においてなされていた。昭和二八年九月、Y（A村選挙管理委員会）が選挙人名簿を調製し、縦覧したところ、Xらは名簿に自身らの脱漏を発見したためYに異議を申し立てた。しかしYは、Xらは学資の大半を実家の出捐に因っており、休暇ごとに郷里へ帰っているため、両親と独立して生活を営むものではないということなどを理由として住所は郷里にあるとし、異議申し立てを棄却する決定を行った。そこで、Xらはこれらの決定を不服として訴えた。原審がXらの訴えを認めたため、Yは上告。

裁判所の見解　上告棄却。住所とは、反対の解釈をなすべき特段の事由のない限り、各人の生活の本拠を指す。認定された事実によれば、Xらの生活の本拠は、いずれも、A村内の寮にあったものといえ、一時的に同所に滞在またま現在していたものということはできない。したがって、XらはA村基本選挙人名簿に登録されるべきである。

解説　民法上住所とは、債務の履行地（四八四条）や訴訟を起こす裁判所（民訴法四条）などを決定する基準となる。二二条には、ある人の実質的生活の中心であることを示す「各人の生活の本拠」であることが定められるほか、住所不明者や日本に住所のない者については、その居所が住所とみなされる（二三条）。住所には、単一と考えるべきか（①単一説）複数と考えるべきか（②複数説）の対立があり、起草者はじめ昭和年代に入るまでは①説が趨勢であった。しかし、社会生活の複雑化に伴い、現在は②説を採る学説が大半であり、各法領域において住所が問題となる場合には、当事者意思の具体化された客観的諸事情に基づいて決定されるべきとされている（谷口ほか・新注民⑴〔改訂版〕四〇七頁）。本件係争時点はすでに②説が台頭していた時期だが、判示からは本件が①説、②説いずれによったか不明である。もっとも、仮に②説を採用していたとしても公選法上の住所が一つであるのは当然との見解もあり（加藤九八頁）、結局はいかなる基準で住所を判断したかが重要となる。本件では、Yが自治省からの通達（郷里から仕送りを受け休暇ごとに帰省する学生の住所は郷里とするとの内容）を元に、学生選挙権の制限にも繋がるような名簿調整であったため、判断には、①説・②説のいずれを採用したかとは別の要素も含んでいると思われる。

▼**評釈**――大村敦志・百選Ⅰ（四版）7等

失踪宣告の取消し前の行為

18 大判昭和13・2・7民集一七巻五九頁

関連条文　三二条

失踪宣告取消し前に善意で為された行為が有効となる場合。

事　実　土地甲の所有者Xの渡米から三〇年ほどたった昭和六年六月にAは、Xの失踪宣告を申し立て、自らを家督相続人として甲を承継取得した。その後甲は、昭和七年八月にはAからBへと売渡されて登記移転され、昭和八年五月には、BからYへ売渡されて登記移転された。しかしXは生存しており、失踪宣告の事実を知って、昭和八年一月にはその取消しを申し立てた。Aも昭和七年六月頃にはその事実を知っていたほか、昭和八年四月頃にはYもXが生存している事実を聞き知っていた。そして、昭和八年六月にXの失踪宣告は取り消され、XからYに登記移転抹消請求がなされた。一審、原審ともにXの訴えを容れたため、Yが上告した。

裁判所の見解　上告棄却。民法三二条一項ただし書が失踪宣告後、その取消し前に善意をもってなした行為の効力を認めたのは、善意の行為者の保護を目的とすることは勿論であるが、その行為が契約の場合には、当事者双方が善意の場合に限りその効力を認めた趣旨と解すべきである。蓋し、右行為の効力を認めた結果失踪者は失踪宣告が取り消されたにも関わらず、本来の権利状態を回復することができない不利益を受けるため、このような結果を生じさせるには当事者の一方の善意のみで足りるとせず、双方が善意であることを要するものと解するのが妥当だからである。

解　説　失踪宣告の取消しの効果は、宣告を前提として形成された法律関係の行為の基礎を失わせ、遡及効を生じさせる。もっとも、宣告を信頼した者が取消しの遡及効によって著しい不利益を受けることは好ましくないため、同条一項後段は宣告を信頼して行為をなした善意の者を保護する規定を置く。本件では、この善意の解釈につき、原因行為が契約の場合は当事者双方ともに善意であった場合に限り同条の適用を認めている。その背景には本人の権利保護を重視した考えがあると思われるが、むしろ同条を取引安全の保護性を重視した規定とみて、新たに契約に入った者のみの善意を求めればよいとする説も有力である。なお、この説に立てば、派生問題として善意者（本件ではBに対応）から悪意の転得者（同Yに対応）に財産が移転した場合に本人が取消しを主張できるかは検討を要する。同条一項後段の取消し制限を、本人との関係で相対的に制限されるのみとみるか（①相対説）、一旦善意の第三者が登場した以上、本人の取消しは絶対的に制限されるとみるか（②絶対説）で結論は異なるためであり、より取引の安全を重視すれば①が妥当となる。一方、本件に親和的な結論を導くならば②の方が妥当であろう。

権利能力のない社団の要件

19 最1判昭和39・10・15民集一八巻八号一六七一頁

関連条文 三三条

法人でない社団の成立要件と、資産の帰属。

事実

社団法人Aの支部であるSは、A本部と関係なくS名義で独自にマーケットの設置と運営を行っていた。このマーケットに店舗を有する者は、S支部の構成員であり、店舗所有者の異動はSの承認を経て行われ、したがって、構成員の変更にもかかわらず、支部は同一性を維持しつつ存続していた。また、Sは、その会員、役員、内部における意思決定、外部に対する代表、その他の業務執行等に関する定めとしては、すべてAの定款と同旨の規約を定めていた。Sは、Bからマーケットを設置するための本件土地を賃借し、Sの会員は、同土地に自己の店舗を所有して営業を行っていたが、マーケット内で店舗を所有していたY_1およびY_2は、Sを脱退した。Xは、本件土地の賃借権をSから譲り受けた上、Yらは土地使用権限を失った等として建物収去土地明渡しを請求した。Yらは、Sは実体法上の権利義務の主体となり得ないものであり、土地の賃借人はSでなく会員個人である等として争った。一審はXの請求を棄却。原審はXの請求を認容。Yら上告。

裁判所の見解

上告棄却。「権利能力のない社団といいうるためには、団体としての組織をそなえ、そこには多数決の原則が行なわれ、構成員の変更にもかかわらず団体そのものが存続し、……その組織によって代表の方法、総会の運営、財産の管理その他団体としての主要な点が確定しているものでなければならない……。……このような権利能力のない社団の資産は構成員に総有的に帰属する。」

解説

社団の実体を有するにもかかわらず、法人格を持たないものは、「権利能力のない社団」と呼ばれている。平成二〇年に一般社団・一般財団法が法人設立の要件を緩和した後も、法人設立手続中の社団、認許されない外国法人（三五条一項参照）など、また、行政官庁の監督その他の法的規制を嫌って法人設立手続を採らないものなど、「権利能力のない社団」は、依然として少なからず存在している。本判決は、権利能力のない社団の要件を、最高裁として初めて明らかにしたものである。また、本判決は、権利能力のない社団の資産が、構成員に総有的に帰属することを明らかにした。資産が総有的に帰属するとは、その資産の利用および収益権は各構成員に属するが、各構成員は持分を有せず、したがって分割請求権も有せず、その資産の管理処分は、定款の定めるところにより総会の議決により行われることを意味する。したがって、Yらが本件土地の賃借人にはなり得ないことになる。こうした理解に基づき、本件Yらは、Sから脱退したことにより土地の使用権限を失ったものと判示された。

▼**評釈**――宮田信夫・最判解昭和三九年度、山田誠一・百選Ⅰ8

和解と法人格否認の法理

20 最1判昭和44・2・27民集二三巻二号五一一頁

関連条文　三三条、商五〇四条

実質が個人企業と認められる株式会社における取引の効果の帰属。

事　実　Xは、その所有する本件店舗をY株式会社に賃貸した。Yは、Aが経営する「電気屋」の税金対策を目的として設立されたものであって、A自身が代表取締役であり、実質はAの個人企業にすぎず、Xは、「電気屋」のAに店舗を賃貸したと考えていた。Xが店舗を自己の用に供するために明渡しを請求したところ、Aは、必ず明け渡す旨の個人名義の書面をXに差し入れたが、約定の日までに明渡しがされないので、Xは、Aに対し、店舗明渡しの訴訟を提起したところ、XY間の本件賃貸借契約を合意解除し、Aが本件店舗を明け渡す旨の裁判上の和解がXA間に成立した。ところが、Aは、本件和解はXとA個人との間に成立したものであるから、XY間の賃貸借契約の合意解除を認めたことは違法である等と主張して訴えを提起。一審、原審ともにAが敗訴したため、A上告。

裁判所の見解　上告棄却。「法人格が全くの形骸にすぎない場合、またはそれが法律の適用を回避するために濫用されるが如き場合においては、法人格を認めることは、法人格なるものの本来の目的に照らして許すべからざるものというべきであり、法人格を否認すべき事が要請される」。特に、「株式会社形態がいわば単なる藁人形に過ぎず、会社即個人であり、個人即会社であって、その実質が全く個人企業と認められるが如き場合には、会社名義でなされた取引であっても、相手方は会社という法人格を否認して……その取引をば背後者たる個人の行為であると認めて、その責任を追求することを得、そして、また、個人名義でなされた行為であっても、相手方は敢て商法五〇四条を俟つまでもなく、直ちにその行為を会社の行為であると認め得るのである。」

解　説　本判決は、最高裁が法人格否認の法理を初めて正面から認めたものである。法人格の否認とは、会社の解散命令や設立の無効・取消しにより会社の存在を全面的に否定するのでなく、その法人としての存在を認めつつ、特定の事案について会社の背後にある実体を捉え、これに即して、形式上の法人格とその実体たる個人を同一視することである。本判決は、法人格否認の法理の適用場面として、①法人格が全くの形骸にすぎない場合、②法人格が法律の適用を回避するために濫用される場合、を明示しており、本判決の事案自体は①に当たる。ただし、①②のほかにこの法理が適用される類型はあるか、取引行為だけでなく、取引に伴う不法行為や事実行為にも適用があるか、など、この判決を契機として提起された問題は少なくない。

▼**評釈**——野田宏・最判解昭和四四年度、森本滋・会社百3

権利能力のない社団の資産である不動産の登記方法

21 最2判昭和47・6・2民集二六巻五号九五七頁

関連条文　三四条、民訴二九条

権利能力のない社団の代表者は、社団の資産である不動産につき自己の個人名義に移転登記することを請求できるか。

事　実　権利能力のない社団Aは、その資産として本件不動産を有し、Aの会長であったYの個人名義で本件土地の所有権移転登記および本件建物の所有権保存登記をしていた。Yは会長を辞任し、同日、Xが会長に選任された。Xは、個人として本訴を提起し、Yに対し、本件土地および建物の所有権移転登記手続を求めた。Yは、所有権移転登記手続をするべき旨の訴訟は、Aが原告となって提起すべきであり、Xが原告となっても当事者適格を欠き、本訴は不適法であるとして争った。一審、原審ともXの請求を認容。Yが上告。

裁判所の見解　上告棄却。「権利能力のない社団の資産はその社団の構成員全員に総有的に帰属しているのであって、社団自身が私法上の権利義務の主体となり得るものではなく、したがって、登記請求権を有するものではない」。「不動産については、社団自身を当事者とする登記が許されず、また、社団構成員全員の名で登記をすることは困難な場合があることから、「社団の代表者個人の名義で所有権の登記をすることが行われている」。「社団構成員の総有に属する不動産は、右構成員全員のために信託的に社団代表者個人の所有とされるべきものであるから、代表者は、……受託者たる地位において右不動産につき自己の名義をもって登記をすることができ……、したがって、登記上の所有名義人となった権利能力なき社団の代表者がその地位を失ってこれに代る新代表者が選任されたときは、……新代表者は、……旧代表者に対して、当該不動産につき自己への個人名義に所有権移転登記手続をすることの協力を求め、これを訴求することができる。」

解　説　社団の資産である不動産が代表者名義で登記されている場合において、代表者が交替したときは、新代表者は、旧代表者に対し、自己への所有権移転登記手続を求めることができる。その前提には、権利能力のない社団は、その資産たる不動産につき、社団名義で、または社団代表者の肩書付きで、登記することができないという登記実務がある。一つの問題となるのは、民事訴訟法（本件訴訟当時の四六条、現行二九条）が、権利能力のない社団としての原告適格・被告適格を認めていることとの関係である。すなわち、現行の民事訴訟法および登記実務によれば、権利能力のない社団は、社団名義で訴えを提起することはできるが、社団名義での登記請求権を有しないという変則的な状況にある。本判決が示した実務の扱いも、やむを得ないものと判断されたのであって、これが最良の公示方法と考えられているわけではないといえよう。

▼**評釈**——吉井直昭・最判解昭和四七年度

権利能力のない社団と総有権確認訴訟の原告適格（入会団体の場合）

22 最3判平成6・5・31民集四八巻四号一〇六五頁

関連条文　三三条、民訴二九条

入会団体は、どのような場合に総有権確認訴訟における原告適格を有するか。

事　実　X_1組合は、権利能力のない社団たる入会団体である。X_1の資産である本件土地は、登記簿上、構成員Aが共有者の一人とされていたが、Aの相続人Y_1Y_2は、本件土地がX_1の構成員全員の総有でなく、両名が共有持分を有すると主張している。また、登記簿上Aの持分につき、Y_3を権利者とする抵当権設定登記等がされていた。X_2は、X_1の構成員の一人（組合長ではない）であり、総会における全員一致の議決により、本件土地の登記名義人となることとされた。X_1は、Y_1Y_2を相手に、本件土地がX_1の構成員全員の総有に属することの確認を求めて、また、X_2は、本件土地につき、Y_1Y_2に対してはX_2への全部移転登記手続を、Y_3に対しては抵当権設定登記等の抹消登記手続を求めて、訴訟を提起。原審は、X_1X_2に原告適格なしとして訴えを却下。X_1X_2から上告。

裁判所の見解　破棄差戻。①「村落住民が入会団体を形成し、それが権利能力のない社団に当たる場合には、当該入会団体は、構成員全員の総有に属する不動産につき、これを争う者を被告とする総有権確認請求訴訟を追行する原告適格を有する」。②「権利能力のない社団の代表者が……総有権確認請求訴訟を原告の代表者として追行するには、当該入会団体の規約等において当該不動産を処分するのに必要とされる総会の議決等の手続による授権を要する」。③「権利能力のない社団である入会団体において、規約等に定められた手続により、構成員全員の総有に属する不動産につきある構成員個人を登記名義人とすることとされた場合には、当該構成員は、入会団体の代表者でなくても、自己の名で右不動産についての登記手続請求訴訟追行する原告適格を有する。」

解　説　本判決の判示事項は、三つある。①は、本件総有権確認請求訴訟においては、権利者全員が原告となる形だけでなく、入会団体X_1に原告適格を認めること、②は、入会団体の代表者が右の訴訟を追行するためには、当該入会団体の規約等における授権を要することを、それぞれ明らかにしている。後者は、確定判決の効力が、構成員全員に及ぶことを考慮したものである。また、③は、入会団体の代表者でない構成員であっても、入会団体の資産である不動産につき登記手続請求訴訟を追行する原告適格を認めてよい場合があるとしたものである。権利能力のない社団の資産である不動産は、構成員個人の名義で登記せざるを得ないことがあり、その名義を社団の代表者とすると、代表者が交代する都度、名義を変更する煩雑さを伴うという実質的衡量が働いているといえよう。

▼**評釈**——田中豊・最判解平成六年度、山田誠一・百選Ⅰ75

非営利法人と目的の範囲

23 最1判昭和33・9・18民集一二巻一三号二〇二七頁

関連条文 三四条

農業協同組合が非組合員との間に準消費貸借を締結することは、組合の目的の範囲内に属するか。

事実　非営利法人である農業協同組合Xは、その経済的基礎を確立するために、リンゴの委託販売を営むことを計画し、リンゴ移出業者であるY_1らと協議の上、Xが資金を調達してY_1らに貸し付け、その集荷したリンゴの販売委託を受け、手数料の支払を受ける旨の協定を結んだ。Xは、この協定に基づき、Y_1に対し、数回にわたりリンゴ買付資金を貸し付けた後、この貸金債権の残額を準消費貸借に改め、Y_2がその連帯保証人となった。Y_1が履行しないため、Xは、Y_1 Y_2に対し訴えを提起。一審はXの請求を棄却。原審も、Xによる非組合員Y_1への貸付けは無効として、Xの請求を退けた。Xから上告。

裁判所の見解　破棄差戻。Xの定款によれば、Xは、「農業生産力の増進及び組合員の経済的、社会的地位の向上を図ることを目的とし、右目的を達成するため⑴組合員の事業又は生活に必要なる資金の貸付⑵組合員の貯金の受入―中略―その他右事業に附帯する事業」を行うものとされている。そして、本件において、Xは、「事実」に掲げたような経緯で、「Y_1に対してもその資金として判示金銭を貸し付けたものであること、本件貸金は右貸付金の帳尻を準消費貸借に改めたものであること」等の事実が認められるのであるから、「Y_1がXの組合員でなくても、特段な事情の認められない限りは、少くとも右にいわゆるXの事業に附帯する事業の範囲内に属するものと認めるを相当とする。」

解説　法人が権利能力を有するか否かを判断する基準となる「目的の範囲」について、判例は、営利法人の場合にはこれを広く認める傾向にあり、非営利法人の場合にはかなり厳格に運用している。いずれにせよ、「目的の範囲」か否かは、「客観的抽象的に見て、それが定款所定の目的の遂行に必要」であるかにより判断される。本件において問題となったXの行為は、①Y_1との間でリンゴの委託販売契約を締結し、これに基づく貸付を行ったこと、②Y_1に対する貸付金の帳尻を準消費貸借契約に改めたこと、という二つに分けて観察されるが、判旨が「附帯する事業の範囲内」であるというのは、①②のいずれを指すのか、やや判然としないところがある。Xの定款の定めに照らして、「経済的基礎を確立する」ためのリンゴの委託販売契約及び員外貸付を、Xの「附帯事業」と解したのか、または、員外貸付が無効となったことに伴いXがY_1に対して貸付金額と同額の不当利得返還請求権を取得し、この請求権を準消費貸借に改めたことが、「目的の範囲内」と判断されたのか、理解は分かれるであろう。

▼**評釈**――土井王明・最判解昭和三三年度

員外貸付と無効主張の可否

24 最2判昭和44・7・4民集二三巻八号一三四七頁

関連条文 三四条

員外貸付が無効とされるとき、債務者は、この債務を担保するために設定された抵当権の効力を否定することができるか。

事実 Xは、I洋服店従業員組合名義でA労働金庫から六〇万円を借り受け、自己所有の本件不動産に抵当権を設定していたところ、同抵当権を実行され、Y_1が競落人となった。本件不動産は、Y_1の所有名義となり、その一部建物にはY_2が居住している。Xは、次のように主張して、右競落の効力を争い、Y_1に対しては各所有権移転登記の抹消登記手続を、また、Y_2に対しては、建物の明渡しを求めて本訴を提起した。

①本件貸付の相手方となっているIは、Xが勝手にこしらえたものであり現実には存在しないから、AI間の消費貸借契約は無効である。②Xは一一七条一項の責任を負担せず、仮に同項の適用があるとしても、Aは悪意であるから、同条二項によりXは責任を負わない。③仮にXに対して貸付が行われたとすれば、それはAの目的の範囲に属さない員外貸付であって無効である。一審、原審ともX敗訴。Xから上告。

裁判所の見解 上告棄却。労働金庫法は事業の範囲を明定しており、会員の福利共済活動の発展およびその経済的地位の向上を図ることを目的としていることに照らし、労働金庫による員外貸付は、無効と解するのが相当である。しかし「Xは自ら虚無の従業員組合の結成手続をなし、その組合名義をもってAから本件貸付を受け、この金員を自己の事業の資金として利用していたというのであるから、仮りに右貸付行為が無効であったとしても、同人は右相当の金員を不当利得としてAに返済すべき義務を負っている」。そして、「本件抵当権も、その設定の趣旨からして、経済的には、債権者たるAの有する右債権の担保たる意義を有するものとみられるから、Xとしては、右債務を弁済せずして、右貸付の無効を理由に、本件抵当権ないしその実行手続の無効を主張することは、信義則上許されない。」

解説 最高裁は、本件貸付がAの会員でないXに対するものであって無効としつつ、Xは、貸付金相当額の不当利得返還義務を負うことを判示の前提としている。ここで問題となるのは、担保物権の附従性との関連において、貸金債権を担保するために設定された抵当権の効力をどのように理解するかである。本判決は、貸金債権と不当利得返還請求権との「経済的意義」の同一性に着目しつつ、Xによる抵当権およびその実行手続の無効主張を、一般条項である信義則により排除した。無効な抵当権の実行を広く有効と認める趣旨でないことには、注意が必要である。

▼評釈——千種秀夫・最判解昭和四四年度、鳥山泰志・百選Ⅰ 81

株式会社の政治献金と法人の目的

25 最大判昭和45・6・24民集二四巻六号六二五頁

関連条文 三四条、会社三五五条

株式会社による政治資金の寄附は、会社の権利能力の範囲に属する行為といえるか。

事実 A株式会社は、政党Bに対し政治資金三五〇万円を寄附した。Aの株主Xは、この政治献金は定款および法令に反する行為であり、同社の代表取締役Y_1Y_2は、Aに対し寄附額と同額の損害を与えたのであって、両名はこれをAに賠償する義務を負っているとし、Aに対し、Y_1Y_2の責任を追求する訴えを提起するよう請求した。しかし、Aが訴えを提起しなかったので、Xは、Aのために、Y_1Y_2がAに三五〇万円（および法定利息）を支払うよう請求した。一審はXの請求を認容。原審はXの請求を棄却。Xから上告。

裁判所の見解 上告棄却。「会社は定款に定められた目的の範囲内において権利能力を有」するが、その「目的の範囲内の行為とは、定款に明示された目的自体に限局されるものではなく、その目的を遂行するうえに直接または間接に必要な行為であれば、全てこれに包含される……」。そして、必要な行為か否かは、「行為の客観的な性質に即し、抽象的に判断されなければならない」。会社は、営利事業を本来の目的とするが、自然人と等しく社会的実在としての社会的作用を負担し、「ある行為が一見定款所定の目的とかかわりがないものであるとしても、会社に、社会通念上、期待ないし要請されるものであるかぎり、その期待ないし要請にこたえることは、会社の当然になしうるところである」。「災害救援資金の寄附、地域社会への財産上の奉仕、各種福祉事業への資金面への協力などはまさにその適例」であり、「これらの行為が会社の権利能力の範囲内にあると解しても、なんら株主等の利益を害するおそれはない」。「以上の理は、会社が政党に政治資金を寄附する場合においても同様である。」

解説 株式会社の権利能力の有無は、その定款上の目的を遂行する上で直接又は間接的に必要な行為であるか否かにより判断されるべきであり、また、その判断は、行為の客観的な性質に即して抽象的に行われるべきことを示した判決である。「間接的」に必要な行為であれば権利能力の範囲に含まれるという判断基準は、非営利法人の場合に「附帯する事業の範囲内」であるという理由により権利能力を認めた最1判昭和33・9・18民集一二巻一三号二〇二七頁よりも、広く権利能力を認める結果となろう。ただし、本件判決は、右に引用した部分に続けて、特定の寄附が取締役の忠実義務違反（商二五四条の二、現行会社三五五条参照）となり得ることを認めており、一定の抑制的姿勢を示していることも、併せて理解しておくべきであろう。

▼**評釈**——柳川俊一・最判解昭和四五年度

司法書士会による政治献金と法人の目的……群馬司法書士会事件

26 最1判平成14・4・25判時一七八五号三一頁

関連条文　三四条

被災した他の司法書士会に金員を寄付するための司法書士会の総会決議の効力。

事実　司法書士法一四条に基づき設立されたY司法書士会は、阪神・淡路大震災により被災した兵庫県司法書士会に三〇〇〇万円の復興支援拠出金を寄付することとし、その資金は、役員手当の減額等による一般会計からの繰入金とYの会員から登記申請事件一件当たり五〇円の復興支援特別負担金の徴収による収入をもって充てる旨の総会決議をした。Yの会員であるXらは、⑴本件拠出金を寄付することは、Yの目的の範囲外の行為であること、⑵強制加入団体であるYは、本件拠出金を調達するため会員の負担を強制することはできないこと、等を理由に、本件決議は無効であって、会員には本件負担金の支払義務がないと主張し、債務の不存在確認を求めて訴えを提起した。一審はXらの請求を認容。原審は、一審判決を取り消してXらの請求を棄却。Xらが上告受理申立て。

裁判所の見解　上告棄却。「司法書士会は、……その目的を遂行する上で直接又は間接に必要な範囲で、他の司法書士会との間で業務その他について提携、協力、援助等をすることもその活動内容に含まれる」。そして、本件事案に照らして、「本件拠出金を寄付することは、Yの権利能力の範囲内にあるというべきである」。「Yは、本件拠出金の調達方法についても、それが公序良俗に反するなど会員の協力義務を否定すべき特段の事情がある場合を除き、多数決原理に基づき自ら決定することができるものというべきである」。

解説　本判決には、①本件拠出金の寄付がYの目的の範囲内の行為であるか（三四条、司法書士法一四条二項参照）、②これが肯定されたとして、Xら会員は、本件決議に従う義務を負うか、という二つの論点が含まれている。①について、最高裁は、司法書士法一四条二項に定める「司法書士の品位を保持し、その業務の改善進歩を図る」という目的の対象として、被災した他の司法書士会またはその会員に対する支援によって司法書士全体の品位を保持し、その業務の改善等を図ること等も、自己の会員の品位を保持する等という目的の達成に資するものと解した。②については、司法書士会が法律によって設立を義務付けられた強制加入団体であることから、会員個人の思想、信条の自由との関係が問題となり得るが、復興支援拠出金の支出は、会員の思想、信条等との関連が希薄である（税理士会による政治献金が問題とされた最3判平成8・3・19民集五〇巻三号六一五頁と対照のこと）。そして、決議により会員に課される負担も、不当に重いものではないことから、本件決議の効力が会員に及ぶと判示されたものと考えられる。

▼評釈――古野豊秋・平成一四年重判（憲法2）

法人代表者の取引的不法行為と相手方の悪意重過失

27 最2判昭和50・7・14民集二九巻六号一〇一二頁

関連条文　一般社団・一般財団法七八条

法人の代表者が取引的不法行為を行った場合において、相手方に悪意重過失があるときは、法人の不法行為が成立するか。

事実　Y_1町の町長Aは、自己の借金返済のため、自分が代表取締役をしているB社名義で約束手形を振り出し、町長の公印を不正に使用してY_1名義で裏書した上、この手形の割引による金策を考えた。Y_2は、知人を介してAから、振出人B、第一裏書人Y_1の約束手形三通の割引を依頼されたので、Y_2が各手形の第二裏書人欄に署名捺印し、Xにその割引を依頼した。Xは、これら手形に疑念を抱いたが、結局、Aが作成したY_1町長名義の確認書を受け取り、これら手形がY_1により適法に裏書交付されたものと信じて、割引金額をY_2に交付した。Xは、手形の満期後、支払場所での支払を拒絶されたため、割引金額と同額の損害を被ったと主張し、Y_1に対しては民法四四条一項（現行の一般社団・一般財団法七八条）により、Y_2に対しては同法七〇九条により、損害の賠償を請求した。XY_2間では、X全面勝訴の一審判決が確定したが、一審、原審ともY_1に対する請求を棄却。Xから上告。

裁判所の見解　上告棄却。「地方公共団体の長のした行為が、その行為の外形からみてその職務行為に属するものと認められる場合には、民法四四条一項の類推適用により、当該地方公共団体は右行為により相手方の被った損害の賠償責任を負う」が、その場合であっても、「相手方において、右行為がその職務行為に属さないことを知っていたか、又はこれを知らなかったことにつき重大な過失があったときは、当該地方公共団体は相手方に対して損害賠償の責任を負わないものと解するのが相当である」。「Xは、Aのした手形の裏書交付がY_1の町長としての職務行為に属さないことを知らなかったことにつき重大な過失があった。」

解説　本判決は、地方公共団体の長による職務権限外の行為が、外形からみてその職務行為に属するものと認められる場合であっても、相手方が、その職務行為に属さないことを知り、またはこれを知らないことに重大な過失があるときは、当該地方公共団体は、相手方に対し、法人の不法行為責任を負わないことを明らかにしたものである。ここでは使用者責任（七一五条）と同じ「外形理論」が援用されていることを読み取ることができ（最1判昭和42・11・2民集二一巻九号二二七八頁参照）、両者における相手方保護の要件が、統一的に把握され、運用されていることが分かる。なお、判旨は、本件事案に即してXの重過失を肯定しているが、最高裁が重過失を認定した数少ない例としても注目される。

▼**評釈**——斎藤次郎・最判解昭和五〇年度

集合動産譲渡担保目的物の特定

28　最1判昭和54・2・15民集三三巻一号五一頁

関連条文　八五条

構成部分の変動する集合動産を譲渡担保の目的物にできるか。

事実　訴外AはYとの間に締結した契約に基づき乾燥ネギ四四トン余をYの倉庫に寄託していた。昭和四六年八月、AはXに対する債務の譲渡担保として所有乾燥ネギのうち二八トンを提供する契約を締結した。Aが六回にわたり提供した三トン余の乾燥ネギはAから直接Xへ送付したほか、一部はXからの指示に応じてAがYの倉庫から該当数量を受け出しX指定の荷送先に送付した。ところが、YがXに無断で倉庫内の乾燥ネギを第三者に譲渡したため、Xは不法行為または債務不履行に基づく損害賠償をYに請求した。一審、原審ともに、譲渡担保契約時においては、単にA所有の乾燥ネギ二八トンを譲渡担保として提供することを約したに止まり、いまだその目的物の特定は遂げられていなかったと判断してXの請求を棄却した。そこでXが上告。

裁判所の見解　上告棄却。構成部分の変動する集合動産についても、その種類、所在場所および量的範囲を指定するなど何らかの方法で目的物の範囲が特定される場合には、一個の集合物として譲渡担保の目的物となりうる。しかし、本件の事実関係の下においては、いまだAがYに対しYに寄託中の乾燥ネギのうち二八トンを特定して譲渡担保に供したものとは認められない。

解説　民法は物権に直接的・排他的・絶対的支配を認めることから一つの物の上には同一内容の物権は成立しないとの原則を採り（一物一権主義）、一般に学説は八五条の解釈において、権利の客体であるために支配可能性、独立性、非人格性を求める（我妻二〇二頁以下等）。以上に照らせば、いくつかの物がある目的のために集合している物（集合物）は、構成物が個性を失わない以上、集合物として一つの物とは認められない。しかし、単一物では価値が低いが（倉庫内の商品全部といったような）集合物ならば経済的価値を有する場面では、一物一権主義の要件を緩和し、法律的一体性を認めるべきとの主張があった（我妻二〇六頁）。本件では、一般論としてそうした集合物概念を肯定することを明らかにし、集合物が一体のものとして認められる基準として、その種類、所在場所および量的範囲を指定するなど何らかの方法で目的物の範囲が特定されることを求めた。集合物の構成物個々が、経済的個性を失うものでない（したがって、その構成部分が変動する）という特徴をもつことから要請される要件である。本件の後、特定があるとして譲渡担保を認めた判決（最3判昭和62・11・10民集四一巻八号一五五九頁）がある。

▼**評釈**――遠藤浩・民研四三一号等

建築中の建物……不動産となる時期

29 大判昭和10・10・1民集一四巻一六七一頁

関連条文　八六条

建築中の建物は独立した建物として認められるのか。

事　実　Aは、建物甲の建築に着手したものの、途中で資金不足に陥った。そこで昭和五年九月に、Aは屋根瓦を葺き、荒壁を塗ったところまでで、床および天井はできていない未完成の状態の甲をXへと売却した。その後Xは同年一一月に甲を完成させ、翌昭和六年九月に所有権保存登記を為した。一方、Xの所有権保存登記に先立って、Aの債権者Y_1はAへの債務名義に基づいて競売開始決定を受け、自らがその競落人となり、昭和七年八月以降甲をY_2に賃貸していた。そこで、XはY_1に対しては所有権の確認を、Y_2に対しては建物明渡および損害賠償を求めて提訴した。原審は、XがAから甲を取得した時点では、甲は不動産としての建物といえる状態にはなく、一七七条の適用外であるから、XはこれをY_1に対抗しうるとし、Xの請求を容れた。そのため、Yらが上告した。

裁判所の見解　破棄差戻。およそ建物として不動産登記法による登記ができるようになるときには、当該有体物はすでに動産の領域を脱して不動産の部類に入ったといいうる。そして、そのような登記をするには、いわゆる完成した建物の存在を必要としない。工事中の建物と雖も、すでに屋根および周壁を有し、土地に定着した一個の建造物として存在するに至れば、それで足り、床および天井のようなものがまだ作られていなくてもよい。

解　説　土地の定着物には立木や門、街灯などがあるが、原則としてこれらは土地の構成物とされるにすぎず、過去の大審院判決では、堤防に定着している石垣は土地の構成物であるなどとされている（大判大正7・4・13民録二四輯六六九頁）。建物は土地の定着物のうち代表的なものであり、海外では独立の不動産としないものもある。しかし、わが国では独立の不動産としているため、独立した建物として評価し得る時期が問題となる。裁判所は、もっぱら居住用建物の保存登記の可否につき、木材を組み立てて屋根を葺いたのみでは建物といえない（大判大正15・2・22民集五巻九九頁）などとしていたが、本件は天井、床がなくとも、屋根荒壁が塗られた状態にあれば、保存登記の対象となる旨判示した。当該建築中の建物が独立した建物とみなされれば、建物が譲渡された場合には承継取得となり、本件で争われたように所有権の主張には対抗要件として登記が要求される。もっとも、本件は、あくまでも居住用建物についての基準である点には注意が必要である。近時、壁のない立体駐車場やプラットホームも不動産と登記されることが指摘されており、独立した建物と認められるかどうかは社会観念によって決すべき問題でもある。

▼**評釈**——田高寛貴・百選Ⅰ11、遠藤浩・民研四三二号等

干潟と土地所有権……田原湾事件

30 最3判昭和61・12・16民集四〇巻七号一二三六頁

関連条文 八七条

土地が私的所有権の対象となるのは、どのような場合か。

事実　A県が臨海工業団地造成のため湾の干潟埋め立てを計画したところ、右干潟は私人の所有地として登記されていた。本件係争地は、江戸時代に徳川幕府より新田開発許可を受け、開発未了のままとなっていた土地に、明治時代に入り、県令から地券を下付され、その土地が転々譲渡されXらの所有となったものであった。Aは、海面下の土地であることを理由にして、所有者らに滅失登記を促し、指導に従わなかったXらの土地については登記官Yが「年月日不詳、海没」を登記原因として滅失登記処分をしたため、Xらは滅失登記処分の取消しを求めて提訴した。一審、原審はともにXらの請求を認めたため、Yは上告した。

裁判所の見解　破棄自判。海と陸地の境界は、海水の表面が最高高潮面に達した時である。海は、公共用物であり、国の直接の公法的支配管理に服し、そのままの状態では、所有権の客体たる土地に当たらない。立法政策上、国が行政行為などによって海の一定範囲を私人の所有に帰属させることは不可能ではないが、現行法は、海について、海水に覆われたままの状態で一定範囲を区画しこれを私人の所有に帰属させるという制度は採用していない。過去に国が海の一定範囲を区画して私人に帰属させていたとすれば、当該区画部分は今日でも所有権の客体としての性格を保持しているが、徳川幕府の新田開発許可や地券の下付のみで所有権を帰属させていたとは認められない。

解説　本判決は、満潮時に海面に没し、干潮時に海面上に現れる干潟は八六条一項の「土地」に当たるかどうかについて、行政先例や過去の大審院判例（大判大正4・12・28民録二一輯二二七四頁）に従い「土地」に当たらないとした。学説には、領海内における現実の支配可能性と他の海面と区別しての認識可能性があれば所有権あるいは排他的利用権の客体足りうると主張するものも多いが（河上二〇七頁等）、これは、明治初年の海面払下げが海面下の土地についての排他的総括支配権を取得せしめたと判示された（最1判昭和52・12・12判時八七八号六五頁）ものが契機となっている。本判決も、海は公共物である以上、法律上物ではないとの立場を採りつつ、（過去も含めた）立法政策によっては海面下の土地への支配可能性は認めているほか、傍論で、私有地が海没した場合にも土地性を認める余地を述べており、その意味では海面下の土地が全く所有権の対象とならないと述べるものではない。

▼**評釈**――水辺芳郎・判セ87（民3）、来生新・百選Ⅰ（五版新法対応補正版）11等

ガソリンスタンドの地下タンク・洗車機

31 最1判平成2・4・19判時一三五四号八〇頁

関連条文　八七条・三七〇条

ガソリンスタンドの地下タンクは、ガソリンスタンド建物の従物として抵当権の効力が及ぶか。

事実　昭和四四年頃、訴外Aは当初からガソリンスタンド店舗として設計、建築されている本件建物、地下タンク等の経営に関する諸設備を買受けて、併せて公道に面した敷地を建物所有の目的をもって所有者から賃借した。昭和四六年頃、Aはそこに洗車機等を追加設置し、それらを使用して営業を継続したが、本件諸設備はすべて借地上あるいは地下に近接して設置され、建物と経済的に一体をなしていた。昭和五二年、Aは本件建物につき根抵当権を設定したが、昭和五六年に債権者の申し立てにより本件建物が競売され、Xがこれを競落した。Yは、昭和五二年Aから本件建物を賃借したが、X競落後もその占有を継続していたため、XはYに対し、建物・地下タンク等の明渡しと損害金を求めて訴えた。一審、原審ともにXの主張を容れたため、Yが、本件競売手続において本件諸設備は評価されてないこと、地下タンクが主物であることなどを主張して上告した。

裁判所の見解　上告棄却。認定された事実関係の下では、地下タンク、ノンスペース型計量機、洗車機などの本件設備は、本件根抵当権設定当時、借地上の本件建物の従物であり、本件建物を競落したXは同時に本件設備の所有権をも取得するとの原審の判断は正当である。

解説　抵当権の及ぶ範囲について三七〇条は、抵当不動産に付加して一体となっている物に及ぶと規定している。また八七条には、主物と従物との関係は、物の所有者がその物の常用に供するために自己の所有に属する他の物をこれに帰属させたときは、その付属させた物を従物とすると規定する。主物と従物の基準については、畳、建具に関する事案で大審院が、反対の意思がない限り、抵当権設定時の従物には建物抵当権が及び、抵当権の及ぶ従物の範囲は、一般取引の観念により定まるべき客観的標準によるとしている（大連判大正8・3・15民録二五輯四七三頁）。従来は、従物とされる物の独立性について争われることが多かったが、本件では、Yが（倉庫や屋外駐車場と管理事務所の関係を引き合いに）地下タンクが主物で建物が従物であると主張した点に特徴がある。判示されたように、建物を主物とし、地下タンクを従物とすることに異論はないが、この点やや異なる視点ながら、庭園にある池の高価な錦鯉が通常庭の従物とはみられない（河上二一七頁）との見解もあり、なお問題を含んでいるものと思われる。

▼評釈――瀬川信久・リマークス3号（民5）等

賭博債務……射倖行為・賭博債務の弁済を目的とした消費貸借／動機の不法

32 大判昭和13・3・30民集一七巻五七八頁

関連条文 九〇条

賭博債務の弁済をすることを動機とする金銭消費貸借契約は、公序良俗に反し無効か。

事実 大正一三、四年頃、XはYに六〇〇円ほどを貸したが、Yはその一部のみを返済しただけで残金を返済しないので、XはYに対しその弁済を請求した。原審は、この金銭消費貸借契約は、Yが賭博に用いるためである旨を表示し、Xがこれを諒承の上あえて貸与したものであるとし、このような消費貸借契約は公序良俗に反し無効であるとして、Xの請求を認めなかった。Xは、この貸金は、Yがすでに賭博で負っている債務を弁済するためにXが貸したものであるから、公序良俗に反しないとして上告した。

裁判所の見解 上告棄却。「借主をして賭博後の弁済の資に供せんが為め消費貸借契約を締結するは借主が賭博を為さんが為めに消費貸借を締結する場合と異なり毫も公序良俗に違反せざるが如き外観なきに非ずと雖も之を仔細に考察するときは賭博後の弁済の資に供する為め資金を為すことは之により借主をして賭博を為すことを容易ならしめ将来も亦其の資金の融通を受け得べきことを信頼して賭博を反復せしむるが如き弊を生ずるの虞なしと謂ふを得ざるを以て其の借入が賭博行為の前なると後なるとを問はず何れも之を以て公序良俗違反の法律行為として無効なるものと謂はざるを得ず」。

解説 法律行為がそれ自体は九〇条（公序良俗違反）の要素を含むものではないが、その法律行為をなすに至った動機が公序良俗違反の場合に、法律行為も公序良俗違反となるか。本判決は、金銭消費貸借契約がなされ、その契約を為す動機が賭博の負債を弁済するためであった場合、消費貸借契約が公序良俗違反となるかについて、大審院が判断したものである。賭博は刑法に違反する行為であるから、公序良俗違反であるとされる（刑一八五条・一八六条も参照）。本件では、賭博契約ではなく、賭博の負債を弁済するためという動機が消費貸借契約の効力に影響を与えるかが問題である。大審院には、密航を斡旋し、その資金となることを知りながら金銭を貸し付けた場合に、金銭消費貸借契約を無効とした先例がある（大判大正5・6・1民録二二輯一一二一頁）。本判決は、特に理由を述べないが、貸主・借主の両当事者が不法の動機を認識しており、この場合には動機を考慮することを示したといえる。また、すでに賭博が為されており、その清算のためであるから、公序良俗違反ではないという主張に対しては、この弁済が不法な契約の履行であり、再度、融資を得られるとして賭博が容易になる可能性を指摘し、同様に公序良俗違反となるとした。

▼**評釈**――幾代通・百選Ⅰ（二版）14、川角由和・百選Ⅰ（六版）15

芸娼妓契約

33 最2判昭和30・10・7民集九巻一一号一六一六頁

①酌婦として稼働し、その報酬金の一部をもって弁済に充てる約定でなされた金銭消費貸借契約は、公序良俗に反し無効か。②①による金銭交付は、不法原因給付にあたるか。

関連条文　九〇条・七〇八条

事実　昭和二五年、Y_1は、Y_1の未成年の娘AをBの料理店に住み込ませて酌婦として稼働させ、その報酬金の半額を弁済に充てる約定で、期限の定めなく四万円をBから借り入れ、Y_2はこれを連帯保証した。Aの酌婦としての稼働による金銭は、Y_1の債務全額を弁済するには至らなかったので、Bは、Y_1・Y_2に対し、貸金の返還を請求した（Bが死亡し、Xが相続した）。原審は、Aが酌婦として稼働する契約はAの自由を過度に拘束するから公序良俗違反で無効であり、稼働によって得た金銭で借入金を弁済する契約も無効としたが、B（X）とY_1との間の金銭消費貸借契約は、その影響を受けず、有効であるとして、Xの請求を認めた。Y_1・Y_2は、酌婦稼働契約と金銭消費貸借契約は、前者がなければ後者はないのだから、一体として公序良俗違反と評価すべきであるとして上告した。

裁判所の見解　破棄自判。「事実関係を実質的に観察すれば、Y_1は、その娘Aに酌婦稼業をさせる対価として、Bから消費貸借名義で前借金を受領したものであり、BもAの酌婦としての稼働の結果を目当てとし、これあるがゆえにこそ前記金員を貸与したものということができるのである。しからばY_1の右金員受領とAの酌婦としての稼働とは、密接に関連して互に不可分の関係にあるものと認められるから、本件において契約の一部たる稼働契約の無効は、ひいて契約全部の無効を来すものと解するを相当とする。……従つて本件のいわゆる消費貸借及びY_2のなした連帯保証契約はともに無効であり、そして以上の契約において不法の原因が受益者すなわちY等についてのみ存したものということはできないから、Xは民法七〇八条本文により、交付した金員の返還を求めることはできないものといわなければならない」。

解説　酌婦稼働契約とそれに伴う金銭消費貸借契約の効力については、大審院の判断に曖昧さがあったものの、両者の一体性を個別に判断する判決（大判大正10・9・29民録二七輯一七七四頁）の影響で、消費貸借を有効とする傾向があった。こう解さないと、次々に借金を踏み倒し娘を犠牲にする親を利するという配慮があった。本判決は、大審院判決を改め、両者を不可分のものとし、酌婦稼働契約の無効が消費貸借契約の無効を導くとした。また、消費貸借契約に基づき交付された金銭について七〇八条を適用し、不法の原因が受益者のみに存したものでないとして返還請求を否定した。悪質な親を利し、貸主に損害を被らせてもやむを得ないという判断がある。

▼**評釈**――能見善久・法協九七巻四号、河上・入門五九頁以下

取締規定違反の私法上の効力……有毒アラレ事件

34 最1判昭和39・1・23民集一八巻一号三七頁

関連条文　九〇条

食品衛生法に違反し有毒物質が混入した材料を使用して製造された菓子の売買契約は、公序良俗に反し無効か。

事　実　Xは食品製造会社であり、Yは菓子販売業者である。Xは、ホウ砂を含む材料を使用してアラレ菓子を製造し、継続的にYに卸していた。ホウ砂は有毒物質であるが、Xは、当初それが食品衛生法により使用が禁止されている物質であることを知らなかった。その後、Xがそれを知り、ホウ砂を使用しない製造方法の研究を始め、Yに対し当分アラレの売却を中止したいと連絡したが、Yはアラレ送付の継続を強く要請し、取引が継続された。Xは、Yがこの代金の支払いのために引き受けた為替手形の手形金を請求した。原審は、当該取引は、当事者の私的な利益や当事者間の具体的衡平に反しても公序良俗違反として無効とするほど不法性が強度でないとして、Xの請求を認めた。Yが上告した。

裁判所の見解　破棄自判。「有毒性物質である硼砂の混入したアラレを販売すれば、食品衛生法四条二号（当時）に抵触し、処罰を免れないことは多弁を要しないところであるが、その理由だけで、右アラレの販売は民法九〇条に反し無効のものとなるものではない。……アラレの製造販売を業とする者が硼砂の有毒性物質であり、これを混入したアラレを販売することが食品衛生法の禁止しているものであることを知りながら、敢えてこれを製造の上、同じ販売業者である者の要請に応じて売り渡し、その取引を継続したという場合には、一般大衆の購買のルートに乗せたものと認められ、その結果公衆衛生を害するに至るであろうことはみやすき道理であるから、そのような取引は民法九〇条に抵触し無効のものと解するを相当とする」。

解　説　取締規定は、一定の行政目的の下、（刑罰を以て）一定の行為を制限・禁止するものである。従来、学説は、取締規定の違反は原則として法律行為の私法上の効力に影響を与えないとし（単なる取締規定）、効力規定・強行規定と区別していた。本判決は、食品の安全性を確保し、国民の健康の保護を図るという食品衛生法の立法目的を考慮し、同法違反の法律行為の私法上の効力を否定した。その論理は、取締規定違反により形式的に九〇条違反となるとしたのではなく、行為の悪性判断として、当事者が違反を知りつつあえて取引を継続したことを重要な理由としている。結局、行為が取締規定に違反することそれ自体ではなく、九〇条違反と判断できるか否かが問われることになる。

▼**評釈**――谷口知平・百選（二版）17

両建預金の効力

35 最2判昭和52・6・20民集三一巻四号四四九頁

関連条文 九〇条・九一条

独占禁止法に反し両建預金が強要された場合、貸付契約は私法上無効となるか。

事実 昭和三五年、Y信用組合はその組合員のX会社に対し七五〇万円を貸し付けたが、利息天引き、追加の組合員出資金、貸付にあたっての定期預金（両建預金）により、実際には四四四万円余のみが交付された。またこの貸付の条件として、別にYは四〇〇万円をXに貸し付け、Xは全額を定期預金とした（両建預金）。XはYに対し、これらの貸付が経済的優位を利用した暴利行為であり、公序良俗違反で無効であり、また独禁法一九条により無効である主張し、債務不存在確認の訴えを提起した。原審は、独禁法一九条に違反するが、違反の程度が軽く私法上無効とまではいえず、公序良俗違反ではないとした。Xが上告した。

裁判所の見解 破棄差戻。右の取引条件は、独禁法一九条に違反する。しかし、「独禁法一九条に違反した契約の私法上の効力については、その契約が公序良俗に反するとされるような場合は格別として、……同条が強行法規であるからとの理由で直ちに無効であると解すべきではない。」独禁法は、公正かつ自由な競争経済秩序を維持して一般消費者の利益を確保し、国民経済の民主的で健全な発達を促進することを目的とし、同法二〇条は、公正取引委員会が取引行為につき同法一九条違反の事実の有無及びその違法性の程度を判定し、勧告、差止命令を出すなどによつて、同法の目的を達成することを予定しているのであるから、「同法条の趣旨に鑑みると、同法一九条に違反する不公正な取引方法による行為の私法上の効力についてこれを直ちに無効とすることは同法の目的に合致するとはいい難いからである。」また、利息制限法違反の点については、利息制限法によって是正される。したがって、「各契約は、いまだ民法九〇条にいう公序良俗に反するものということはできない。」

解説 本判決は、両建預金が独禁法に違反するとしたが、独禁法に違反しても、それがさらに公序良俗違反と されない限り、ただちに私法上無効とならないとした。この点の先例的意義につき、その後の下級審判決では独禁法違反を認め、かつ公序良俗違反でないとした判決はなく、本判決は単に枠組み以上の意味は持たないとの指摘がある、また通説は強行法規違反を九一条の問題としてきたが、本判決は、独禁法一九条を強行法規としつつ、その違反を無効とせず、さらに九〇条の問題とした。この立場は、近時の判例の趨勢および有力学説の傾向に合致する。

▼**評釈**――森田修・独禁百（六版）126、磯村保・経済百125

女子若年定年制

36 最3判昭和56・3・24民集三五巻二号三〇〇頁

女子を男子より若年で定年とする就業規則は、公序良俗に反し無効となるか。

関連条文　九〇条

事実　X（女性）は昭和二一年からAの工場に勤務していた。この工場はBに営業譲渡され、BはYに吸収合併された。Yの就業規則には、「従業員は、男子満五五歳、女子満五〇歳をもって定年として、男子は満五五歳、女子は満五〇歳に達した月の末日をもって退職させる」との定めがあった。Xは、昭和四四年一月に満五〇歳に達するので、Yから退職を命じられた。XはYに対し雇傭関係存続確認の訴えを起こした。原審は、Xの請求を認めた。Yが上告した。

裁判所の見解　上告棄却。「原審は、Yにおける女子従業員の担当職種、男女従業員の勤続年数、高齢女子労働者の労働能力、定年制の一般的現状等諸般の事情を検討したうえ、Yにおいては、女子従業員の担当職務は相当広範囲にわたつていて、従業員の努力とYの活用策いかんによつては貢献度を上げうる職種が数多く含まれており、女子従業員各個人の能力等の評価を離れて、その全体をYに対する貢献度の上がらない従業員と断定する根拠はないこと、しかも、女子従業員について労働の質量が向上しないのに実質賃金が上昇するという不均衡が生じていると認めるべき根拠はないこと、少なくとも六〇歳前後までは、男女とも通常の職務であれば企業経営上要求される職務遂行能力に欠けるところはなく、各個人の労働能力の差異に応じた取扱がされるのは格別、一律に従業員として不適格とみて企業外へ排除するまでの理由はないことなど、Yの企業経営上の観点から定年年齢において女子を差別しなければならない合理的理由は認められない旨認定判断したものであ」る。女子若年定年を定めた規則は、「専ら女子であることのみを理由として差別するものであり、民法九〇条により無効であると解するのが相当である。」

解説　均等待遇を定める労働基準法三条には性に関する文言はなく、同法四条は、「賃金」について男女差別を禁ずる。これにより、本判決当時は、女子若年定年を定める企業も少なくなかった。本判決は、企業経営上の観点から一律に女子を若年で退職させることは理由のない差別だとして、公序良俗違反とした。通常、公序良俗違反には強い反社会性があるとされるが、当時、少なくない企業が採用していた女子若年定年制にこのような反社会性は見いだせない。結局は基本的人権の保護の要請が経営合理性の要請を上回ったという指摘がある。女子結婚退職制、出産退職制についても無効とする下級審判決がある。現在は男女雇用機会均等法によりこれらの男女差別は禁じられる。

▼評釈――水野紀子・百選Ⅰ14

愛人への三分の一の遺贈の効力

37 最1判昭和61・11・20民集四〇巻七号一一六七頁

関連条文 九〇条

不倫な関係にある女性に対する全財産の三分の一の遺贈は公序良俗に反し無効となるか。

事実 亡A男とX_1女は、昭和二二年に婚姻し、長女X_2をもうけた。Aの相続人はX_1X_2である。最高裁判決に示された(1)から(3)の事実の下、AはX_1X_2及び愛人Yにそれぞれ全財産の三分の一を遺贈するという遺言を作成し死亡した。Xらは、Aの遺言は不倫な関係を維持継続するためになされたものであり公序良俗に反するとして、遺言無効確認の訴えを起こした。原審は公序良俗違反に当たらないとして、Xの請求を認めなかった。Xらが上告した。

裁判所の見解 上告棄却。「(1)亡Aは妻であるX_1がいたにもかかわらず、Yと遅くとも昭和四四年ごろから死亡時まで約七年間いわば半同棲のような形で不倫な関係を継続した……、(2)Yとの関係は早期の時点で亡Aの家族に公然となつており、他方亡AとX_1間の夫婦関係は昭和四〇年ころからすでに別々に生活する等その交流は希薄となり、夫婦としての実体はある程度喪失していた、(3)本件遺言は、死亡約一年二か月前に作成されたが、遺言の作成前後において両者の親密度が特段増減したという事情もない、(4)本件遺言の内容は、妻であるX_1、子であるX_2及びYに全遺産の三分の一ずつを遺贈するものであり、当時の民法上の妻の法定相続分は三分の一であり、X_2がすでに嫁いで高校の講師等をしているなど原判示の事実関係のもとにおいては、本件遺言は不倫な関係の維持継続を目的とするものではなく、もつぱら生計を亡Aに頼つていたYの生活を保全するためにされたものというべきであり、また、右遺言の内容が相続人らの生活の基盤を脅かすものとはいえないとして、本件遺言が民法九〇条に違反し無効であると解すべきではないとした原審の判断は、正当として是認することができる。」

解説 不倫な関係にある男女間の財産給付は、不倫な関係にあるということのみからただちに無効となるのではなく、不倫な関係を維持継続する目的である場合に、公序良俗に反し無効となるとされる（九〇条）。遺贈の場合には、不倫な関係の一方当事者の死亡後に争われるが、遺言者、受遺者の生前の状況に加え、遺言の自由や相続人との関係等を総合考慮する必要がある。このような遺言の効力に関する学説は、婚姻制度や婚姻外性関係についての価値観の相違により、原則無効とするものから有効とするものまで多岐に分かれる。本判決は、さらに、遺言の内容が相続人の生活の基盤を脅かすかを考慮要素とした。この点については、遺留分との関係が不明であるとの指摘がある。

▼**評釈**――原田昌和・百選Ⅰ12、松川正毅・家族百（七版）87

賭博の負け金債務と異議を留めない承諾

38 最3判平成9・11・11民集五一巻一〇号四〇七七頁

賭博債権の譲渡を異議なく承諾した債務者は、債権譲受人に対し公序良俗違反による無効を主張し、支払いを拒むことができるか。

事実　XはAに対し賭博で七〇〇〇万円の負け金を負い、これを担保するため根抵当権を設定した。Aは、この債権をYに譲渡し、Xは異議なく承諾した。Xは、七〇〇〇万円が賭博の負け金であるとして根抵当権の抹消登記手続を求め、YはXに対し、異議を留めない承諾を根拠に七〇〇〇万円の支払いを請求した。原審は、異議を留めない承諾によって消滅する抗弁は、債権不発生の原因となった不法の内容や債務者が異議を留めない承諾をした理由等の諸般の事情を考慮し、その消滅が不相当と認められる場合には四六八条一項本文の対抗事由に該当しないとした。Yが上告した。

裁判所の見解　上告棄却。「賭博の勝ち負けによって生じた債権が譲渡された場合においては、右債権の債務者が異議をとどめずに右債権譲渡を承諾したときであっても、債務者に信義則に反する行為があるなどの特段の事情のない限り、債務者は、右債権の譲受人に対して右債権の発生に係る契約の公序良俗違反による無効を主張してその履行を拒むことができるというべきである。」「けだし、賭博行為は公の秩序及び善良の風俗に反すること甚だしく、賭博債権が直接的にせよ間接的にせよ満足を受けることを禁止すべきことは法の強い要請であって、この要請は、債務者の異議なき承諾による抗弁喪失の制度の基礎にある債権譲受人の利益保護の要請を上回るものと解されるからである。」

関連条文　九〇条・四六八条一項

解説　賭博は公序良俗違反であるとされるから、賭博による債権は発生しない。しかし、その債権があるとして債権譲渡がなされ、債務者が異議を留めない承諾をした場合、譲受人との関係で債権不存在を対抗し得るのか（四六八条一項）。通説は、異議を留めない承諾により、債権の不成立、無効など承諾当時存在したすべての抗弁が対抗できないとするが、公序良俗違反による無効の抗弁も同様か。古い判例には、強行規定に反する取引による債権の譲渡について、不法の目的を原因とする債権の不発生の抗弁も対抗できないとしたものがある（大判昭和9・7・11民集一三巻一五一六頁）。しかし、本判決は、公序良俗違反一般を扱うのではなく、賭博行為を対象とし、その強い公序良俗違反性（反社会性）を指摘し、賭博による債権が満足を受けることを禁止することが法の強い要請であるとし、異議を留めない承諾の制度趣旨である債権譲受人の保護の要請と比較する。したがって、抗弁対抗の可否は、公序良俗違反の程度によることになる。

▼**評釈**――西村峯裕・百選Ⅱ（五版新法対応補正版）30

損失補填契約と公序良俗違反の判断時期

39　最2判平成15・4・18民集五七巻四号三六六頁

関連条文　九〇条

法律行為の公序良俗違反性は、法律行為時と裁判時のいずれの時点の公序に照らして判断すべきか。

事　実　鉄鋼専門商社Xは、証券会社Yに三〇億円の資金を年八％の利回りで運用することを打診して了承を得たため、昭和六〇年六月に、信託銀行Aとの間でYを委託者兼受益者とする特定金銭信託契約を締結した。その際、YとXは、元本に信託の運用益を加えた額から信託報酬等を控除した金額が上記の運用予定金額に満たない場合には、Yがその差額をXに支払うという損失保証契約を締結した。また平成二年三月には、追加の損失保証契約も締結している。その後Xは、Yに対し、主位的に上記損失保証契約等の履行、また予備的に不法行為に基づく損害賠償を求めて訴訟を提起した。

裁判所の見解　破棄自判。「法律行為が公序に反することを目的とするものであるとして無効になるかどうかは、法律行為がされた時点の公序に照らして判断すべきである。けだし、民事上の法律行為の効力は、特別の規定がない限り、行為当時の法令に照らして判定すべきものであるが……、この理は、公序が法律行為の後に変化した場合においても同様に考えるべきであり、法律行為の後の経緯によって公序の内容が変化した場合であっても、行為時に有効であった法律行為が無効になったり、無効であった法律行為が有効になったりすることは相当でないからである。」具体的には、損失補填が社会問題化したのは平成元年一一月以降であり、契約時に反社会性の強い行為という社会的認識が存在したとみるのは困難であるとして公序良俗違反性は否定した。ただし、旧証券取引法四二条の二第三項により顧客に対する利益提供が禁止されたことを理由に、主位的請求を認容した原審判決を破棄し、請求を棄却した第一審判決を支持した（予備的請求は破棄差戻）。なお、上記条文の合憲性も争われたが、検討は省略する。

解　説　公序良俗といっても、その内容は時々の社会状況や背景事情に応じて異なる。そのため、法律行為時には公序良俗に反しなかったのに、時代を経て公序に反するものに変化する場合も散見される。平成二年に締結された損失保証（補填）契約が公序良俗違反にあたることについては、すでに最高裁でも確認されていた（最1判平成9・9・4民集五一巻八号三六一九頁）。本判決は、昭和六〇年に締結された契約自体の公序良俗違反性を否定しつつ、判決当時の法令に基づき履行請求を棄却している。もっとも、損失補填行為自体は、市場の公正を害するものであり、社会問題化する以前から経済的公序に反していたという評価も可能であったように思われる。

▼**評釈**――山本敬三・百選Ⅰ13、潮見佳男・平成一五年重判（民1）等

建築基準法等に反する建物の建築請負契約の公序良俗違反性

40　最2判平成23・12・16判時二一三九号三頁

関連条文　九〇条

取締法規に違反する法律行為は、どのような場合に、またどの範囲について公序良俗違反と判断されるか。

事　実　Y会社は、注文者Aとの間で二棟の賃貸マンション（本件各建物）を建築する請負契約を締結した。両者の間では、実際の施工用の図面とは別に建築確認用の図面を用意して「確認済証」の交付を受け、さらに一旦適法な建物を建築して「検査済証」の交付を受けてから、違法建物を建築することが予定されていた。X工務店（原審口頭弁論終結後に破産し、破産管財人Zが訴訟承継）は、Yから上記の事情の詳細な説明を受けたうえで、本件各建物の建築請負契約（本件各契約）を締結した。ところが、本工事の途中で違法建築が発覚した等の事情から、追加変更工事を余儀なくされた。Xは、Yに対して各工事の代金の支払いを求めて訴訟を提起したが、原審は、いずれの請求も棄却した。

裁判所の見解　破棄差戻。まず、当初の建築請負契約は公序良俗に違反するとしたが、追加請負契約は違反しないとした。本件各契約における「計画は、確認済証や検査済証を詐取して違法建物の建築を実現するという、大胆で、極めて悪質なものといわざるを得ない。」「本件各建物は、……居住者や近隣住民の生命、身体等の安全に関わる違法を有する危険な建物となるものであ」り、「違法の程度は決して軽微なものとはいえない。」したがって、「本件各建物の建築は著しく反社会性の強い行為であるといわなければならず、これを目的とする本件各契約は、公序良俗に反し、無効であるというべきである。」しかし、「本件追加変更工事は、……既に生じていた違法建築部分を是正する工事も含まれていた」から、「反社会性の強い行為という理由はないから、その施工の合意が公序良俗に反するものということはできないというべきである。」

解　説　（行政的）取締規定に違反する法律行為は、民事的効力をただちに生じるわけではないが、当該規定の趣旨・目的や違反行為の程度等を総合的に考慮して無効と判断されることがある（公序良俗違反〔九〇条〕により無効としたものとして、最1判昭和39・1・23民集一八巻一号三七頁等）。本判決では、当初の請負契約は無効、追加の請負契約は有効と判断が分かれている。判例には、取締規定に違反する契約の全体ではなく一部のみ無効とするものがある（最2判昭和52・6・20民集三一巻四号四四九頁等）。もっとも、本判決では、上記のように、契約が二つ存在することを前提に、それぞれの公序良俗違反性を判断している点に留意すべきである。

▼**評釈**——曽野裕夫・平成二四年重判（民1）、原田昌和・リマークス四六号、中舎寛樹・民事判例V

法律行為の解釈……「塩釜レール入」事件

41 大判大正10・6・2民録二七輯一〇三八頁

関連条文　九〇条

法律行為の解釈において、事実上の慣習の存在はどの程度考慮されるか。

事実　Xと新潟市にあるY会社は、大正六年四月二日に、肥料となる大豆粕十一車の売買契約——具体的には、同月三〇日を引渡期限とする一〇車の第一売買契約およびただちに引き渡すことを約した一車の第二売買契約——を締結した。その際、第一売買契約には、「値段塩釜レール入……替金済期日大正六年四月三十日荷物引換荷渡期日大正六年四月三十日著（着）次第」という約定が付されていた。その後、Yが大豆粕を発送しないので、Xは、六月二二日に催告をしたうえで売買契約を解除し、損害賠償を請求した。これに対して、Yは、自らの大豆粕の送付とXによる代金の支払いは同時履行の関係に立つのでそもそも債務不履行にはあたらない、また、上記の「塩釜レール入」という慣習は単に商品の値段と引渡場所を定めるものにすぎないと主張した。原審は、この「塩釜レール入」とは、売主が先に貨物を塩釜駅に送付し、到着後に代金を請求することができるという商慣習であり、送付義務と代金支払義務とは同時履行の関係には立たないとしてYの主張を排斥した。そこでYは、当事者が上記の慣習による意思があるとしても、それを主張するXが立証すべきであるのに、原審が証拠に基づかずに判断したのは立証責任に反するとして上告。

裁判所の見解　上告棄却。意思解釈の資料となるべき「事実上の慣習」が存在する場合には、「法律行為の当事者がその慣習の存在を知りながら特に反対の意思を表示せざるときは之に依る意思を有せるものと推定するを相当とする」。したがって、その「慣習に依る意思の存在を主張する者は特に之を立証するの要なきものとす」。

解説　九二条は、任意規定と「異なる慣習がある場合において、法律行為の当事者がその慣習による意思を有しているものと認められるときは、その慣習に従う」と定める。本判決は、この九二条を双方に共通する慣習がある場合にはそれに従う意思を有するものと推定する規定であるとして、任意規定と異なる意思表示の優先を定めた九一条との区別を図っている。本判決と同様に契約の解釈にあたり慣習の存在を考慮し、当事者がそれに従う意思を有していたと推定したものとして、大判大正3・10・27民録二〇輯八一八頁がある。もっとも、この大正三年判決では、慣習が当事者間で約定されていない事項に関する補充的解釈を行うために用いられているのに対し、本判決では当事者間の約定の意味を明らかにするために用いられている点で異なっていることに留意すべきである。

▼**評釈**——上田誠一郎・百選Ⅰ19等

自然債務……カフェー丸玉事件

42 大判昭和10・4・25新聞三八三五号五頁

関連条文 九一条

訴求力がなく給付保持力のみを有する債務（自然債務）は認められるか。また、どのような場合に認められるか。

事 実　Yは、昭和八年一月頃から、大阪の道頓堀にある「カフェー丸玉」の女給Xと非常に懇意となった。そして、Xの歓心を買うため、同年四月一八日に、Xが独立して自活をするための資金として四〇〇円を供与することを約した。ところがその後、Yが支払わないため、Xが貸金返還を求める訴訟を提起した。原審は、YがXとの間で四〇〇円を贈与し、これを目的とする準消費貸借契約を締結したとして、X勝訴の判決を下した。そこでYは、贈与契約はXとの情交関係を目的としたものであり公序良俗に反して無効であり、それを目的とした準消費貸借契約は成立しない等と主張して上告。

裁判所の見解　破棄差戻。Xの歓心を買おうとして相当多額の金員の供与を約束しても、それはXに「裁判上の請求権を付与する趣旨に出でたるものと速断するは相当ならず」、むしろ「諾約者が自ら進で之を履行するときは債務の弁済」といえるが、「要約者に於て之が履行を強要することを得ざる特殊の債務関係を生ずる」ものと解する。それゆえ、民法上の贈与が成立したというためには、「贈与意思の基礎事情に付更に首肯するに足るべき格段の事由」が必要である。

解 説　債権は、一般的に、①債務者が任意に履行した場合にその給付を保持する「給付保持力」、②判決手続において実体法上の権利の存否の判断を可能とする「訴求力」、③確定判決を債務名義としてその内容を執行手続で実現する「執行力」を有する（さらに③は、債権の内容をそのまま強制的に実現する「貫徹力」と債務者の一般財産への強制執行により実現する「摑取力」に分かれる）。このうち、②と③がなく①のみがある債務は一般に「自然債務」と呼ばれるが、本判決はこれを認めたものとして紹介されることが多い（実際に本判決の解説でも、「これで、講学上所謂自然債務の代表的なものが一つ出来た」と評されている）。もっとも本判決は、「特殊の債務関係」と述べるに留まり、「自然債務」と明示しているわけではない。また、個別の債務の具体的な態様ごとに対応を考えればよいという観点から、「自然債務」という概念の有用性に疑問を呈する見解も有力である。いずれにせよ本判決では、公序良俗違反等により契約の効力を全面否定するのではなく、当事者間の任意による履行の途を認めつつ、民法上の贈与契約の成立を留保して訴求力を否定した点に留意すべきである。なお本判決の差戻審は、書面により贈与契約が締結された旨を認定し、Xを勝訴させた（大阪地判昭和11・3・24法律新聞三八三五号五頁）。

▼**評釈**――石田喜久夫・百選Ⅱ（一版）5

遺贈の解釈

43 最3判平成5・1・19民集四七巻一号一頁

関連条文 九一条

遺言（遺贈）の解釈にあたりどのような事情を考慮すべきか。また、遺言により遺言執行者に受遺者の選任を委託できるか。

事実　Aは、昭和六〇年一〇月一七日に死亡した。Aには、Y₂ら二名の妹がいたが、長らく絶縁状態にあった。Aは死亡に先立つ昭和五八年二月二八日に、遠縁で土地家屋調査士のXに対し、「貴殿に私の遺言の執行を委嘱致し度く存じます」と記した自筆証書遺言を作成・交付した。その後Aは、同年三月二八日に再度Xに対して、「一、発喪不要。二、遺産は一切の相続を排除し、三、全部を公共に寄与する。」と記した自筆証書遺言を作成・交付した。Xは、Aの死亡を受けて昭和六一年四月二二日に検認を受け、翌二三日にYらに対して遺言執行者として就職する旨を通知した。ところが、Yらは、昭和六一年三月二〇日に、遺産のうち不動産について相続を原因とする所有権移転登記を経由した。そこでXは、遺言執行のために同登記の抹消を求めて訴えを提起した。原審は遺言の有効性を認めてXの請求を認容したため、Yらが上告。

裁判所の見解　上告棄却。「遺言の解釈に当たっては、遺言書に表明されている遺言者の意思を尊重して合理的にその趣旨を解釈すべきであるが、可能な限りこれを有効となるように解釈することが右意思に沿うゆえんであり、そのためには、遺言書の文言を前提にしながらも、遺言者が遺言書作成に至った経緯及びその置かれた状況等を考慮することも許されるものというべきである」。遺言書は、文言全体の趣旨と作成時のAの状況からみると、遺産をYら法定相続人に取得させず、公共目的の団体等に包括遺贈する趣旨である。また、遺言書は、その作成の経緯も併せて考慮すると、遺言執行者Xに受遺者の選任を委ねる趣旨を含む。遺産の利用目的は公益目的、また被選定者の範囲は前記の団体に限定され、選定権濫用の危険もないので、遺言書の効力は否定されない。

解説　遺産相続にあたっては本来の所有者である被相続人の意思をできるだけ反映させることが望ましい。「遺言」は、まさにそのための仕組みといえる。したがって、遺言の趣旨が不明確な場合であっても、遺言者の意思をくみ取りできるだけ有効となるように解釈すべきである。本判決は、その意味で遺言解釈の一般原則を示したものといえる。また、遺言書で受遺者が具体的に指定されていない場合であっても、遺言執行者にその選任を委ねることを認めた点でも注目される。もっとも、「全部を公共に寄与する」という文言は、およそ全ての公共団体を含むもので不明確であり、選定権濫用の危険性が依然として存在するとの批判も存在する。

▼**評釈**——新井誠・百選Ⅲ84等

ゴルフ会員権譲渡と会則の解釈

44 最3判平成9・3・25民集五一巻三号一六〇九頁

関連条文 九一条

ゴルフクラブ会員が死亡した場合における地位の帰趨に関する規定がない場合に、その地位を相続することができるか。

事 実　Yは、預託金会員制ゴルフクラブを運営する会社である。同クラブの会員であるAは、昭和五七年一二月五日に死亡し、その後、相続人間の遺産分割協議を経て子のXがその地位を承継することになった。ところが、同クラブの会則や細則には、ゴルフ会員権購入者が理事会の承認を経て会員として登録される旨の規定は存在したが、会員が死亡した場合に関する地位の帰趨に関する規定は存在しなかった。そこでXは、主位的に正会員の地位を有することの確認等、予備的に理事会の承認を停止条件とする同クラブの正会員としての地位を有することの確認を求めて訴えを提起した。原審は、前者の請求は棄却したが、後者の請求を認容したため、Yが上告。

裁判所の見解　上告棄却。細則では、「ゴルフクラブにおいては、正会員はその地位を理事会の承認を得て他人に譲渡し得る旨が定められている」と解される。したがって、その限りで会員の固定性は放棄されており、他方、正会員としての地位の譲渡について理事会の承認を要するものとして、「会員としてふさわしくない者の入会を認めないことにより、ゴルフクラブの品位を保つこととしているものと解される」。会則等では、正会員が死亡した場合における地位の帰趨に関する定めはないが、右の地位の譲渡に関する規定に照らすと、相続人が右の地位の承継を希望する場合について、会則等の趣旨は「右の地位が譲渡されたときに準じ、右相続人にYとの関係で正会員としての地位が認められる」ことを理事会が承認すれば、「相続人がYとの関係で右の地位を確定的に取得するというところにあると解すべきである」。

解 説　預託金会員制ゴルフクラブの会員としての地位は、施設利用権・預託金返還請求権と会費納入義務をその内容とするが、その相続の可否については争いがあった。最2判昭和53・6・16判時八九七号六二頁は、「クラブの会員たる地位は一身専属的なものであって、相続の対象となりえない」としてこれを否定した（ただしこの昭和五三年判決は、正会員を除名された者がその取消しを求めて提起した訴訟の継続中に死亡したため、その相続の可否が争われた点に留意する必要がある）。これに対して本判決は、会員の地位を相続の対象となること自体は否定せずに、ゴルフ会員権を相続する場面が、新たに会員としての地位を得る可能性が生ずるという意味で、当該会員権が譲渡される場面と共通している点に着目し、後者の場面で用いられる規定の趣旨を考慮して契約では想定されていない状況に対応しようとするものであるといえよう。

▼**評釈**――八木一洋・最高裁時の判例二巻二七二頁等

養子縁組と心裡留保

45 最1判昭和23・12・23民集二巻一四号四九三頁

関連条文　九三条ただし書・八〇二条一号

養子縁組をする「意思がない」無効とはどのような意味か。

事　実　Xは、その法定推定の家督相続人である養女Aを他家に婚姻入籍させるために、一次的な方便として形式だけYを養子とすることにすべく、養子縁組届出を行った。YはXより八歳年下にすぎない上、Xより七、八歳年長の女性を内縁の妻としており、養子縁組の届出前後においてXY間にはほとんど交流がなかった。そこで、XがYとの間で養子縁組をする意思がなかったことを理由として、その無効確認を求めたのに対して、Yは、①養子縁組は、当事者が縁組の届出をする意思をもって任意に届出を行えば有効であり、縁組をする意思は動機にすぎない、②仮に縁組をする意思がない場合にも養子縁組が無効となるとしても、九三条ただし書の適用により、YがXの真意を知りまたは知ることができた場合でない限り無効とはならない、と主張して争った。

裁判所の見解　上告棄却。八〇二条一号の『当事者間に縁組をする意思がないとき』とは、「真に養親子関係の設定を欲する効果意思を有しない場合を指すもの」であり、「たとえ養子縁組の届出自体については当事者間に意思の一致があったとしても、それは単に他の目的を達するための便法として仮託されたに過ぎずして真に養親子関係の設定を欲する効果意思がなかった場合においては、養子縁組は効力を生じないのである」。この場合、「養子縁組は（八〇二条第一号）によって無効である。そして、この無効は絶対的なものである」から、九三条ただし書を適用する必要もない。

解　説　八〇二条一号が養子縁組の無効事由として掲げる「当事者間に縁組をする意思がないとき」の意味につき、本判決は、届出手続をする意思ではなく、縁組を行う効果意思の欠缺を指す旨を示した。それでは、当事者の一方が養子縁組をする効果意思がないことを知りながら縁組届出を行った場合、九三条ただし書が適用されて、相手方が善意無過失のときは養子縁組は無効にならないのか。身分行為に対する意思表示規定の適用の可否につき、大審院には九四条の適用を否定したものがあるが（大判明治44・6・6民録一七輯三六二頁）、本判決も、このような身分行為における意思欠缺には九三条ただし書の適用はなく、相手方の態様にかかわらず本人の意思を尊重して絶対的に無効であることを明らかにした。

▼**評釈**――谷口知平・民商二五巻四号、西沢修・家族百（新版・増補）59

代理人の権限濫用行為

46 最1判昭42・4・20民集二一巻三号六九七頁

関連条文 九三条ただし書・九九条

代理人の権限濫用行為の効果と法律構成につき、どう考えるか。

事実　Y社の営業部門の一つである製菓原料店の主任として、製菓原料の仕入れに関する代理権を与えられていたAは、その店員で元主任であったBから誘われ、仕入れた原料を他に転売して差額を着服する意図に基づき、Yの名でX社から練乳四三〇缶を売買代金一五四万八〇〇〇円で購入した上で、これを他に転売して引き渡してしまった。XがYに対して右練乳の売買代金を請求したのに対し、Yは、Xの支配人CがAの右のような意図を知りながら取引に臨んでいたことを理由として、これを争った。

裁判所の見解　上告棄却。「代理人が自己または第三者の利益をはかるため権限内の行為をしたときは、相手方が代理人の右意図を知りまたは知ることをうべかりし場合に限り、九三条但し書の規定を類推して、本人はその行為につき責に任じないと解するを相当とする」。この法廷意見に対する大隅裁判官の意見は、代理行為が客観的にみて代理権の範囲内に属するものである以上、代理人が誰の利益を図る意図を有していたかによってその有効性が左右されるべきではなく、したがって、代理人の権限濫用行為は心裡留保に該当せず有効であるが、相手方が代理人の意図につき悪意の相手方による権利行使は、権利濫用または信義則違反の行為として許されない、と構成するのが商事取引安全に適う、というものである。

解説　代理人の権限濫用とは、代理行為の内容それ自体は代理権の範囲内であるが、代理人が自己または第三者の利益を図る意図を有していた場合をいう。法律効果に関する代理人の意思と表示は合致しているが、経済的効果すなわち動機における真意と表示の不合致があるところ、このような動機を知りまたは知ることができた相手方は保護するに値しない、というのが、本判決の多数意見が示した九三条ただし書類推適用構成の趣旨であろう。判例はさらに、会社代表者の権限濫用についても同様の構成を採用する（最1判昭38・9・5民集一七巻八号九〇九頁）。学説にはこの構成を基本的に支持するもの（我妻三四五頁、近江二五九頁、加藤三〇四頁、中舎一七四頁）、大隅意見のような信義則構成を支持するもの（川井二七〇頁）などがあるが、法定代理と任意代理の場合とで区別すべしとする類型説（内田一四六頁、河上四四四頁、潮見三五九頁）も提唱されている。

▼**評釈**——吉永一行・百選Ⅰ26、福永礼治・判例講義Ⅰ・47、高津環・最判解昭和四二年度

心裡留保と第三者

47 最2判昭和44・11・14民集二三巻一一号二〇二三頁

関連条文　九三条ただし書・九四条二項

①手形行為に九三条ただし書が適用されるか。②心裡留保における第三者の保護をどのように図るか。

事　実　Aは、Y信用金庫の専務理事であるBに白地手形八通を振り出し交付して白地補充権を与えたところ、Bがこれを補充した上で本件各約束手形をXらに交付するとともに、Yの業務執行一切について有していた包括的代理権を濫用し、自己の利益を図る意図において、本件各約束手形にY理事長C名義で手形上の保証を行った。そこで、XらがYに対して約束手形金の支払いを訴求した。一審でXらが勝訴したが、原審においては、本件各約束手形のうち一通につき、Xの所得税の滞納処分として国が差し押さえて占有するに至ったとして独立当事者参加し、Yに対し手形金請求を行った。

裁判所の見解　破棄差戻。最高裁は、XらはBによる権限濫用の事実について知らなかったことにつき過失があった旨が主張立証されたとして、「Yの手形保証について、同人の直接の相手方というべきであるから、民法九三条但書の規定の類推適用により、Xに対しては、Yが右手形上の保証人としての責を免れることができる」と判示した。そして、国の請求については、「国が、右差押当時、右事実を知らなかったことを主張立証した場合には、民法九四条二項を類推し、Yは、善意の第三者である国に対し、前記九三条但書の類推による本件手形保証の無効を対抗することができない」と説示した。

解　説　代理人の権限濫用につき判例は、手形行為においても九三条ただし書の類推適用構成を採用しており（最1判昭和44・4・3民集二三巻四号七三七頁）、本判決は代理人による手形保証についてこれを踏襲したものである。そこで、相手方が悪意有過失であるために九三条ただし書に従って代理行為が無効となる場合において、善意の第三者の保護をどのようにして図るかが問われるところ、本判決は、九四条二項の類推適用による旨を明らかにした。心裡留保において相手方が保護される理由は第三者が現れた場合についても妥当するため、多くの学説が同様に解しているが（我妻二八八頁、四宮・能見一九九頁、近江一九一頁、潮見一四九頁、中舎一六八頁）、代理権濫用の場合、心裡留保に類する態様が認められるのは代理人であって本人ではないため、本人の帰責事由要件との調和が求められよう。

▼**評釈**――小橋一郎・手小百（三版）8、柳川俊一・最判解昭和四四年度（下）、江頭憲治郎・法協八八巻一号、於保不二雄・民商六三巻一号

法定代理と代理権濫用

48 最1判平成4・12・10民集四六巻九号二七二七頁

関連条文　九三条ただし書・八二四条

親権者の代理権濫用の意義および法律構成につきどのように理解すべきか。

事実　未成年者Xは、亡父から相続した本件土地を所有していたが、Xの親権者である母Aは、XAの面倒をみていたXの叔父Bが経営するC社の貸金債務のために、Y信用保証協会がBとの間で締結した保証委託契約に基づいて取得する求償権の担保として、本件土地に本件根抵当権を設定することにつき、Xに代わって承諾するとともに、Bの代行による設定登記手続を許容した。なお、Yは、本件根抵当権設定がXの生活資金その他Xの利益のためではなく、C社の事業資金調達のためになされた旨について知っていた。やがて成年に達したXは、Yに対して本件根抵当権設定登記の抹消登記手続を求めて本訴に及んだ。

裁判所の見解　破棄差戻。「親権者が右権限（八二四条に基づく法定代理権―筆者注）を濫用して法律行為をした場合において、その行為の相手方が右濫用の事実を知り又は知り得べかりしときは、民法九三条ただし書の規定を類推適用」すべきであるが、「親権者が子を代理して子の所有する不動産を第三者の債務の担保に供する行為は、利益相反行為に当たらないものであるから、それが子の利益を無視して自己又は第三者の利益を図ることのみを目的としてされるなど、親権者に子を代理する権限を授与した法の趣旨に著しく反すると認められる特段の事情が存しない限り」、代理権の濫用には当たらない。

解説　親権者はその未成年の子につき法定の包括的代理権を有しているが（八二四条）、その権限濫用については、親権者の行為をコントロールできない子の利益と、親権者に広範な代理権を付与した法の趣旨および取引安全との調和をいかに図るかが問われる。判例は、利益相反行為（八二六条）につき、代理行為の内容が親権者の利益＝子の不利益となることが外形的客観的にみて明らかな場合に限定する（最3判昭和43・10・8民集二二巻一〇号二一七二頁）。本判決はこれを踏襲しつつ、これに該当しない場合であっても、行為の目的・動機に照らして「特段の事情」が存在するときに限り、九三条ただし書類推適用がある旨を示した。本件のような第三者の債務のためにする物上保証は、それだけでただちに子の利益を全く無視するものとまでは言い切れず、特段の事情ありといううためには、その第三者と子の関係などの具体的事情をさらに評価する必要があろう。

▼**評釈**――石綿はる美・百選Ⅲ48、田中豊・最判解平成四年度、右近健男・平成四年重判（民法9）、福永礼治・判例講義Ⅰ・48

クレジット契約における名義貸し

49 最2判平成7・7・7金法一四三六号三一頁

関連条文　九三条ただし書

名義貸しの当事者に対して悪意の相手方は履行請求しうるか。

事実　Aは、X銀行から住宅ローン（以下、「本件貸付」という）の名目で融資を受け、貸付金を自己の借入金の返済等に充てることを企て、住宅ローンを必要としていないYが本件貸付の借主として名義貸しを行うこととされた。そしてXY間で本件貸付契約に関する書類が作成され、Xに開設されたY名義の口座に貸付金が入金されたが、Aが引き出して借入金の返済等に充てた。その後、AがXに本件貸付の返済金を負担してきたが、事業不振により返済が滞ったため、XがYに支払いを求めたのに対し、Yは本件貸付を否認するとともに、本件貸付はAに対する金融の方便にすぎず、Xはその旨につき悪意であったなどと主張して争った。

裁判所の見解　上告棄却。原審は、XY間で書類が作成され、Y名義の口座に入金されたことを理由に本件貸金契約の成立を認定した上で、「Xは、本件貸付けにより実質的に経済的利益を受ける者がAであり、Yは単に名義を貸したにすぎないことを知りながら、Yに対して本件貸付けを行ったものであるから、Yに対する関係においては、消費貸借契約上の貸主として法的保護を受けるには値しないというべきであって、結局、民法九三条ただし書の適用ないしは類推適用により、Xは、Yに対して本件貸付金の返還を求めることは許されないものと解するのが相当である。」と判断した。本判決は、右のような原審の判断を「正当として是認することができ」ると判示した。

解説　本件貸付は、もっぱらAの利益を図る目的において行われたものであり、Yは借主として名義貸しをしたにすぎないが、このような事情はYの貸金債務の有無に影響するであろうか。第一に、Yが債務負担に関する効果意思を有していたか否かが問われる。たとえ形式的であったとしても、Yが債務者となる意思において契約書に署名押印して本件貸金契約を締結し、Y名義の口座への履行が行われたのであれば、少なくともXY間の契約成立は肯定されよう。第二に、仮にYに効果意思が認められるとすれば、Aの利益を図る意図および名義貸しの目的は意思表示の動機にすぎないことになるが、このような動機（実質的は借主はAであること）につき悪意の相手方を、Yに対する関係において保護すべき合理的理由はない。本判決はその判断の根拠を九三条ただし書類推適用に求めたが、その趣旨は代理人の権限濫用の場合と共通するものと解されよう。

外形自己作出型九四条二項類推適用

50 最2判昭29・8・20民集八巻八号一五〇五頁

関連条文　九四条二項

虚偽の外形の作出が本人の意思に基づく場合、相手方との通謀がなくても、九四条二項を類推適用してよいか。

事実　Xは、夫であるAの懇請により、Y_1に使用させるためにBから本件家屋を買い受け、XからAさらにY_1を介してBに売買代金が支払われた後、BとY_1間の協議により直接にY_1名義の所有権移転登記が行われた。Y_1は無償で本件家屋を料理店として使用していたが、やがてY_1は本件家屋をY_2に売り渡し、所有権移転登記が経由された。そこでXは、Yらは無権利者であるとして、本件家屋の所有権に基づき、Y_1に対しては所有権移転登記抹消登記手続請求を、Y_2に対しては所有権移転登記請求を行い、本訴に及んだ。

裁判所の判断　破棄差戻。「本件家屋を買受人でないY_1名義に所有権移転登記したことが、Xの意思にもとずくものならば、実質においては、XがBから一旦所有権移転登記を受けた後、所有権移転の意思がないに拘らず、Y_1と通謀して虚偽仮装の所有権移転登記をした場合と何等えらぶところがないわけであるから、民法九四条二項を類推し、Xは、Y_1が実体上所有権を取得しなかったことを以て善意の第三者に対抗し得ないものと解するのを相当とする。」なお、藤田裁判官の少数意見は、九四条二項を類推するための法理上の根拠が明らかでない、というものである。

解説　本判決は、判例による九四条二項類推適用法理（判例法理に関する類型的整理につき、四宮・能見二〇八頁以下参照）が形成される契機となった先例として位置づけられている。九四条は「通謀」虚偽表示の存在を条文上要件とするが、本判決は、同条二項により、虚偽表示無効を善意の第三者に対して対抗することができないことの根拠として、相手方との通謀の存否よりも、虚偽の外形の作出が本人の意思に基づくものであることを重視すべき旨を示した。本判決がY_1名義の所有権移転登記の作出についてのXの承認の有無を問うのは、同条二項における本人の帰責事由要件に関するこのような趣旨理解に立脚するものといえよう。本判決をリーディングケースとして、いわゆる「外形自己作出型」に属する九四条二項類推適用に関する判例法理が、その後最高裁によって確立されていった（最2判昭和37・9・14民集一六巻九号一九三五頁、最2判昭和41・3・18民集二〇巻三号四五一頁）。

▼**評釈**——川添利起・最判解昭和二九年度、柚木馨・民商三二巻一号、米倉明・法協一〇一巻六号

意思外形非対応型九四条二項類推適用

51　最1判昭43・10・17民集二二巻一〇号二一八八頁

関連条文　九四条二項・一一〇条

虚偽の外形が本人の意思に基づいて作出された後、さらに他人によって第二の外形が作出された場合、第三者保護はどうなるか。

事　実　本件不動産を所有するXは、Aから、取引上の信用を得るために所有名義だけでも貸してほしい旨申し込まれ、Aと合意の上、本件不動産につき売買予約を仮装し、Aのために所有権移転請求権保全の仮登記手続が行われた。その後AはXに無断で、虚偽の印鑑届をした上、Xの委任状および所有権移転本登記申請書を偽造して本登記申請を行い、本件不動産につき、右仮登記に基づくA所有名義の本登記が経由された。これらの事実につきXの承諾はなかった。さらに本件不動産はAから順次譲渡され、Y名義で所有権移転登記がされるに至った。そこでXはYに対し、本件不動産の所有権確認および所有権移転登記手続請求を行い、本訴に及んだ。

裁判所の見解　破棄差戻。本件においてXは、本件不動産につき、「その本登記の無効をもって善意無過失の第三者に対抗できないと解すべきである。けだし、このような場合、仮登記の外観を仮装した者がその外観に基づいてされた本登記を信頼した善意無過失の第三者に対して、責に任ずべきことは、民法九四条二項、同法一一〇条の法意に照らし、外観尊重および取引保護の要請というべきだからである。」

解　説　本人の意思に基づいて虚偽の外形が作出されたが、これに基づいてさらに第二の外形が本人不知の間に他人によって作出され、第三者が現れた場合、第二の外形の作出・存続については本人の意思関与がないため、もはや九四条二項類推適用の射程が及ばず、第三者は保護されないのであろうか。本判決は、九四条二項と一一〇条の法意により善意無過失の第三者保護を図った。虚偽の外形の原因・基礎の作出が本人の意思に基づく点が九四条二項に類似する上、本人が他人を信用して自己の財産処分がされうる状況を作出し、その他人が逸脱処分した場合には本人が責任を負うべき旨において、一一〇条の趣旨と共通する、という理解に立脚する構成であろう。また、第三者に善意無過失を要求して本人の帰責性とのバランスを図っている点も注目される。本判決によって、「他人外形作出・本人意思外形非対応型」における九四条二項・一一〇条併用構成が、判例法理として確立された（最1判昭和45・11・19民集二四巻一二号一九一六頁、最1判平成18・2・23民集六〇巻二号五四六頁）。

▼**評釈**――鈴木重信・最判解昭和四三年度（下）、星野英一・法協八七巻五号

放置と他人作出型九四条二項類推適用

52 最3判昭和45・9・22民集二四巻一〇号一四二四頁

関連条文 九四条二項

他人によって虚偽の外形が作出されたが、その存続について本人の意思が関与している場合、九四条二項を類推適用してよいか。

事実　Aは、Xが所有する本件不動産につき、Xの実印等を冒用して、XからAへの売買を原因とする所有権移転登記を経由した。Xはすぐにこの事実を知ったが、Aが非を認めたこと、登記名義回復に要する費用のねん出が困難であったこと、XAが婚姻して同居する関係となったことなどから、四年余にわたりA所有名義のままとしていた。その間に、XはB銀行と貸付契約を締結したが、A名義のままで本件不動産上に根抵当権を設定した。やがてXA間の関係が破綻して離婚の訴が提起されたため、XがAに対して本件不動産の所有権移転登記の抹消登記手続を求めたが、その直前にAはYにこれを売却して所有権移転登記が経由されたことから、XがYに対して本訴を提起した。

裁判所の見解　一部破棄差戻、一部上告棄却。「不実の所有権移転登記の経由が所有者の不知の間に他人の専断によってされた場合でも、所有者が右不実の登記のされていることを知りながら、これを存続せしめることを明示または黙示に承認していたときは、右九四条二項を類推適用し、所有者は、……その後当該不動産について法律上利害関係を有するに至った善意の第三者に対して、登記名義人が所有権を取得していないことをもって対抗することをえないものと解するのが相当である。」

解説　本判決は、虚偽の外形が本人不知の間に他人によって作出された「外形他人作出型」であっても、本人が事後にその外形を承認したときは、九四条二項類推適用をさらに拡大して善意の第三者を保護すべき旨を明らかにした。その趣旨は、虚偽の外形の「存続」が本人の意思に基づく場合は、その「作出」の場合と同程度の帰責性が認められる、という点にある。そのため本判決は、九四条二項類推適用法理における「外形他人作出・本人意思対応型」に関するリーディングケースと解されている。この類型については、①虚偽表示に類すると評価しうる本人の帰責性要件として、虚偽の外形を「知りながら放置」したことで足りるのか、「積極的な承認・認容」を要するか（四宮・能見二〇九頁、河上三四一頁）、②本人の帰責性緩和との均衡に照らし、第三者に無過失を要求すべきか（近江二〇九頁、加藤二五四頁、中舎一九七頁）、が問われている。

▼**評釈**――磯村保・百選Ⅰ21、横山長・最判解昭和四五年度（下）、星野英一・法協八九巻六号、石田喜久夫・民商六五巻三号

財団法人設立行為と虚偽表示

53 最3判昭和56・4・28民集三五巻三号六九六頁

関連条文 九四条

寄附行為の一環としてされた財産出損行為が虚偽仮装であった場合、その寄附行為は有効か。

事実 Xは、A財団法人に対して債権を有していたところ、YはAの設立に際して金員の出捐を約して寄附行為をしながら同出捐義務を果たしていなかったため、AのYに対する同出捐に係る債権についての債権差押・転付命令を取得して、Yに対する履行請求の訴えを提起した。これに対し、Yは、右寄附行為は、Aの設立時にYほか設立関係者全員の通謀の上で設立認可を受けるためにのみされた虚偽仮装の行為であるから九四条により無効であり、Xもその事情を知っていたので同条二項の善意の第三者には該当しないとして争った。原審はXの請求を棄却し、Xが上告。

裁判所の見解 上告棄却。「財団法人を設立するためにされる寄附行為は、相手方を必要としない単独行為であるが、その一環をなす財産出捐行為が、現実には財団法人設立関係者の通謀に基づき出捐者において真実財産を出捐する意思がなく単に寄附行為の形式を整える目的で一定の財産を出捐する旨を仮装したというにすぎない場合においては、右事実関係を実質的に考察し、当該寄附行為について民法九四条の規定を類推適用してこれを無効と解するのが相当である。」

解説 本件では、九四条の規定が、相手方のない単独行為である財団法人の設立行為に適用ないし類推適用されるかが争点となった。かつては、相手方のない単独行為には九四条の適用はないとするのが通説であり、判例においても、合資会社の設立行為につき、相手方がない合同行為であることを理由に同条の適用を否定したものがあった（大判昭和7・4・19民集一一巻八三七頁）。しかしその後、法律上相手方のない行為か否かという形式論によるのではなく、実質的関係を重視するべきだとの見解が有力となる。判例にも、共有持分の放棄につき、その放棄が利益を受ける共有者に対してされた場合には九四条の類推適用が肯定されるとするものが現れた（最1判昭和42・6・22民集二一巻六号一四七九頁）。本判決は、財団法人設立行為である寄附行為について、事実関係を実質的に考察し、財団法人の設立関係者全員が虚偽仮装の寄附行為によって設立手続を進める合意をしていた本件のような場合には、九四条の類推適用によりYの寄附行為は無効であるとした。

▼**評釈**——五十嵐清・判タ四七二号、森泉章・民商八六巻一号、吉田邦彦・法協一〇〇巻四号、鷺岡康雄・曹時三七巻七号

他人名義への移転登記と九四条二項・一一〇条の類推適用

54 最1判平成18・2・23民集六〇巻二号五四六頁

関連条文 九四条二項・一一〇条

不実の所有権移転登記につき重い帰責性があった所有者は、その外観を信頼した第三者に自己の所有権を主張しうるか。

事　実　Xは、その所有する不動産（本件不動産）の賃貸事務をAに任せていたところ、Aは、Xから預かった登記済証、印鑑登録証明書およびXの実印を押捺した登記申請書を利用してXに無断で、本件不動産につきXからAへの所有権移転登記を行い、さらにこれをYに売却してAからYへの所有権移転登記（本件登記）を行った。Xが、所有権に基づきYに対して本件登記の抹消登記手続を求めて訴えを提起したところ、Yは、一一〇条の類推適用又は九四条二項・一一〇条の類推適用によりXの請求は否定されるべき旨を主張した。

裁判所の見解　上告棄却。「Aが本件不動産の登記済証、Xの印鑑登録証明書及びXを申請者とする登記申請書を用いて本件登記手続をすることができたのは、上記のようなXのあまりにも不注意な行為によるものであり、Aによって虚偽の外観（不実の登記）が作出されたことについてのXの帰責性の程度は、自ら外観の作出に積極的に関与した場合やこれを知りながらあえて放置した場合と同視し得るほど重いものというべきである。そして、前記確定事実によれば、Yは、Aが所有者であるとの外観を信じ、また、そのように信ずることについて過失がなかったというのであるから、民法九四条二項、一一〇条の類推適用により、Xは、Aが本件不動産の所有権を取得していないことをYに対し主張することができないものと解するのが相当である。」

解　説　九四条二項は、権利外観法理の現れとして、その類推適用論が展開されてきた。判例も、不実の登記につき権利者と登記名義人との間に通謀がない場合でも、①権利者が自ら虚偽の外観を作出し（最2判昭和45・7・24民集二四巻七号一一一六頁）、または事後的に承認した場合（最1判昭43・10・17民集二二巻一〇号二一八八頁）には、九四条二項が類推適用されるとし、②権利者が承認した虚偽の外観を超える外観が他人により作出された場合には、九四条二項と一一〇条を重畳的に類推適用して善意無過失の第三者に無効を対抗できないとした（最1判昭和43・10・17民集二二巻一〇号二一八八頁）。これに対し③所有者が虚偽の権利の外観の作出に積極的関与をしておらず、放置したともいえない場合には、九四条二項、一一〇条の類推適用は否定される旨の判決があった（最2判平成15・6・13判時一八三一号九九頁）。本判決は、①②の判断を一歩進め、③の事案と異なり権利者に外観の作出または承認と同視しうる程の重い帰責性がある場合に、九四条二項・一一〇条の類推適用を肯定したものである。

▼**評釈**——佐久間毅・百選Ⅰ22、中舎寛樹・リマークス三四号

和解契約の成否と錯誤

55 大判大正5・7・5民録二二輯一三二五頁

関連条文 九五条・六九五条

債務の存在を前提にその弁済方法を定める「和解」をしたが債務が存在しなかった場合、その契約は有効か。

事実 Xは、Yとの間で、XがYに対して委任に基づく清算債務を負担していることを前提に、その弁済方法として本件土地をYに売却する旨の「和解」契約をYとの間で締結し、移転登記も行ったところ、実はYが株式取引の委任事務を実行していなかったため、前提とした債務は存在しなかったことが判明した。そこでXは、当該和解契約は要素の錯誤により無効であり、その実行のためになした売買契約も無効だと主張して、本件土地移転登記の抹消登記を求めて訴えを提起した。原審は、和解契約の成立を前提に、詐欺による錯誤は意思決定の原因にのみ存するので要素の錯誤に当たらないとして錯誤の主張を斥け、Xの請求を棄却した。X上告。

裁判所の見解 破棄差戻。「詐欺に因る意思表示なるが故に錯誤は常に意思決定の原因にのみ存するものと謂ふことを得ず」「法律行為の要素に関するときは、その錯誤の生じたる原因の如何を問はず意思表示は九十五条に依り無効なるべ（し）」。「和解契約の成立には当事者間に於て権利義務の存否若くは其範囲体様に関し当事者互に其主張を異にし之が紛争を終局せしむるが為めに互に譲歩を為して各一定の給付を為すことを約する事実存在せざるべからず」「当事者間の法律関係に付き争の存するなくんば縦令当事者間の法律関係を確定する為めに為したる契約なりとするも和解契約にあらざるを以て当事者が之に付するに和解の名称を以てするも法律上和解ノ効力を生ぜざるや論を竢たず」。

解説 本判決は、まず、錯誤が法律行為の要素に関するときは、詐欺による錯誤であっても九五条の適用があるとした。この点には異論なかろう。第二に、本判決は、当事者に「争い（主張の違い）」がない場合には和解は成立しないとした。これは、条文の文言に忠実な解釈であるが、実質的には、和解であれば確定効（六九六条）により錯誤主張が排斥されることを考慮して、和解の成立要件たる「争い」の意味を狭く解したものと思われる（和解であれば要素の錯誤があってもXは錯誤無効の主張ができないが、和解でなければ可能性があるとしている）。学説には、不明確な法律関係の確定のための合意も「争い」に準じて扱うべきだとする見解がある。「争い」を広く解した上で、前提事実に関する錯誤に確定効は及ばないとして九五条の適用を認める余地もあろう（最1判昭和33・6・14民集一二巻九号一四九二頁等参照）。

▼**評釈**——法律学説判例評論全集五巻民法八八八頁

動機の錯誤……受胎馬事件

56 大判大正6・2・24民録二三巻二八四頁

関連条文 九五条

目的物の性状に関する錯誤は民法95条の規定する法律行為の要素の錯誤となりうるか。

事実 Xは、Yから、ある特定の馬が年齢十三歳で受胎能力があり且つ現に受胎しており、その来歴上良馬を産むことが期待されると説明され、その性状を有することを前提に当該馬を購入する旨の売買契約を締結したが、実際にはそのような性状が存在しないことが判明したため、売買契約は要素の錯誤により無効だと主張して、無効確認および代金の返還等を求めて訴えを提起した。原審はXの請求を認容し、Yが上告。

裁判所の見解 上告棄却。「物の性状の如きは、通常、法律行為の縁由たるに過ぎずして、その性状に錯誤あるが為め法律行為の無効を来たさざるは論を竢たずと雖も、表意者が之を以て意思表示の内容を構成せしめ、その性状を具有せざるに於ては法律行為の効力を発生せしむることを欲せず、而かも取引の観念事物の常況に鑑み意思表示の主要部分と為す程度のものと認め得らるるときは、是れ亦法律行為の要素を成すを以て、その錯誤は意思表示の無効を来たすべきものとす」。

解説 契約目的物の性状が買主の想定していたものと異なる場合（性状錯誤）は、表示に対応する内心的効果意思が欠けているのではなく、意思表示の動機となった事実認識に錯誤があるので、いわゆる動機（縁由）の錯誤の一場合に当たる。このような動機の錯誤に九五条が適用されうるか、いかなる要件の下で適用されるのかについては、学説でも従来から議論がある。本判決は、性状の錯誤であっても、①表意者がその性状を意思表示の内容とした場合には、②その錯誤がなければ法律行為の効力発生を欲せず（因果関係）、取引観念上も意思表示の主要部分をなす（客観的重要性）と認められる限り、九五条の法律行為の要素の錯誤として意思表示の無効を来たしうるものとした。②は錯誤一般の要件であり、①が動機の錯誤特有の要件である。①の点は、契約においては、表意者がその動機となった性状等を一方的に相手に伝えたか否かではなく、契約類型、交渉経緯、相手方の態様、価格決定その他の事情を考慮して、それが契約の内容にされたと評価できるかが重要だといえよう。後のいわゆる動機の錯誤に関する判例の中には、①の点を「意思表示の内容」ではなく「法律行為の内容」と表現するものもあり（例えば、最1判平成元・9・14家月四一巻一一号七五頁）、より適切な表現であると思われる。

▼**評釈**——平井一雄・法セ二四六号、須永醇・ジュリスト増刊（民法の判例〔第二版〕）18頁

錯誤と瑕疵担保責任……中古電動機事件

57 大判大正10・12・15民録二七輯二一六〇頁

関連条文　九五条・五七〇条・五六六条

売買目的物に瑕疵がある場合における錯誤規定と瑕疵担保規定との適用関係。

事　実　Xは、Yから中古電動機をアルゲマイネ会社製三相交流一三〇馬力として購入したが、引き渡された電動機は三〇乃至七〇馬力しかなかった。そこでXは、目的物は当該契約に係る電動機として用をなさず、当該売買は要素の錯誤により無効であると主張し、代金返還を求めて訴えを提起した。原審は、瑕疵担保規定により九五条の適用は排除される旨判示してXの請求を棄却し、Xが上告。

裁判所の見解　破棄差戻。「売買の目的物に品質上の瑕疵ありて為めに意思表示の錯誤を生じたる場合と雖も、当事者が特に一定の品質を具有するを以て重要なるものとし意思を表示したるに、その品質に瑕疵あり若くは之を欠缺するが為め契約を為したる目的を達すること能はざるときは、法律行為の要素に錯誤あるものにして、民法第九十五条に依り無効なりとす。之に反して、当事者が一定の品質を具有することを重要なるものとして意思を表示せず、而も売買の目的物に品質上の瑕疵あるが為め契約を為したる目的を達すること能はざるときは、同法第五百七十条第五百六十六条に依り買主は解除権を有するに過ぎずして、同条は売買の目的物の品質に関する錯誤に付き前示第九十五条と相容れざるものに非ず。」

解　説　本件では、瑕疵担保による解除を定めた五七〇条・五六六条（五六六条三項により、一年の除斥期間にかかる）と、錯誤無効を定めた九五条の適用関係が問題となった。学説では、取引の早期安定の観点から、瑕疵担保規定が錯誤規定の特則に当たり、これによって錯誤規定の適用が排除されるとする瑕疵担保優先説が有力に主張されてきたが、本判決は、瑕疵担保優先説を採らないことを明らかにした。判例は錯誤優先説を採用していると紹介されることもあり、特に本判決を引用する最1判昭和33・6・14（58判決）の文言は、そのようにも見えるが、同判決も、上告人の主張した瑕疵担保優先説を否定したものにすぎない。少なくとも、錯誤者が瑕疵担保による解除を主張したときに、裁判所が錯誤規定を理由にその主張を排斥する趣旨ではなかろう（選択的主張説）。なお、本判決が、一定の品質を有することを重要なものとして表示したか否かによって両条の適用を分けている点は疑問である（今日では判例も、「瑕疵」を、契約で予定された性質を欠くことと解している。最3判平成22・6・1民集六四巻四号九五三頁参照）。

▼**評釈**――三宅正男・ジュリ七八号、山本豊・百選Ⅱ（五版）52、我妻榮・法協四〇巻九号

粗悪ジャムと要素の錯誤

58 最1判昭和33・6・14民集一二巻九号一四九二頁

関連条文　九五条

目的物が一定の品質を有することを前提としてその給付を内容とする和解契約をしたところ粗悪品だった場合、和解は要素の錯誤により無効か。

事　実　XとYとの間で、YのXに対する商品代金債務の額につき争いがあり、XとYが、互に譲歩をして右争を止めるため、仮差押えにかかる本件ジャムを市場で一般に通用している特選金菊印苺ジャムであることを前提とし、これを一箱当り三千円と見込んで、YからXに代物弁済として引渡す内容の和解契約を締結したところ、実際には、本件ジャムは粗悪品であった。そこで、XがYに対し、本件和解契約は要素の錯誤により無効だと主張し、商品代金の支払を求めて訴えを提起した。原審は、Xの請求を認容し、Yが上告。

裁判所の見解　上告棄却。「本件和解は、本件請求金額……の支払義務あるか否かが争の目的であって、当事者であるX、Yが原判示のごとく互に譲歩をして右争を止めるため仮差押えにかかる本件ジャムを市場で一般に通用している特選金菊印苺ジャムであることを前提とし、これを一箱当り三千円と見込んで控訴人から被控訴人に代物弁済として引渡すことを約したものであるところ、本件ジャムは、原判示のごとき粗悪品であったから、本件和解に関与した被控訴会社の訴訟代理人の意思表示にはその重要な部分に錯誤があった」「原判決は、本件代物弁済の目的物である金菊印苺ジャムに所論のごとき瑕疵があったが故に契約の要素に錯誤を来しているとの趣旨を判示しているのであり、このような場合には、民法瑕疵担保の規定は排除される」「本件和解は要素の錯誤により無効である旨判示しているから、……実質的確定力を有しない」

解　説　本判決は、まず、和解契約においても、争いの対象ではなく、両当事者が前提とした事実に要素の錯誤があった場合には、その前提事実については和解の確定力（六九六条）は及ばず、九五条による無効の主張が可能である旨判示した点で注目される。和解の確定効（六九六条）は、争いの存する点につき、事実はどうであれ当該内容で法律関係を確定させるという和解の趣旨から導かれるのであるから、争いのない前提事実に確定効が及ばないという解釈は妥当といえよう。

第二に、本判決は、法律行為の要素に錯誤がある場合には、瑕疵担保の規定は排除されるとした。ただしこれは、瑕疵担保規定によって錯誤規定の適用が排除される旨の上告理由を否定したものである（九五条と瑕疵担保規定との関係については、57判決を参照）。

▼**評釈**――曽野裕夫・百選Ⅱ（六版）69、山木戸克己・民商40巻1号、三淵乾太郎・最判解昭和33年度

桁違いの手形と錯誤による一部無効

59 最1判昭和54・9・6民集三三巻五号六三〇頁

関連条文　九五条

金額の桁を誤解して手形の裏書をした裏書人は、悪意の取得者に対し、全額の償還義務の履行を拒むことができるか。

事実　Yは、Aから一五〇万円の売掛代金の支払方法として本件手形の振出しを受けたが、その金額欄がタイプミスにより一五〇〇万円と記載されていたことに気づかずに一五〇万円の手形としてBに裏書した（本件裏書）。ところが、後にこれに気づいたBは、さらに事情を知るXに当該手形の裏書をした。Aが倒産したので、Xは第一裏書人であるYに対し、手形金一五〇〇万円の償還義務の履行を求めて訴えを提起した。Yは、本件裏書は錯誤により無効でありXは悪意取得者だと主張して争った。原審は、Yの錯誤の主張を認めてXの請求を棄却し、X上告。

裁判所の見解　一部破棄差戻。「裏書人は、錯誤その他の事情によって手形債務負担の具体的な意思がなかつた場合でも、手形の記載内容に応じた償還義務の負担を免れることはできないが、右手形債務負担の意思がないことを知って手形を取得した悪意の取得者に対する関係においては、裏書人は人的抗弁として償還義務の履行を拒むことができる」「本件手形の裏書についての被上告人の錯誤は、本件手形金のうち一五〇万円を超える部分についてのみ存し、その余の部分については錯誤はなかつたものと解する余地があり、そうとすれば、特段の事情のない限り、被上告人が悪意の取得者に対する関係で錯誤を理由にして本件手形金の償還義務の履行を拒むことができるのは、本件手形金のうち一五〇万円を超える部分についてだけであ（る）」。

解説　本判決は、金額一五〇〇万円の手形を一五〇万円の手形であると誤信して裏書をした場合につき、裏書人の錯誤は、一五〇万円を超える部分にのみ存するとし、その超える部分についてのみ無効（一部無効）とした。金銭債務が没個性的でかつ可分であること、実質的にも、錯誤者である裏書人に、その一部を負担させても不当とはいえないことなどが考慮されたものと思われる。通常の契約においては、記載ミスがあっても、表意者が当該表示において一五〇万円を意図していることを相手方が認識していれば、意思表示の解釈として、当該意思表示の意味が一五〇万円と解され（「誤表は害さず」）、その場合には、そもそも錯誤の問題にはならない。本判決は、手形の特性を考慮し、一五〇〇万円という客観的解釈を前提に、錯誤による一部無効を認めたものであろう。

▼**評釈**——前田庸・判タ四一一号、高橋美加・手小百（七版）6、太田豊・曹時三五巻一号

動機の錯誤と黙示の表示

60 最1判平成元・9・14家月四一巻一一号七五頁

関連条文　九五条

動機の錯誤において、動機が明示されていなかった場合でも、錯誤無効を主張できるか。

事　実　Xは、Yと離婚するに際し、自己の特有財産である不動産すべてをYに財産分与として譲渡したうえで裸一貫出直すことを決意し、Yとその旨の契約をしてYへの移転登記を行った。その際、XはYに課税されるものと信じてそれを気遣う発言等をしていたが、実際には、税金は分与者であるXに課され、その額は二億二千万円を超えることが判明した。そこで、Xは、本件財産分与契約は要素の錯誤により無効であると主張し、所有権移転登記の抹消登記手続を求めて訴えを提起した。原審はXの請求を棄却し、X上告。

裁判所の見解　破棄差戻。「意思表示の動機の錯誤が法律行為の要素の錯誤としてその無効をきたすためには、その動機が相手方に表示されて法律行為の内容となり、もし錯誤がなかったならば表意者がその意思表示をしなかったであろうと認められる場合であることを要するところ、右動機が黙示的に表示されているときであっても、これが法律行為の内容となることを妨げるものではない。」本件では、「Xにおいて、右財産分与に伴う課税の点を重視していたのみならず、他に特段の事情かない限り、自己に課税されないことを当然の前提とし、かつ、その旨を黙示的には表示していたものといわざるをえない。」

解　説　いわゆる動機の錯誤が九五条の「法律行為の要素の錯誤」に該当しうるための第一の要件として、判例は、その動機が相手方に表示されて意思表示の内容とされたことを要するとしてきた（大判大正3・12・15民録二〇輯一一〇一頁等多数）。本判決は、そこにいう表示は、黙示的なものであってもよいということを明らかにしたものである。もっとも、もともと判例にいう動機の「表示」は、単に表意者が相手方に自己の動機を告げたという事実を意味するのではなく、むしろ、動機が単なる一方的な動機に留まるのではなく法律行為の内容にされたと評価できるかという規範的な評価概念として用いられてきたように思われる。さらには、表示の有無それ自体が基準ではなく、「表示されて法律行為の内容とされた」ことが、一体的な要件として機能してきたと見ることができよう。本判決は、なお形式上は動機の「表示」を問題にしているが、表示概念の規範概念性を浮き彫りにするものであった。また、同判決が「意思表示の内容」ではなく「法律行為の内容」と表現した点でも本判決は注目される。

▼**評釈**——鹿野菜穂子・ジュリ九五六号、小林一俊・民商一〇二巻四号、山下純司・百選Ⅰ24

空クレジット契約の連帯保証契約の効力

61 最1判平成14・7・11判時一八〇五号五六頁

関連条文　九五条・四四六条

空クレジットであることを知らずにそのクレジット債務につき保証した保証人は、錯誤無効を主張できるか。

事実　株式会社Aの従業員であったYは、Aの代表者の依頼に応じ、Aが販売店Bから購入する機械の代金についてクレジット会社Xとの間で締結した立替払契約に基づくAのXに対する債務につき、連帯保証する旨の契約をXと締結した。しかし、当該立替払契約は、Aの代表者が資金捻出のためにBとの間で企てた、機械の売買契約が存在しない空クレジットであり、Yは保証契約時にそのことを知らなかった。XがYに対して保証債務の履行を求めたのに対し、Yは、錯誤による保証契約の無効を主張して争った。原審は、Yの主張を排斥しXの請求を認容。Y上告。

裁判所の見解　破棄自判。「保証契約は、特定の主債務を保証する契約であるから、主債務がいかなるものであるかは、保証契約の重要な内容である。そして、主債務が、商品を購入する者がその代金の立替払を依頼しその立替金を分割して支払う立替払契約上の債務である場合には、商品の売買契約の成立が立替払契約の前提となるから、商品売買契約の成否は、原則として、保証契約の重要な内容であると解するのが相当である」「本件保証契約は本件立替払契約に基づきAがXに対して負担する債務について連帯して保証するものであるところ、本件立替払契約はいわゆる空クレジット契約であって、本件機械の売買契約は存在せず、Yは、本件保証契約を締結した際、そのことを知らなかった、というのであるから、本件保証契約におけるYの意思表示は法律行為の要素に錯誤があったものというべきである。」

解説　空クレジットにつき、真実のクレジット契約であると誤信して保証人となった者が、保証契約の錯誤無効を主張しうるかについて、従来の下級審の裁判例および学説は分かれていた。本件は、前記のような事情のもとで、保証人の要素の錯誤を肯定したものである。判例は、いわゆる動機の錯誤（事実錯誤）につき、動機が相手方に表示され意思表示の内容ないし法律行為の内容になったことを、民法九五条適用の第一の要件としてきた。意思表示ないし法律行為の内容となったか否かの判断においては、取引類型も考慮要素の一つとされる。本件は、保証契約の構造および主債務たる立替払契約の構造をも考慮した上で、錯誤のあった点は法律行為の内容に関する錯誤であることを認めたものであり、注目される。

▼**評釈**——尾島茂樹・平成14年重判（民法1）、野村豊弘・リマークス二八号、新堂明子・消百20

脱毛機の性能不足と錯誤

62 大阪地判昭和56・9・21判タ四六五号一五三頁

関連条文　九五条・五七〇条

性状錯誤が認められるのはどのような場合か。

事　実　Yは、パンフレットに本件脱毛機を三年前に一年間一二〇軒の医院で十分なテストをした旨を記載し、顧客に三回位使用すれば脱毛する旨を説明し、週刊誌でだれでも短時間でOKとして永久脱毛効果を謳って、Xらに脱毛機を販売し、その使用方法を説明する講習会を開催した。ところが、Xらは、本件機械購入後三年位の期間にわたり本件機械を所定の使用方法に従って使用し、その間、本件機械をYに修理して貰い脱毛に努めたが、Xらが期待したような脱毛効果は得られなかった。そこで、Xらは、Yに対して、脱毛機の売買契約と講習会の受講契約の錯誤無効を主張して、代金の返還を求めた。

裁判所の見解　請求認容。「Yは本件機械を販売するにあたり、Xらに対し本件機械を指示された使用方法に従つて相当期間使用すれば永久脱毛が可能であり、本件機械はそのような性能を有するものであると表示し、しかもこれを保証して販売したものであり、Xらは本件機械が右表示どおりの性能を有しXらもこれを相当期間使用することによつて右にいうところの永久脱毛の効果を得られるものと信じて買受けたものと認めるのが相当である」が、Xらが本件機械をYにより指示された方法に従い相当期間これを使用して脱毛を試みてもYが保証したような永久脱毛の効果は得られなかったことから、「本件機械はXらに対しYが表示し保証したような永久脱毛を達成させ得る性能を有しなかつたものと推断せざるを得ない」ため、「Xらが本件機械を購入しあるいは前記講習を受講するについてはXら主張の錯誤が存し、かつ右錯誤は右各契約の要素に関するものであると認めるのが相当であり、右各契約は効力を有しないものであつたというべきである」。

解　説　本判決は、Yが販売過程で宣伝・広告した脱毛機の永久脱毛効果を保証したにもかかわらず、当該脱毛機にその性能が欠けていたため、動機の錯誤として売買契約および受講契約の無効を認めた。しかし、永久脱毛効果が保証されているのであれば、XはYに対して保証された性質を備えない脱毛機の引渡しを債務不履行として、契約の解除を主張することが素直な解決であろう。もっとも、この種のどの脱毛機にも永久脱毛効果が欠けていることが想定されるため、原始的に一部不能の種類売買という特殊事象から、特定物売買と同様に錯誤の主張余地が認められたのであろうか。仮に、Xが債務不履行に基づいて本件脱毛機の売買契約を解除できる場合には、売買契約と密接に関係し、契約した目的である脱毛効果が達成されない受講契約も解除できるであろう（最3判平成8・11・12民集五〇巻一〇号二六七三頁参照）。

▼**評釈**——石川博康・消百19

63 他に連帯保証人がいるとの誤信と錯誤

大阪高判平成2・6・21判時一三六六号五三頁

関連条文　九五条・四四二条

存在すべき他の連帯保証人がいなかった場合の錯誤無効。

事　実　Aは、Y信用金庫から一五〇〇万円の事業資金を借り入れるために、友人のBとXから保証人となる内諾を得た。そこでXは、Aと共にYの許を訪れ、Y担当者からBも連帯保証人となる旨の説明を受けて連帯保証契約を締結した。その後、Bが連帯保証人になるのを拒んだため、Bは、Y担当者から、他の連帯保証人を用意するまで形式的に保証人になるに過ぎず、Bに対して連帯保証責任を追求しない趣旨であることを確認して、連帯保証契約書に署名捺印した。YはAに一五〇〇万円を貸し付けたが、その後、Bの再三の要請にも関わらず代わりの連帯保証人がないままAが倒産したため、YはXに対して保証債務の履行を求めたところ、Xは保証契約が錯誤無効であると主張して債務不存在の確認を求めた。

裁判所の見解　請求認容。「Xは、AがYから本件一五〇〇万円を借受けるにつき、Aに依頼されて、その連帯保証をしたが、右本件連帯保証契約は、Aの右一五〇〇万円の借受金（本件貸付）につき、Bも適法・有効にその連帯保証をすることを動機とし、かつ、右動機を表示した上、これをその要素として、締結されたものというべきである」が、「Bの連帯保証契約は、当然無効というべきである（民法九三条但し書ないし同条九四条参照）」。したがって、Xは、Bの連帯保証契約が有効であれば、AがYから借受けた一五〇〇万円の貸付についてBと連帯してその保証責任を負う意思であったところ、XとBとの共同の連帯保証について負担部分の定めはなかったため、二分の一の負担部分について、Xは責任を負う意思で連帯保証契約を締結した。「したがって、本件連帯保証契約は、右二分の一を越える部分については、要素の錯誤により、無効というべきであるが、右二分の一の範囲では、要素の錯誤はなく、有効というべきである（最高裁昭和五四年九月六日第一小法廷判決・民集三三巻五号六三〇頁参照）」。

解　説　他に担保があると誤信して保証契約を締結しても、その誤信は動機の錯誤にすぎない（最1判昭和32・12・19民集一一巻一三号二二九九頁）。しかし、本件では、債権者であるY側が保証人Xの誤信を積極的に招来しているため、本判決は、Xの連帯保証契約でBも連帯保証人となることが表示されたと評価できたといえよう。仮にBが連帯保証人であったとすれば、XがYに保証債務全額を履行した場合、XはBにその二分の一を求償できたはずであるから（四六五条参照）、Bが連帯保証人でなかったために求償できない二分の一について、錯誤無効による保証債務の免責が認められた。

▼**評釈**――栗田哲男・判評三八八号、鹿野菜穂子・ジュリ九九四号、菅野佳夫・判タ七七四号、賀集唱・リマークス三号

詐欺取消後の第三者

64 大判昭和17・9・30民集二一巻九一一頁

関連条文　九六条・一七七条

詐欺取消後に利害関係を持った第三者は保護を受けるか。

事実　Y_1は代金を完済する資力がないのに登記と同時に代金全額を支払うように装ってXの先代Aと土地の売買契約を締結した。Y_1が代金の一部を支払って登記済証を入手した後、Aは詐欺に基づいて売買契約を取り消した。ところが、Y_1は、詐欺取消しを知らないY_2から借り受ける金銭債務を担保するために、上記土地に抵当権を設定し、代物弁済予約に基づく所有権移転請求権保全の仮登記をした。Xは詐欺取消しに基づいてYらに対して登記の抹消手続を請求したところ、原審は、詐欺取消後に権利を取得した第三者は九六条三項の保護を受けないとしてXの請求を認容したため、Y_2は、取消後の第三者もなお善意の第三者は保護を受けるとして上告した。

裁判所の見解　破毀差戻。九六条三項は取消しの遡及効を制限して善意の第三者を保護する趣旨であるため、その第三者は取消前にすでに行為の効力について利害関係を有する第三者に限定すべきであって、取消後に利害関係を持つ第三者を含まないが、本件売買が「詐欺に因り取消し得べきものとなりとせば本件売買の取消に依り土地所有権はAに復帰し初よりY_1に移転せざりしものと為るも此の物権変動は民法第百七十七条に依り登記を為すに非ざれば之を以て第三者に対抗することを得ざるを本則と為すを以て取消後Y_1との契約に依り権利取得の登記を為したるY_2に之を対抗し得るものと為すには取消に因る右権利変動の登記なきこと明かなる本件に於てはその登記なきも之をY_2に対抗し得べき理由を説明せざるべからず。」

解説　詐欺に基づく法律行為が取り消された場合、当該法律行為は遡及的に無効となるため（一二一条）、第三者が当該法律行為を前提にして新たに権利を取得する法律行為を締結しても権利を取得できない。そのため、九六条三項は、取消前に権利を取得する善意の第三者を保護するために取消しの遡及効を制限した。そうすると、取消し後に権利を取得する第三者は九六条三項の保護を受けないため、本判決は、詐欺に基づいて売買契約を取り消したXと、当該売買契約を前提にして当該土地に抵当権および仮登記担保の設定を受けた第三者Y_2との関係を対抗関係と扱うことで、取消し後の第三者を保護する余地を認めた。もっとも、詐欺取消しによってY_1は当初より無権利者となるから、Y_2が権利を取得するには九四条二項の類推適用によるとも考えられる。さらに、そもそも九六条三項は、詐欺取消しから第三者を保護する規定であるから、第三者には詐欺取消後の第三者も含まれるとする余地もある。

▼**評釈**——伊藤進『民法の基本判例〔第二版〕』四九頁、金子敬明・百選Ⅰ53、児玉寛・不取百38

詐欺取消しの第三者と登記の要否

65 最1判昭49・9・26民集二八巻六号一二一三頁

関連条文 九六条

詐欺取消しから保護を受ける善意の第三者は登記を要するか。

事　実　Aは、Xから農地を宅地とする目的で買い受け、本件農地につき農地法五条の許可を条件とする所有権移転仮登記を得たうえ、本件農地をYに対する債務を担保するために売渡担保としてYに譲渡し、右仮登記移転の附記登記を経由した。ところが、XはAに対して本件売買契約を詐欺に基づいて取り消したが、Yは上記売渡担保契約に際して、右詐欺の事実を知らなかつた。XがYに対して土地の付記登記の抹消を求めたところ、原審は、本件農地についてY・Aは所有権を取得していないとしてXの請求を認容したため、Yは、Yが取得したのは農地の所有権移転請求権であり、その仮登記がある以上、Xに対抗できる権利を取得したとして上告した。

裁判所の見解　破棄自判。「おもうに、民法九六条一項、三項は、詐欺による意思表示をした者に対し、その意思表示の取消権を与えることによつて詐欺被害者の救済をはかるとともに、他方その取消の効果を「善意の第三者」との関係において制限することにより、当該意思表示の有効なことを信頼して新たに利害関係を有するに至つた者の地位を保護しようとする趣旨の規定であるから、右の第三者の範囲は、同条のかような立法趣旨に照らして合理的に画定されるべきであつて、必ずしも、所有権その他の物権の転得者で、かつ、これにつき対抗要件を備えた者に限定しなければならない理由は、見出し難い」ところ、Yは、もし本件売買契約について農地法五条の許可があつてAが本件農地の所有権を取得した場合には、その所有権を正当に転得することのできる地位を得たため、「Yは、以上の意味において、本件売買契約から発生した法律関係について新たに利害関係を有するに至つた者というべきであつて、民法九六条三項の第三者にあたると解するのが相当である。」

解　説　詐欺取消しから保護を受ける第三者は、対抗要件を具備しなければならないのかが問題となる。本判決は、善意の第三者が対抗要件を備えた物権取得者である場合には取消権者に対抗できるとしつつ、農地の所有権移転に必要とされる都道府県知事の許可がないときに、当該農地について売渡担保で取得するはずの所有権移転を保全する仮登記で、所有権を取得できる地位が取消権者に対抗できるとした。本判決は、一般に第三者が対抗要件を備えることを不要とするには至っていないが、権利保全のためにできる限りの措置を講じたYが保護を受けるとした。

▼**評釈**――友納治夫・最判解昭和四九年度、竹中悟人・百選Ⅰ23、増成牧・判プラⅠ102、大中有信・判例講義Ⅰ43

第三者の強迫による法律行為の取消し

66 最3判平成10・5・26民集五二巻四号九八五頁

第三者の強迫による契約の取消しと不当利得の返還関係。

事実 Yは、従前から度重なるAの強迫を受ける中で、Xから金銭を借り受ける消費貸借契約を締結し、Aの指示に従って、Xに貸付金をBの当座預金口座に振り込むよう指示し、Xは金銭を右口座に振り込んだ。その後、Yは、Xに対して、Aの強迫を理由に本件消費貸借契約を取り消したが、Xは、Yが本件消費貸借契約に基づき給付された金員につき悪意の受益者に当たるとして、七〇四条に基づく支払を求めた。原審は、Xが振込みを行ったのはYの指示に基づくもので、Yは右振込みに係る金員の交付を受けてこれを利得したなどとして、Xの不当利得返還請求を認容したため、Yは、Xの給付によってY自身が何らの利益も得ていないとして上告した。

裁判所の見解 破棄自判。「消費貸借契約の借主甲が貸主乙に対して貸付金を第三者丙に給付するよう求め、乙がこれに従って丙に対して給付を行った後甲が右契約を取消した場合、乙からの不当利得返還請求に関しては、甲は、特段の事情のない限り、乙の丙に対する右給付により、その価額に相当する利益を受けたものとみるのが相当である」。なぜなら、乙の給付で甲の丙に対する債務が弁済されるなど、甲と丙との間に法律上・事実上の関係があるのが通常で、また、甲の求めに応じた乙に甲丙間の関係の内容や乙の給付により甲の受けた利益につき主張立証を求めることは困難であり、甲が乙から給付を受けて丙に給付した場合との均衡も図るべきためである。「しかしながら、本件の場合、前記事実関係によれば、YとBとの間には事前に何らの法律上又は事実上の関係はなく、Yは、Aの強迫を受けて、ただ指示されるままに本件消費貸借契約を締結させられた上、貸付金をBの右口座へ振り込むようXに指示したというのであるから、先にいう特段の事情があった場合に該当することは明らかであって、Yは、右振込みによって何らの利益を受けなかったというべきである。」

関連条文 九六条・五三七条・五八七条・七〇三条

解説 強迫とは、「表意者において畏怖した事実があり且右畏怖の結果意思表示をしたという関係が主観的に存す」ることをいう（最3判昭和33・7・1民集一二巻一一号一六〇一頁）。第三者の強迫によって締結された消費貸借が取り消された場合に（九六条二項参照）、貸主からの元本の不当利得返還請求権の相手方が問題となる。原則として、元本の交付で利益を受けるのは借主であるから、借主が不当利得返還債務を負うが、本件では、強迫によって借主とは別人に貸付元本が交付され、借主自らは何らの利益も得ていないため、貸主は借主に不当利得の返還を請求できないとされた。

▼**評釈**――八木一洋・最判解平成一〇年度、土田哲也・法教二一九号、平田健治・リマークス一九号、藤原正則・百選Ⅱ78

故意による沈黙と詐欺

67　東京地判昭和53・10・16判時九三七号五一頁　関連法令　九六条、文化財六九条、宅建業法三五条、自然公園法一〇条・一七条、都市計画法

土地の利用制限が故意に秘匿された売買の詐欺取消し。

事　実　Xは、母親の療養のために、宅建業者Yが売り出している伊豆の土地を別荘地として購入した。ところが、本件土地を含む一帯は、当時、自然公園法一〇条、一七条一項による富士箱根伊豆国立公園の特別地域に、文化財保護法六九条一項による名勝に、それぞれ指定されていて、土地には利用制限がついており、Yは宅建業法に基づいて重要事項として説明する義務があったにもかかわらず、契約に際して何ら説明をしなかった。そこで、XはYに対して、当該売買契約を詐欺に基づいて取り消し、不当利得して支払った売買代金の返還を求めた。

裁判所の見解　請求認容。「右事実によれば、Yは、本件売買契約を締結するにあたり、Xが本件各土地を購入する前示目的と本件各土地が前記の諸制限を受けている地域であることを知悉しており、右制限は、その解除が絶無ではないとしても通常人である買受希望者が買受の意思を決定するにあたつて、重大な影響を及ぼすものということができるから、このような場合、Xが右制限を知つていることが明らかでない以上、宅地建物取引業者である売主のYとしては、信義則上、買主たるXに対し、右法律による制限のある事実を告知し、それを知らしめる義務があるというべきであるのに、ことさら、沈黙して右事実を告知せず、Xとの間で本件売買契約の締結に及び、これにより、本件各土地上には右のような制限がない状態で別荘を建築することができるものとの誤信をとくこともなく、Xをして、本件各土地を買受ける旨の意思表示をさせたものであり、Xの本件買受の意思表示は、Yの詐欺によるものということができる」。

解　説　事実でないことが積極的に告げられるのではなく、事実が故意に告げられないことによっても詐欺の成立が認められるのか。この場面では、ある事実が告げられるべきであるのに、その事実が故意に告げられないことによって相手方が欺罔されることが必要となる。ある事実が告げられるべき場合とは、情報力と交渉力の優位者が劣位者に信義則上の情報提供義務を負担するときである。その典型が消費者契約であり、事業者が消費者に情報提供義務を負うことが認められ、今日では、事業者がそれに反した場合に一連の取消しが認められている（消契法四条参照）。本件でも、専門事業者である宅建業者は、信義則上、買主に対して重要事項を説明する義務を負い（宅建業法三五条参照）、契約内容の重要な事項について情報を提供する義務を負う。それにもかかわらず、事業者が開示すべき情報をあえて秘匿することで買主を欺罔した行為が詐欺と評価されている。

催告書の郵送と到達

68 最1判昭和36・4・20民集一五巻四号七七四頁

関連法令 九七条

意思表示はどのような要件で到達したとされるのか。

事　実　X会社の土地を賃借していたY会社の賃料支払が滞ったため、Xの使用人Aは、Yの事務室で、Yの代表取締役Bの娘でたまたま遊びに来ていたCに延滞賃料の支払催告書を交付したが、その前後BはYに出社していなかった。Cは、Aから差し出された催告書を通常の請求書と思い、Aの持参した送達簿にBの印を勝手に押して受け取り、Yの社員に告げずにBの机の引き出しに入れた。その後、Xが賃貸借契約を解除したが、原審は、催告書は権限のないCに交付され、Yがこれを了知することのできる状態に置かれていないため、催告は契約解除の前提としての効力がないとしたため、Xは、すでに催告は到達しているとして上告した。

裁判所の見解　破棄差戻。「思うに、隔地者間の意思表示に準ずべき右催告は民法九七条によりY会社に到達することによつてその効力を生ずべき筋合のものであり、ここに到達とは右会社の代表取締役であつたBないしは同人から受領の権限を付与されていた者によつて受領され或は了知されることを要するの謂ではなく、それらの者にとつて了知可能の状態におかれたことを意味するものと解すべく、換言すれば意思表示の書面がそれらの者のいわゆる勢力範囲（支配圏）内におかれることを以て足るものと解すべきところ」（大判昭和6・2・14、同9・11・26、同11・2・14、同17・11・28参照）、Cが催告書を受け取ることで、催告書はBの勢力範囲に入ったため、Yに到達したとして、解除が認められた。

解　説　隔地者間の意思表示（催告は意思通知）は「到達」によって効力を生じるが（九七条一項）、その「到達」とは、一般的な取引通念に照らして、受領者の勢力範囲にはいることで足りるとされる。これによって受領者は了知できるためであり、会社の使用人、以前の同居先、同居親族、内縁の妻への交付で足りるとされる（本判決引用の大審院判例参照）。さらに、電話加入権の譲受人Yが電話加入契約の相手方Xに届けた電話設置場所にYが居住していなくても、当該場所に届けられた解除通知はYの勢力範囲内に入ったとされた（最3判昭和43・12・17民集二二巻一三号二九九八頁）。もっとも、本件では、Yの部外者で何らの権限もないCが受領したことで、ただちにYに了知可能性が生じたというのは難しい。少なくとも、Yに到達したというには、たとえば、X側がCをYの女性事務員と勘違いしたといったように、Cに受領権限があって、AがYに了知されると正当に信頼できる事情の検討も必要であったと思われる。

▼**評釈**――倉田卓次・最判解昭和三六年度、永田眞三郎・百選Ⅰ（四版）23、福永礼治・判例講義Ⅰ45

留置期間の経過と到達

69 最1判平成10・6・11民集五二巻四号一〇三四頁

関連条文 九七条・九〇七条・一〇三一条

相手方が受領を拒絶する場合の意思表示の効力発生時期はいつか。

事実　Aが死亡した後、Aが全財産をYに遺贈していたことを知った他の相続人Xらは、遺産分割協議を申し入れる普通郵便を送り、Yが受け取った後に、遺留分減殺の意思表示を記載した内容証明郵便を発送したが、Yが不在で配達されなかった。Yは、不在配達通知書の記載でXらから内容証明郵便が送付されたことを知ったが、仕事の多忙を理由に受領に赴かず、内容証明郵便は留置期間の経過によりXらに返送された。その後、Xらは、本件内容証明郵便で遺留分減殺請求をしたと主張したが、Yは、すでに一〇四二条前段所定の一年の消滅時効期間が経過したと争った。原審は、Yが本件内容証明郵便にXらの遺留分減殺の意思表示が記載されていることを了知できていないため、本件内容証明郵便がYに到達したとはいえないとして、Xらの請求を棄却したため、Xらは、内容証明郵便がYに到達したとして上告した。

裁判所の見解　破棄差戻。隔地者に対する意思表示が相手方に到達するのは、「これが相手方の了知可能な状態に置かれることをもって足りる」（68判決参照）ところ、Yは不在配達通知書の記載によってX側から内容証明郵便が送付されたことを知り、その内容を遺産分割に関するものではないかと推測し、弁護士に遺留分減殺について説明を受けていた等の事情があるため、Yは、本件内容証明郵便の内容が遺留分減殺の意思表示又は少なくともこれを含む遺産分割協議の申入れであることを十分に推知することができた。また、Yは、仕事で多忙であったとしても、受領の意思があれば、郵便物の受取方法を指定することによって、さしたる労力、困難を伴うことなく本件内容証明郵便を受領することができたはずであった。「そうすると、本件内容証明郵便の内容である遺留分減殺の意思表示は、社会通念上、Yの了知可能な状態に置かれ、遅くとも留置期間が満了した時点でYに到達したものと認めるのが相当である」。

解説　内容が実際に了知されていない内容証明郵便の効力発生が争われたが、受領者がその内容を推知できる事情があって、その受領にさしたる不便がない限り、到達の効力が認められた。もっぱら受領者側に起因する事情で到達が妨げられる場合にまで、受領者に不到達を主張させるのは、発信者に不当な不利益をもたらすことになるためである。もっとも、留置期間が経過する前に時効が完成する事案では、いつ到達が認められるべきなのか、検討を要する。

▼**評釈**――河邉義典・最判解平成一〇年度、山本敬三・平成一〇年重判（民法14）、滝沢昌彦・百選Ⅰ25、福永礼治・判例講義Ⅰ46

外国語会話受講契約の清算規定と特商法四九条……NOVA事件

70 最3判平成19・4・3民集六一巻三号九六七頁

関連条文　特商法四九条二項一号

数量割引清算条項は、特商法四九条二項一号により無効となるか。

事実　外国語会話教室Yは、登録ポイント数に応じて設定される単価を基礎に受講料を算定し、受講者には契約締結時に前払いを要求していた。登録数が多いほど単価は安く設定され、受講開始後に受講者が中途解除した場合には、Yの約款上の清算規定による清算が予定されていた。すなわち、使用済ポイントの対価額は、使用したポイント数以下でそれに最も近い登録ポイント数の単価を基礎に算定されるが、その額が使用済ポイント数を超える最も近い登録ポイント数の受講料額を超える場合には、後者が使用済ポイント数の対価額となる。そして、解除手数料は、五万円を超えない限りで、受領金総額から使用済み対価額等を控除した残金の二割相当額となる。Xは、登録ポイント六〇〇、単価一二〇〇円で契約し、三八六ポイント消化の時点で中途解除した。Xは、Yの清算規定は特商法四九条二項一号に違反して無効であり、契約時の単価で清算すべきと主張し、Yは、清算規定による清算を主張した。

裁判所の見解　上告棄却。「各ポイントを使用することにより提供を受ける各個別役務について、異なった対価額が定められているわけではない」ので、「使用済ポイントの対価額も、契約時単価によって算定されると解するのが自然」である。「清算規定に従って算定される使用済ポイントの対価額は、契約時単価によって算定される使用済ポイントの対価額よりも常に高額とな」り、「清算規定は、実質的には、損害賠償額の予定又は違約金の定めとして機能するもので、上記各規定（特商法四九条一項、二項一号）の趣旨に反して受講者による自由な解除権の行使を制約」するもので、「法定限度額を超える額の金銭の支払を求めるものとして無効」である。

解説　長期・大量購入であることを理由に割引価格が設定され、中途解除時には、短期・少量購入時の価格にあわせた清算が行われることがある。定期券割引の解除時清算等の例を考えても、このような清算方法には合理性がある。しかし、長期かつ役務内容が明確性を欠く特定継続的役務の場合、中途解除の自由を保障するべき要請が高く、最高裁は、特商法四九条一項による中途解除の際、数量割引があったとしても、契約時の単価によって既履行役務の対価額を清算すべきとした。本判決の射程は特定継続的役務（同法四一条一項一号所定）の場合に限定されよう。

▼**評釈**――山本豊・平成一九年重判（民法8）、石田剛・消百53

商品の対価についての不実告知

71 大阪高判平成16・4・22消費者法ニュース六〇号一五六頁

関連条文 消契法四条

契約の目的物である商品の対価は、不実告知の対象となる「重要事項」にあたるか。

事　実　Yは、平成一三年一〇月六日に、宝飾品販売会社Aからファッションリングを二九万円で購入し、信販会社Xとの間で上記の代金と手数料相当額を分割で支払う立替払契約を締結した。このリングは四一万円余の値札を付けて陳列されていたが、Aの担当者から値引きすると勧誘されたため購入したものである。しかし、リングの一般的な小売価格は一二万円程度であった。その後、Xが分割金の支払を求めたところ、Yは、Aの不実告知があったとして消契法四条一項一号に基づきAとの売買契約を取り消した上で、平成二〇年改正前の割賦販売法三〇条の四（抗弁の対抗）に基づきXへの支払いを拒絶した。原審ではYが敗訴したため控訴。

裁判所の見解　原審破棄・請求認容。商品の販売価格の決定は基本的に売主の自由であり、その主観的評価に基づく値付け自体は妨げられない。しかし、事業者が、他の事業者による同種商品の販売価格について、「消費者にことさら誤認させるような行為をすることは、消費者の合理的な意思形成を妨げるものであって相当でない」。とりわけ、「宝飾品については、一般に使用価値に基づく客観的な価格設定は想定しがたく、主観的かつ相対的な価値判断によって価格設定がされる」ため、「買主にとっての価値も、それが一般にどのような価格で販売されているかという事実に依拠し、その購買意思の形成は、これと密接に関連する」。したがって、一般的な小売価格は、消契法四条四項一号にいう「物品の質ないしその他の内容」にあたり、かつ、一項一号の重要事項といえる。

解　説　消契法は、消費者契約の「重要事項」に不実告知があった場合に契約の取消しを認める（四条一項一号）。この「重要事項」とは、契約の目的物である商品の「質、用途、その他の内容」または「対価その他の取引条件」で消費者による契約締結の判断に通常影響を及ぼすものをいう（同条四項）。本判決は、「一般的な小売価格」が契約目的物であるリングの「質ないしその他の内容」として同項一号に該当するとするが、むしろ価格そのものであり二号に該当するという見解もある。もっとも、「一般的な小売価格」自体は、リングの価格形成に影響を与えることはいうまでもないが、リングそのものの価格ではなく、契約締結の前提となる事情であるといえよう。なお本事案では、担当者自身もリングの価格が値札表示程度であると認識して説明している。仮に説明が伴わずに不実の価格表示がなされた場合でも、不実「告知」にあたると解する余地があろう。

▼**評釈**——角田真理子・消百33等

スポーツクラブ会則における免責条項の解釈

72 東京地判平成9・2・13判時一六二七号一二九頁

関連条文　七一七条一項

免責条項の意味内容は、どのように確定されるか。

事実　Xは、Yスポーツクラブに入会し、施設利用時に、廊下のコンクリート壁の端付近に溜まっていた水で足が滑り、転倒・骨折した。Xは、施設の設置または保存に瑕疵があるとして、七一七条一項に基づいてYに対して損害賠償を請求。Yは、会則上の「本クラブの利用に際して、会員本人または第三者に生じた人的・物的事故については、会社側に重過失のある場合を除き、会社は一切損害賠償の責を負わないものとする。」旨の規定に基づき免責されると反論した。

裁判所の見解　請求一部認容。会則の意味内容が一義的に明確に決まっていないため、その条項を解釈する必要がある場合には、一般的、平均的な入会申込者・会員にとって予期可能であり、かつ、合理的に理解することができる内容のものとして客観的、画一的に当該条項を解釈すべきである。本件規定は、文言上は本件施設内でYの軽過失により生じた一切の債務不履行および不法行為につきYの損害賠償責任を免除する趣旨であるかのように読む余地がないわけではない。しかし、本件規定は、社会通念を踏まえて、スポーツ施設を利用する者の自己責任に帰することについて、事故が発生しても、Yに故意又は重過失のある場合を除き、Yに責任がないことを確認する趣旨のものと解するのが相当である。本件施設の設置又は保存の瑕疵により事故が発生した場合のYの損害賠償責任は、スポーツ施設を利用する者の自己責任に帰する領域のものではなく、本件規定の対象外であることが明らかである。

解説　スポーツクラブ会則における軽過失全部免責条項について、本判決は、制限的解釈によって、会員の自己責任に帰する場合に、Yに故意・重過失がない限りで、Yに責任がないことを確認する趣旨の条項であるとする。そして、Xの転倒事故については、Yに七一七条一項による工作物責任が成立し、この責任は免責条項によって免責されるものではないとした。事業者が一方的に設定する契約条項については、①組み入れ規制（そもそも契約内容となるかを問題とする）、②解釈による規制（条項の意味内容を確定する）、③内容規制（条項の不当性・無効化を審査する）が考えられる。本判決後に制定された消契法八条一項一号三号は、消費者に発生した損害について、事業者の責任を全部免除する条項を無効とするが、解釈による条項規制もしばしば裁判において用いられる手法である。平均的な会員の予期や合理的理解の観点、社会通念を踏まえ、客観的・画一的に条項を解釈すべきとして、右のような内容の条項であるとした判断は、特に消契法の適用がない事例において、今後も参考となろう。

▼**評釈**——村千鶴子・消百37

入学辞退と学納金の返還請求

73　最2判平成18・11・27民集六〇巻九号三四三七頁

学納金不返還特約は、消契法九条一号により無効となるか。

事　実　X_1は、Y大学の一般推薦入試に合格し、入学金と授業料等を納付し、入学手続を行った。X_2は、同大学の一般入試に合格し、入学金と授業料等を納付し、入学手続を行った。X_1は、平成一四年三月一三日、Y大学に書面によって入学辞退を申し出た。X_2は、平成一四年三月二九日ころ、Y大学に電話で入学辞退を告げ、同年四月三日に入学辞退の書面がY大学に到達した。X_1、X_2は、在学契約の解除を理由に、Yに対し入学金・授業料等を不当利得返還請求した。Y大学は、いかなる理由があっても学納金は返還しない旨の学納金不返還特約を根拠に、Xらの請求を争った。

裁判所の見解　一部破棄差戻、一部破棄自判、一部棄却。有償双務契約であり私法上の無名契約である在学契約は、入学予定者が手続期間内に学納金の納付を含む入学手続を完了することによって成立するが、憲法二六条一項の趣旨や教育の理念に鑑み、学生は、「原則として、いつでも任意に在学契約等を将来に向かって解除することができ」、口頭の解除でもよい。入学金は、「学生が当該大学に入学し得る地位を取得するための対価」なので、在学契約が解除されても大学に返還義務は生じない。授業料等に関する不返還特約は、「在学契約の解除に伴う損害賠償額の予定又は違約金の定めの性質」を有し、公序良俗に反するものではないが、消契法九条一号の「平均的な損害」を超える部分は無効となる。学生の当該大学への入学が客観的に高い蓋然性をもって予測される時点より前の解除、すなわち三月三一日までの解除については、原則として、大学に生ずべき平均的な損害は存しないが、その後の解除は、授業料等が平均的な損害となる。もっとも、推薦入試の場合、在学契約締結時以降の解除によって授業料等に相当する平均的な損害が生ずる。

関連条文　消契法九条一号

解　説　学納金返還請求訴訟に対する一連の最高裁判決によって、在学契約の成立時期、入学金の性質、在学契約の解除の根拠等が明らかとされた。前払い金不返還条項を損害賠償額の予定又は違約金条項であると性質決定したこと、併願受験を前提に四月一日以降の解除を大学は織り込んでいないとして、消契法九条一号の平均的な損害を〇から一〇〇とする判断については、その当否が議論されているが、最高裁は、三月三一日までの辞退であれば、入学金は戻らないが授業料等は戻る（推薦入試や同日後の辞退の場合は戻らない）という明確な基準によって事態の解決を図ったといえる。

▼**評釈**——加藤正男・曹時六一巻五号、野澤正充・平成一九年重判（民7）、松本恒雄・消百38

売買契約の解除と違約金条項

74 大阪地判平成14・7・19金判一一六二号三二頁

関連条文　消契法九条一号

消契法九条一号の平均的な損害に得べかりし利益は含まれるか。

事実　Yは、Xの店舗において車両（登録済未使用車）を注文し、自動車注文書に署名し提出した。その裏面には、「契約の撤回による損害賠償　万一私の都合で契約を撤回した場合は、損害賠償金（車輌価格の一五／一〇〇）及び損害作業金（実費）を請求されても異議ありません」と記載されていた。Xは、Yの注文を受けてから車両を確保することとなっていたが、Yは、注文の翌々日に、注文を撤回する意思表示を行った。Xが、右特約に基づき、車両代金の一五％にあたる一七万八五〇〇円の損害賠償金の支払いを求めた。

裁判所の見解　請求棄却。消契法九条一号に基づくYの主張について、Yによる撤回は契約締結の翌々日であったこと、Yに対し代金半額の支払を受けてから車両を探すと言っていたことが認められることなどからすれば、「Yによる契約解除によって事業者であるXには現実に損害が生じているとは認められないし、これら事情のもとでは、販売業者であるXに通常何らかの損害が発生しうるものとも認められない」とした。また、Yの注文車両は他の顧客に販売できない特注品であったわけでもなく、契約締結後わずか二日で解約したのであるから、「その販売によって得られたであろう粗利益（得べかりし利益）が消費者契約法九条の予定する事業者に生ずべき平均的な損害に当たるとはいえない」とした。

解説　消契法九条一号は、契約の解除に伴う損害賠償額の予定・違約金条項に定められた額が、「平均的な損害」の額を超える場合、超過部分を無効とする。平均的な損害の額は、行政庁解説によると、「解除の事由、時期等の区分に応じ、当該消費者契約と同種の消費者契約の解除に伴い当該事業者に生ずべき」ものとされている。平均的な損害とは何かについて、四一六条によって請求できる損害を意味するという見解、特商法一〇条等にみられる考え方が平均的な損害概念において採用されたとして、機会の喪失が問題とならない取引における履行前の契約解除については、損害賠償を原状回復賠償に制限する法理が機能するという見解などが展開している。履行利益の損害への参入を否定する本判決は、後者の見解と整合的ではあり、機会の喪失が問題となるタイプの取引では、履行利益を勘案して、平均的な損害を算定する判決も存在する（パーティーキャンセル事件：東京地判平成14・3・25判タ一一一七号二八九頁）。なお、本判決は、平均的な損害について、事業者が主張立証責任を負うとしたが、学納金返還請求訴訟の最高裁は、消費者においてこれを負うものと解している。

▼**評釈**――丸山絵美子・消百40

敷引特約の有効性

75　最1判平成23・3・24民集六五巻二号九〇三頁

関連条文　消契法一〇条

敷引特約は、消契法一〇条により無効となるか。

事実　Xは、マンションの一室を、二年間、月額賃料九万六〇〇〇円の約定で、Yより賃借した。賃貸借契約書には、保証金の支払い、賃借人の債務を保証金によって担保すること、明渡時には契約時からの経過年数に応じた額を保証金から一律に控除すること、通常損耗等についてはこの敷引金により賄うことが定められていた。経過期間が二年に達する前に、Xが解約・明渡しをした。Yは、保証金から敷引金を控除し返還したのに対し、Xは、敷引特約は消契法一〇条により無効であると主張し、敷引金等の返還を求めた。

裁判所の見解　上告棄却。賃借人に通常損耗等の補修費用を負担させる趣旨を含む敷引特約は、任意規定の適用による場合に比し、消費者である賃借人の義務を加重しているので、消契法一〇条前段の要件を充たす。このような場合、通常損耗等の補修費用が含まれないものとして賃料額が合意されているとみるのが相当なので、賃借人が補修費用を二重に負担することにはならない。紛争を防止の観点からも、敷引特約が信義則に反して賃借人の利益を一方的に害するものであるとただちにいえない。もっとも、「通常損耗等の補修費用として通常想定される額、賃料の額、礼金等他の一時金の授受の有無及びその額等に照らし、敷引金の額が高額に過ぎると評価すべきものである場合には、当該賃料が近傍同種の建物の賃料相場に比して大幅に低額であるなど特段の事情のない限り、信義則に反して消費者である賃借人の利益を一方的に害するものであって、消契法一〇条により」敷引特約は無効となる。

解説　本判決は、原状回復義務に通常損耗等の補修義務は含まれないという任意規定に比し、敷引特約は賃借人の義務を加重しているとして、消契法一〇条前段該当性を肯定した。また、敷引特約の趣旨に照らし、敷引金が高額に過ぎる場合に、消契法一〇条後段該当性が肯定されるという。最高裁は、賃借人が敷引金額をも総合考慮に入れて物件選択を行っていることを重視し、敷引金の高額さ故に賃借人の行動の経済的合理性を語り得ないような例外事例を除き、信義則に反して一方的に害するという要件を充足しないと考えている可能性が高い。しかし、敷引金によって賃料が低くなっているといえるのか、本来負担不要な通常損耗等の補修費用が転嫁されていることを消契法一〇条後段で全く考慮しなくてよいのかなど問題となろう。なお、経年を問わない賃料の約三・五倍の敷引額を定める敷引特約を有効とする最高裁判決（最3判平成23・7・12判時二一二八号四三頁）も登場している。

▼**評釈**——武藤貴明・曹時六五巻六号、丸山絵美子・平成二三年重判（民法2）

更新料条項の有効性

76 最2判平成23・7・15民集六五巻五号二二六九頁

関連条文 消契法一〇条

更新料条項は、消契法一〇条により無効となるか。

事 実 Xは、マンションの一室を、一年間、月額賃料三万八〇〇〇円の約定で、Yより賃借した。契約には、保証金の支払い条項、退去時にXが一二万円を負担する定額補修分担金条項、賃料二ヶ月分の更新料条項があった。Yは三度、更新料を支払って更新したが、四回目の更新時、更新料を支払わないまま使用を継続し、契約は法定更新された。Xは、更新料条項について、消契法一〇条および借地借家法三〇条に違反して無効であると主張して、既払いの更新料を不当利得返還請求し、Yは反訴を提起し、未払いの更新料を請求した。

裁判所の見解 一部破棄自判、一部上告棄却。更新料は、一般に、「賃料の補充ないし前払、賃貸借契約を継続するための対価等の趣旨を含む複合的な性質」を有する。消契法一〇条前段にいう任意規定には、「明文の規定のみならず一般的な法理等も含まれる」。「更新料条項は、一般的には賃貸借契約の要素を構成しない債務を特約により賃借人に負わせるという意味において、任意規定の適用による場合に比し、消費者である賃借人の義務を加重するものに当たる」。一定の地域における更新料の公知性や従前の裁判上の和解手続等における扱いを考慮すれば、更新料の支払いについて明確な合意が成立している場合、賃貸人・賃借人間に看過ごし得ない情報の質・量並びに交渉力格差はない。「賃貸借契約書に一義的かつ具体的に記載された更新料条項は、更新料の額が賃料の額、賃貸借契約が更新される期間等に照らし高額に過ぎるなどの特段の事情がない限り」、消契法一〇条後段に該当しない。

解 説 本判決は、更新料が一種の対価的性質を含むとしつつ、本来的な賃料とは異なるものとして、任意規定からの逸脱を認め、消契法一〇条前段該当性を肯定する。そして、消契法一〇条後段については、更新料の額が、賃料額や更新期間に照らし高額に過ぎなければ、信義則に反して消費者の利益を一方的に害するものではないとして、更新料条項を有効とする。最高裁は、ある種の対価的性質を有する一時金条項について、消契法一〇条の適用を認めつつ、高額に過ぎる場合に無効としていく方向性を示す。しかし、価格について市場が機能している限り、金額の高低を不当性の判断基準とすることには疑問が生じる。むしろ、中途解除時に使用期間に応じた清算が行われない一時金条項については、消費者が給付と対価の対応関係について判断が困難となることなども理由に、その不当性を問題とすべきではあるまいか。消契法一〇条を対価規制に用いること、そして金額の高低を基準に不当条項審査を行うことの是非について、検討を要する。

▼**評釈**——磯村保・平成二三年重判（民法3）

荷受人の損害賠償請求と宅配便約款上の責任制限条項

77 最1判平成10・4・30判時一六四六号一六二頁

関連条文　一条二項・九一条、商法五七七条・五七八条・五八〇条・五八三条

契約外の第三者に責任制限条項を援用できるか。

事　実　貴金属販売加工業者Xは、Aの宝石の枠加工をBに下請けさせた。Bは、加工後の宝石を、自己を荷送人、Xを荷受人として運送会社Yの宅配便で送付した。Yの宅配便運送約款等に基づき、送り状には、「お荷物の価格を必ずご記入ください。ペリカン便では三〇万円を超える高価な品物はお引受けいたしません。万一ご出荷されましても損害賠償の責を負いかねます」との記載があった。Bは、高価品の告知をせず、品名・価格は空欄とした。荷物はYの運送途上で紛失した。Xは、Aに宝石価格を賠償し、AのYに対する損害賠償請求権を取得したなどとして、Yに損害賠償を請求した。

裁判所の見解　上告棄却。「貨物運送業者が一定額以上の高価な荷物を引き受けないこととし、仮に引き受けた荷物が運送途上において滅失又は毀損したとしても、故意又は重過失がない限り、その賠償額をあらかじめ定めた責任限度額に限定することは、運賃を可能な限り低い額にとどめて宅配便を運営していく上で合理的なもの」である。「責任限度額の定めは、運送人の荷送人に対する債務不履行に基づく責任についてだけではなく、荷送人に対する不法行為に基づく責任にも適用されるものと解するのが当事者の合理的な意思に合致する」。そのように解さないと、右趣旨が没却され、そのように解しても、運送人の故意又は重大な過失によって荷物が滅失・毀損した場合、運送人はそれによる一切の損害を賠償しなければならず（約款二五条六項）、荷送人に不当な不利益をもたらすことにはならない。宅配便が有する特質及び責任限度額を定めた趣旨並びに約款二五条三項による損害賠償の額につき荷受人に生じた事情も考慮されることに照らせば、「荷受人も、少なくとも宅配便によって荷物が運送されることを容認していたなどの事情が存するときは、信義則上、責任限度額を超えて運送人に対して損害の賠償を求めることは許されない。」

解　説　本判決は、運送契約約款上の運送人の軽過失責任制限条項を、その趣旨の合理性から有効とし、かかる条項は運送人の荷送人に対する債務不履行責任のみならず不法行為責任にも適用されるとする。荷送人には宅配便以外の運送方法や自主保険への加入が考えられ、運送人による高額な賠償責任の負担は運賃の高額化を招き得るので、この判断は支持できよう。さらに、本判決は、宅配便運送を容認した荷受人の運送人に対する限度額を超える損害賠償請求を、信義則上許されないものとした。いかなる場合に、契約外の第三者に責任制限条項を援用できるかは、残された問題である。

▼**評釈**――落合誠一・消百36、山本豊・百選Ⅱ106

署名代理

78 大判大正9・4・27民録二六輯六〇六頁

関連条文　一〇〇条、現行商法二一条、現行手形法八二条

代理人が、代理人の名を記さず、直接本人の名をもって署名あるいは記名捺印をした場合、これを有効な代理行為とみることができるか。

事　実　Yの支配人であるAがYに代わって、Yの名を記して裏書した約束手形が不渡りとなり、XがYを相手取って手形金請求をした。

裁判所の見解　棄却。「代理人がその権限内に於て本人の為めに手形の振出又［は］裏書等を為すに当り自己の名を署せず又は之に代はる記名捺印を為さずして直接に本人の名を署し又は之に代はる記名捺印を為すもその行為は手形行為として有効にして本人に対し効力を生ずる」。「代理の権限が単に委任の旨趣のみに依りて定まるべき場合に於ては代理人が直接に本人の名を署し又は之に代はる記名捺印を為すに付て特に授権あること必要とする」。これが「本院従来の判例に於て是認する所……（大正……四年十月三十日判決参照）」である。本件は支配人に関わるものであるが、支配人は、商法三〇条［＝現在の商法では二一条］により、広汎な権限を有するから、授権の有無を問題とする必要はなく、「裏書を為すに当り主人の為めにすることを記載して自己の名を署し又は之に代はる記名捺印を為すと直接に主人の名を署し又は之に代はる記名捺印を為すとは何れも主人の為めに手形の裏書を為すの方法にして手形上の法律行為たるに外ならざれば支配人が主人の名を署し又は之に代はる記名捺印を以て手形の裏書を為すが如きも亦前示商法の規定に依り当然その権限内に属し従てその行為は手形行為として有効にして主人に対しその効力を生ずるものと解するを相当とす。」

解　説　本来、代理行為においては、まず本人の名を示し、しかる後に代理人の名を記す必要があるはずのところ、代理人が、あたかも本人であるかのように、いきなり本人の名を記す場合がある。これが「署名代理」である。本件は、これが手形について問題となったものである。厳密には、「署名」は本人自ら手書きで行うものであり、「記名捺印」は、本人の名称を何らかの方法によって表記し、これに印を押すことである。署名が事実行為であるとすれば、署名の代理なるものは観念できず、記名捺印に限って認められることになるが、判例は、大判大正4・10・30民録二一輯一七九九頁以来、「署名」、「記名捺印」を区別せず、そうした行為をなすについて授権あることを要件としてこれを認める。ただ、本件は支配人についての事案であるから、授権は問題とならないとする。手形法においては、手形の厳格性から学説に異論が強くあるが、民法では、代理人に「代理意思あると認められる以上、有効な代理とみてよい」（河上四四五頁）とする理解が一般的である。

復代理人の義務

79 最2判昭和51・4・9民集三〇巻三号二〇八頁

関連条文 一〇七条二項・六四六条

復代理人は金銭その他を誰に引渡せば義務を免れるのか。

事 実 自動車事故で重傷を負ったXは、自動車損害賠償保障法に基づき、A保険会社に対して損害賠償請求権を取得した。Aは、この損害賠償額の請求・受領に関する一切の権限をBに委任し、BはCを、CはYを復代理人として、請求・受領の権限を委任した。YはAから受領した二四九万円をCに交付し、Cはこれを Bに交付した。しかるに、Xは、一二〇万円は受領したが、残額の引渡しを受けていないとして、弁護士費用一四万円を含めて一四三万円の支払いをYに求めた。

裁判所の見解 破棄自判。「本人代理人間で委任契約が締結され、代理人復代理人間で復委任契約が締結されたことにより、一〇七条二項の規定に基づいて本人復代理人間に直接の権利義務が生じた場合であっても、右の規定は、復代理人の代理行為も代理人の代理行為と同一の効果を生じるところから、契約関係のない本人復代理人間にも直接の権利義務の関係を生じさせることが便宜であるとの趣旨に出たものであるにすぎず、この規定のゆえに、本人又は復代理人がそれぞれ代理人の締結した委任契約に基づいて有している権利義務に消長をきたすべき理由はないから、復代理人が委任事務を処理するに当たり金銭等を受領したときは、復代理人は、特別の事情がないかぎり、本人に対して受領物を引渡す義務を負うほか、代理人に対してもこれを引渡す義務を負い、もし復代理人において代理人にこれを引渡したときは、代理人に対する受領物引渡義務は消滅し、それとともに、本人に対する受領物引渡義務もまた消滅するものと解するのが相当である。そして、以上の理は、復代理人がさらに適法に復代理人を選任した場合についても妥当するものというべきである。」

解 説 復代理人は代理人に選任されたものであるから、本人との間には内部的に何らの法律関係も生じないが、復代理人の代理行為によって代理人の代理行為と変わらない利害を有するところから、一〇七条二項は、本人と復代理人との関係について、本人・代理人間と同様の権利義務関係を擬制する。よって、復代理人は本人に対して金銭などの引渡義務を負う（六四六条参照）。未履行の場合、代理人、本人の双方に対して等しく義務を負担する。本件では、復代理人は代理人に金銭をすでに引渡しているが、それでもなお、本人から引渡を求められたときには改めて引渡の義務を負うのか。本判決は、代理人に金銭を引渡した以上、復代理人の引渡義務は消滅すると判示するが、これは、本人からの履行請求よりも前に代理人に金銭を引渡した場合についての判示と理解される。

▼**評釈**――小川浩三・法協九五巻一号、川口冨男・最判解昭和五一年度

登記申請行為と債務の履行

80 最2判昭和43・3・8民集二二巻三号五四〇頁

関連条文　一〇八条、弁護士法二五条

登記申請行為について一〇八条の適用はあるか。

事実　A・B両会社は、AのBに対する既存債権について準消費貸借契約を締結した。Aは、これをXに譲渡し、Yはその債務を引き受け、Xのために Y所有の建物に抵当権を設定した。さらにYはXとの間で停止条件付き代物弁済予約契約を締結したが、上記債務について支払いを怠ったことから条件が成就し、代物弁済を原因とする所有権移転登記がなされた。Xの建物明渡請求に対して、Yは、本件代物弁済予約契約が公序良俗に反すること、X側代理人・弁護士Cが同時にYの代理人として登記手続を行ったことを捉え、双方代理によって行われた本件登記は無効であるとしてその抹消を求めた。

裁判所の見解　上告棄却。「登記申請行為は、国家機関たる登記所に対し一定内容の登記を要求する公法上の行為であつて、民法にいわゆる法律行為ではなく、また、すでに効力を発生した権利変動につき法定の公示を申請する行為であり、登記義務者にとつては義務の履行にすぎず、登記申請が代理人によつてなされる場合にも代理人によつて新たな利害関係が創造されるものではないのであるから、登記申請について、同一人が登記権利者、登記義務者双方の代理人となつても、一〇八条本文並びにその法意に違反するものではなく、双方代理のゆえをもつて無効となるものではない」。「登記申請当事者の一方から事件の依頼をうけ登記申請行為について代理権を付与せられた弁護士が、登記申請当事者の他方からも登記申請行為について代理権を付与せられて、登記申請につき前記のように双方代理をした場合でも、弁護士の当該行為は、特段の事由のないかぎり、依頼者の信頼を裏切り、その利益を害するのものでもなく、弁護士の信用品位を潰すものともいえないから、弁護士法二五条一号に違反しない。」

解説　この問題についてはすでに大判昭和19・2・4民集二三巻四二頁が先例として存在し、結論に異論はないと思われるが、その理由付けは論者によって微妙に異なる。まず、登記申請行為の性質に言及せず、一〇八条ただし書に該当する、あるいは、その拡張的適用として、双方代理を認める立場がある。しかし、その性質論に踏み込めば、登記申請行為は、法律行為でないばかりか、そもそも私法上の行為でないから、およそ一〇八条の適用あるいは類推適用を論ずる基礎を欠く。しかるに、本件最高裁は、登記申請行為を公法上の行為であるとしながらも、「一〇八条本文並びにその法意」に反しないことをその理由付けとする。これは、その実質において、一〇八条ただし書の適用あるいは拡張的適用を認める学説に接近する。

▼**評釈**——後藤静思・最判解昭和四三年度

本人名義の使用許諾……東京地裁厚生部事件

81 最2判昭和35・10・21民集一四巻一二号二六六一頁

関連条文 一〇九条

本人名義の使用許諾と代理権授与表示の表見代理の成否。

事実　東京地裁には、厚生部と呼ばれる生活物資の購入配給活動を続けてきた組織体があった。この組織体は職員の単なる互助団体にすぎず、地裁の正規部局ではなかったが、地裁に総務課厚生係が置かれた際に、従来厚生部で事務を執っていた職員Aを厚生係に配置した結果、Aは厚生係の表札を掲げた裁判所の一室で、東京地方裁判所厚生部という名称により厚生部の事務としての物品購入を継続し、しかもその際、発注書・支払証明書という官庁類似の様式と裁判所の庁印を使用していた。あるとき、Xから布生地の購入に際して代金支払いが滞った。そこでXは東京地裁（国）に対して、代理権授与表示の表見代理等を根拠に代金の支払いを請求した。

裁判所の見解　破棄差戻。「他人に自己の名称、商号等の使用を許し、もしくはその者が自己のために取引する権限ある旨を表示し、もつてその他人のする取引が自己の取引なるかの如く見える外形を作り出した者は、この外形を信頼して取引した第三者に対し、自ら責に任ずべきであつて、このことは、民法一〇九条、（旧）商法二三条等の法理に照らし、これを是認することができる。」「東京地方裁判所当局が、「厚生部」の事業の継続処理を認めた以上、これにより、東京地方裁判所は、「厚生部」のする取引が自己の取引なるかの如く見える外形を作り出したものと認めるべきであり、若し、「厚生部」の取引の相手方である上告人が善意無過失でその外形に信頼したものとすれば、同裁判所は上告人に対し本件取引につき自ら責に任ずべきものと解するのが相当である。」「東京地方裁判所は、本件取引につき自らの取引なるかの如き外形を作り出したものと認めうるのであるから、原審としては、よろしくこの前提に立つて、上告人が果して善意無過失であつたか否かをさらに審理判断すべき」である。

解説　代理権授与表示によって表見代理が成立し、無権代理行為について本人が責任を負う理由は、「他人」のなした法律行為の効果を引き受けると「第三者」に推測させるような表示を本人がしたということである。本件で問題になった、自己名義の「他人」への使用許諾は、なされた法律行為の効果を本人が引き受けるという推測を「第三者」にさせるという点でこれと同じである。そこで、本件では、東京地方裁判所厚生部という名称の使用や官庁類似の様式と庁印の使用等を東京地裁が認めていたことを本人名義の使用許諾と評価したうえで、本人の責任について、代理権授与表示があった場合と同じ扱いをするべきものとしたのである。

▼**評釈**――野澤正充・百選Ⅰ28

白紙委任状の輾転流通

82 最2判昭和39・5・23民集一八巻四号六二一頁

関連条文　一〇九条

輾転流通を予定していない白紙委任状の使用と表見代理の成否。

事　実　Xは訴外Aから一二万円を借り受けるにあたって、その担保として自己不動産に抵当権を設定すべく、不動産の権利証、白紙委任状および印鑑証明書をAに交付し、その登記手続をAに委ねた。ところがAは委ねられた抵当権設定手続をせず、訴外Bを介して金融を得るためにこれらの書類をCに交付した。ここでCは、Xの代理人であると偽り、Xの承諾を得ることなしに、Yとの間で、CがYに対して将来負う債務を担保する目的で、債権極度額を一〇〇万円とする根抵当権設定契約および停止条件付代物弁済契約を締結し、その旨登記した。そこでXは登記の抹消を求めて訴えを提起した。これに対して、Yは代理権授与表示の表見代理成立等を根拠に争った。

裁判所の見解　上告棄却。代理権授与表示の表見代理成立の主張に対して、「不動産所有者がその所有不動産の所有権移転、抵当権設定等の登記手続に必要な権利証、白紙委任状、印鑑証明書を特定人に交付した場合においても、右の者が右書類を利用し、自ら不動産所有者の代理人として任意の第三者とその不動産処分に関する契約を締結したときと異り、本件の場合のように、右登記書類の交付を受けた者がさらにこれを第三者に交付し、その第三者において右登記書類を利用し、不動産所有者の代理人として他の第三者と不動産処分に関する契約を締結したときに、必ずしも民法一〇九条の所論要件事実が具備するとはいえない。」「前記の書類は、これを交付した者よりさらに第三者に交付され、転輾流通することを常態とするものではないから、不動産所有者は、前記の書類を直接交付を受けた者において濫用した場合や、特に前記の書類を何人において行使しても差し支えない趣旨で交付した場合は格別、右書類中の委任状の受任者名義が白地であるからといつて当然にその者よりさらに交付を受けた第三者がこれを濫用した場合にまで民法一〇九条に該当するものとして、濫用者による契約の効果を甘受しなければならないものではない。」

解　説　本件は、輾転流通を予定していない白紙委任状が輾転流通し、委任者が想定していなかった受任者によって、濫用と評価すべき程度に想定外の委任事項欄の記載がなされた場合には、その白紙委任状によって有権代理が成立しないことはもとより、表見代理の成立を根拠づける代理権授与表示も成り立たないことを明らかにした判例である。

▼**評釈**——後藤巻則・百選Ⅰ27

一〇九条と一一〇条の重畳適用

83 最3判昭和45・7・28民集二四巻七号一二〇三頁

関連条文　一〇九条・一一〇条

一〇九条と一一〇条の重畳適用による表見代理の成否。

事　実　Yは、訴外Aに対してその所有する山林を売り渡し、Aの代理人であるBを介して白紙委任状、名宛人白地の売渡証書など登記関係書類をAに交付した。Aは買い受けた山林を登記することなく、続いてBを代理人として、Xの代理人であるCとの間で、X所有の山林との交換に当たらせた。ところが、この際、Bは、Aから改めて交付されていた登記関係書類をCに示してYの代理人を装ったので、Cは交換契約の相手方をYと誤信した。これをうけて、XがYに対して、表見代理の成立等を根拠として交換契約の履行としての移転登記を請求をした。

裁判所の見解　破棄差戻。白紙委任状、名宛人白地の売渡証書など登記関係書類は「右各書類は被上告人(Y)からBに、BからAに、そしてさらに、AからBに順次交付されてはいるが、Bは、被上告人から右各書類を直接交付され、また、Aは、Bから右各書類の交付を受けることを予定されていたもので、いずれも被上告人から信頼を受けた特定他人であつて、たとい右各書類がAからさらにBに交付されても、右書類の授受は、被上告人にとつて特定他人である同人ら間で前記のような経緯のもとになされたものにすぎないのであるから、Bにおいて、右各書類をCに示して被上告人の代理人として本件交換契約を締結した以上、被上告人は、Cに対しBに本件山林売渡の代理権を与えた旨を表示したものというべきであつて、上告人側においてBに本件交換契約につき代理権があると信じ、かく信ずべき正当の事由があるならば、民法一〇九条、一一〇条によつて本件交換契約につきその責に任ずべきものである。」

解　説　本判決が明らかにしたことは、ひとつは、登記手続のための白紙委任状等が本来予定されていた形では用いられなかったものの、本人が想定していた範囲の者の間で行き来していた場合であって、その想定内の者が相手方に委任状等を提示したときには、本人の表見代理責任を基礎づける代理権授与表示が認められるということである。そしてもうひとつ明らかにしたことは、そのような場合に、代理権授与表示によって示されている委任事項と実際に行われた法律行為の内容が異なるときであっても、なお、代理権授与表示によって示されている内容をいわば基本代理権として、権限外の行為の表見代理が成立する余地があることである。これが問題になったのは、本件においては、白紙委任状とともに売渡証書が相手方に提示されており、それによって委任事項（売買）と実際にされた法律行為（交換）が異なるのが明らかであったことによる。

▼**評釈**――磯村保・百選Ⅰ32

営業部長と代理人呼称

84 東京高判昭和42・6・30判時四九一号六七頁

関連条文 一〇九条

会社営業部長と称することの許可と代理権授与表示。

事　実　Y会社の従業員であるAは、従業員として土地売買の契約勧誘および条件の交渉をする権限を有しており、YからY会社営業部長を称することを許されていたが、法律行為をする権限、すなわち代理権を有してはいなかった。ところがAは、Yの代理人として、Xの代理人であるB（Xの妻）とXを買主、Yを売主とする本件土地売買契約を締結し、Xは手付金等を支払った。しかし、BとAとの間で土地売買契約が締結された時点ですでにYは本件土地を分譲する資格を失っていて、いずれにせよYはXに土地を譲渡することができなくなっていたことが判明した。そこでXは、Yに対して履行不能を理由として契約解除の意思表示をするとともに手付金、約定損害金等の支払いを請求した。

裁判所の見解　棄却。営業部長を称することを許しただけでは当然には代理権は生じないことを前提としたうえで（商二五条、会社一四条参照）、なお、以下のように判示して代理権授与表示に基づく表見代理の成立を認め、Xの請求を認めた。「「部長」という呼称は、会社その他の近代企業における課長、係長、主任などの呼称と同様あるいはより一層確な意味で、営業主である当該企業における特定の事項に関する代理権を有する商業使用人の呼称であると、一般に理解されているものであって、商法が使用しているわが国旧来の商業使用人の呼称である番頭、手代に当るものである。したがって、不動産取引を業とする被告が、Aに対し営業部長の名称の使用を許しながら、内部的にはその名称にふさわしい広汎な権限を与えていなかった本件においても、一般第三者に対してはAに本件不動産売買の契約締結および代金受領に関する代理権を与えた旨を表示したものと認めるべきものである。」

解　説　本件は、商人の営業に関するある種類または特定の事項の委任を受けた使用人が代理権を与えられていなかった場合に、その使用人に、部長等、代理権の存在を推測させる名称が付与されていたときには、その名称付与が一〇九条の表見代理の要件である代理権授与表示にあたることを明らかにしたものである。この判決の前提は、商25条および会社一四条は、そのような使用人に当然に代理権を与える趣旨ではないということである（なお、最1判平成2・2・22集民一五九号一六九頁参照）。どのような名称の付与が代理権授与表示にあたるかについて、総務課長代理という名称はあたらないとした裁判例がある（東京地判昭和58・6・10判時一一一四号六四頁）。なお、商二四条、会社一三条、三五四条参照。

▼**評釈**——石外克喜・判評一〇八号

法定代理権と表見代理

85 大判昭和17・5・20民集二一巻五七一頁

関連条文 一一〇条

法定代理権は表見代理責任を基礎づける基本権限たりうるか。

事実 Xの法定代理人（親権者）であるAは、Xが相続によって所有していた株券の売却をBに委任した。BはXの代理人として株券をCに売却し、さらにその株券はDに譲渡されたのち、DからYに譲渡された。ここで、株券は重要な動産に準じるものとして、親権者がその処分について法定代理権を行使するためには、当時の民法は親族会の同意を要するとしていたのだが、Bに売却を委任する際、Aは、親族会の同意を得ていなかった。そこでXが、Yに対して株券の名義の書き換えの抹消と返還を求めて訴えを提起し、裁判ではXを本人としAの法定代理権を基本代理権とする表見代理の成立の有無が争点となった。

裁判所の見解 破棄差戻。「原判決は未成年者たる被上告人の親権者母……が被上告人を代理し親族会の同意を得ずして為したる法律行為に関しては百十条等表見代理の規定の適用なきものと解するを相当とし此の点に関する上告人の抗弁を排斥したり然れども民法第百十条の規定は取引の安全を計り相手方の利益を保護せんとするものなるを以て法定代理にもその適用あるべく未成年者の為にその親権者たる母が親族会の同意を得ずして為したる法律行為についてもその相手方が親族会の同意ありたりと信ずべき正当の事由を有する場合に於ては本人たる未成年者はその行為につき責に任ぜざるべからず」。「受任者たるBに於て右委任につき親族会の同意ありたりと信ずべき正当の事由を有したるときは百十条の規定に依り被上告人はその責に任ずべく前記委任は之を取消し得ざるものと云はざるべからず。」

解説 本件における争点は、一一〇条の表見代理の成立要件として基本代理権の存在を要求する実質的理由はなにかという点に関するものである。本判決は、法定代理権も基本代理権にあたるとした。この判断の基礎は、表見代理の制度趣旨は代理制度の信用を維持し取引の安全を保護することにあり、本人の帰責性は問題としないという見解である。これに対しては、およそ本人に不利益を課するためには、本人が過失等により相手方の信頼に原因を与えることが必要であるという見解があり、それに従えば、法定代理権は基本代理権たりえない。任意代理の場合とは異なり、法定代理の場合には、基本代理権の授与について本人の過失等、帰責性を問う余地がないからである。ただ、任意代理において、本人に過失がないことを理由とした上告に対して、一一〇条の表見代理の成立は本人の過失の有無に左右されないとした判例もあり（最1判昭和34・2・5民集一三巻一号六七頁）、判例の立場は固まっている。

経理部員と基本代理権

86 最2判昭和34・7・24民集一三巻八号一一七六頁

関連条文 一一〇条

経理担当者による印章等の使用と表見代理。

事実 訴外A会社の取締役Yは、会社の取締役として会社を代理する場合に用いる印鑑およびゴム印を作成し、不在時に会社の事務が滞ることのないように、その印鑑等をAの従業員BまたはCに預けることがあった。もっとも、その趣旨は、YにA会社の取締役としてA会社を代理する行為をさせることにつきていたのであって、Aを本人とする代理行為をさせるための権限をBCに与えたことはなかった。ところが、BCは、その印鑑等を用いてA会社のX銀行からの借入をY個人が連帯保証する契約を締結した。この契約にもとづいてXがYに対して保証債務の履行を求め、一一〇条の表見代理が成立するかが争点となった。

裁判所の見解 上告棄却。「訴外日新食品工業株式会社の資金、経理担当者たる訴外A及びその部下である経理課長Bは、従前から右訴外会社取締役たるYが出張その他不在中その取締役として担当する職務処理の必要上被上告人名義のゴム印及び被上告人がもつぱら取締役として使用するため届出てあつた印章を預り会社のためその職務を行うことを認められていたけれども、Y個人に法律効果の及ぶような行為についてこれを代理する権限はいまだ曾てYから与えられたことはなかつた、というのである。されば、前記訴外A、Bはいまだ曾て被上告人の代理人であつたことはなく、従つて同訴外人らが被上告人から預つていた前記ゴム印及び印章を使用して被上告人名義で本件保証契約を締結しても、これにつきいわゆる民法一一〇条の表見代理の成立する余地は存しないのであつて、この点に関する原審の判断は正当である。」

解説 本件では、本人が有していた会社のための代理権を本人に代わって行使する権限を与えられていた者がなした本人個人のための無権代理行為の効果帰属が問題になった。かねて、判例は、一一〇条の表見代理の成立要件としての基本権限は、代理権であることを要し、与えられた権限がどのような重大な事柄に関するものであっても、それが事実行為の委託にすぎない場合には、基本権限とはならないという見解を採ってきた。本件で問題になったことは、その見解を前提として、代理権たる基本権限は、本人個人への権利義務の帰属を基礎づけるものであることを要するか、ということである。本判例の意義は、基本権限は本人のためのもの、すなわち、本人個人への権利義務の帰属を基礎づけるものでなければならず、本件における行為は、表見代理責任を通じて本人に法律行為の効果を帰属させる基本権限たりえないことを明らかにした点にある。

▼評釈――川井健・銀行百選（新版）2

夫婦と表見代理の正当理由判断

87 最3判昭和36・1・17民集一五巻一号一頁

関連条文 一一〇条

夫婦であるということは表見代理の正当理由判断にどのように影響するか。

事実 病身の夫であるXが家族との不和と病気療養のためにそれほど遠方ではない土地に別居している間に、妻Aが形式上問題のないXの印章・印鑑証明書を偽造して所持し、Xを代理してYに、「主人は○○に別居し、長年の病気で動きもできず、仕送りをしてくれないので借金ができ、その整理のため売る」旨を告げて、従前夫婦が同居していたX所有の土地家屋を売却した（この売却は本件家屋において夫婦の子同席のもとで公然と行われた）。Xは、Aに問題の家屋について貸間営業をする権限を与えていたが、売却の権限までは与えていなかった。そこで、XがYに対して移転登記抹消と土地建物の明渡しを求めて訴えを提起した。

裁判所の見解 上告棄却。「一見Aが被上告人（X）を代理して本件不動産を処分する権限をもつと信じさせるような事情が一方に存在していたとしても、もし上告人（Y）が本人である被上告人について不動産売却の真偽を確かめていたならば、本人にその意思のないことも、印鑑証明書が偽造にかかるものであることも知り得た筈である。そして、通常の注意力を有する者であれば、右のような事実関係を聞かされつつ三〇〇万円からの不動産を買い受けるについては、慎重に行動して、さして遠方でもない土地に別居中の本人についてたしかめるのが当然であろう。しかるに上告人はこの期待される行動を試みず、軽々にAに代理権があると信じてしまつたのであつて、本件の事実関係の下においては、上告人がかく信じたことにつき民法第一一〇条の正当理由ありというを得ない。」

解説 判例は、一一〇条の表見代理の成立要件としての「正当の理由」を、代理権が存在するような外観があることを前提とした代理権不存在についての相手方の善意無過失と解している。そこで、どのようなことが相手方に過失があるという判断を導く注意義務違反に当たるかが問題になる。判例は、一般的には、代理人を称する者が資格徴憑、すなわち、実印、印鑑証明書、権利証等を所持している場合には「正当の理由」ありとすることを原則としつつ、しかし、そのような場合であっても、特に不審を抱かせるような事由がある場合には、そのことを契機として調査義務を相手方に課し、相手方がその義務を履行しなかったときには、過失ありとして「正当の理由」を否定する（例えば、最2判昭和51・6・25民集三〇巻六号六六五頁）。本件では、本人の妻であるということが調査義務を基礎づける不審事由とされ、相手方がその義務を履行しなかったことが過失と評価された点に意義がある。

▼**評釈**――臼井豊・不取百11、平井宜雄・法協八〇巻三号

無権代理行為の直接の相手方からの転得者

88 最3判昭和36・12・12民集一五巻一一号二七五六頁

関連条文 一一〇条

代理人の権限踰越により振り出された手形の転得者と一一〇条適用の可否。

事実 Y寺の資金融通のため、Yの経理部長Aは、BにAの記名印章を預けてXの資産の売却方を依頼していたところ、Bはこれらを冒用してYを振出人とするAの署名捺印のある額面三〇〇万円の本件約束手形を作成し、右冒用の事実を知るCに交付した。本件手形はC→X→D→Eへと裏書譲渡され、Eより取立てを委任されたFは満期日に支払場所にて本件手形を提示したが支払いを拒絶された。そこでXは本件手形を買い戻し、Yに手形金の支払いを求めて本訴に及んだ。Yは本件手形は偽造されたものでYに支払義務はない、仮にBの行為が表見代理にあたるとしてもCおよびXにはBが権限ありと信ずべき正当理由がないと主張し、一審ではXの請求が認容されたが原審ではYの控訴認容。Xは、Cには一一〇条の正当理由がないとしても、X自身には正当理由ありとして上告した。

裁判所の見解 上告棄却。「約束手形が代理人によりその権限を踰越して振出された場合、民法一一〇条によりこれを有効とするには、受取人が右代理人に振出の権限あるものと信ずべき正当の理由を有して居ったものとしても、同条を適用して、右所持人に対し振出人をして手形上の責任を負担せしめ得ないものである」。

解説 一一〇条の「第三者」とは、一般に無権代理行為の直接の相手方に限ると解されており、判例も古くから同様に解している。転得者等の保護は、一九二条や九四条二項類推適用で足りると解されるが、手形行為の場合はどうか。一般に、手形行為が無権代理によるものであることは物的抗弁であり、本人は手形行為の無効を主張できる。そこで、特に本人と直接の相手方たる受取人との間で表見代理が成立しない場合に、転得者たる手形所持人が自らに正当理由ありとして表見代理の成立を主張できるかが問題となる。本判決は、大審院判決（大正一四・三・一二民集四巻一二〇頁）を踏襲して手形所持人は「第三者」に含まれず一一〇条は適用されないとした。本判決の立場によれば善意の手形転得者を保護する余地がなくなるため、商法学説では手形の流通性と取引安全を重視し「第三者」は手形の第三取得者を含むと解するのが多数説とされる。しかし一一〇条の正当理由判断においては無権代理行為時の具体的事情が勘案されること、第三取得者がこの時点の具体的事情を知悉し無権代理人に権限ありと信じて取引することは稀であることに鑑みても、一一〇条が適用されないのはやむを得ないと考えられよう。

▼**評釈**――佐久間毅・百選Ⅰ（五版新法対応補正版）28、宍戸善一・手小百（六版）10

公法人代表者の権限外行為

89 最3判昭和39・7・7民集一八巻六号一〇一六頁

関連条文 一一〇条

市町村長の不動産売却につき一一〇条の基本代理権および正当理由はあるか。

事実 Y_1町の町長Aは、Y_2より、町がB市より土地を購入しY_2に転売してほしい旨の依頼を受け、Y_1町を代表し公正証書により本件土地をY_2に八〇〇万円で売却する旨の売買契約を締結した。Y_1町はB市から本件土地を八〇〇万円で購入し、本件土地につきY_1町から直接Y_2の経営するC社へ所有権移転登記を了した。ところが、Y_1町条例では町有財産の競争入札以外の方法による契約の締結に関し、予定価格五〇万円以上の不動産売却には議会の特別議決を要するとされているにも関わらず、右売買契約の締結については議会の議決を経ていなかった。Y_1の町民Xらは本件売買が町条例等に違反した町有財産の違法処分であり無効であることの確認を求めた。Yらは仮に処分が有効でないとしても表見代理が成立すると主張し、原審は、Y_2には適法な議決がなされAに締約権限ありと信ずる正当理由があったとして一一〇条の類推適用を認めた。Xらは、条例の規定によりAはそもそも本件土地を売却する権限が皆無だから表見代理の基礎たる基本権限がない等と主張して上告。

裁判所の見解 上告棄却。町条例が一定価格以上の不動産売却には議会の議決を要するとする反面、予定価格二〇万円未満および二〇万円以上五〇万円未満の不動産の売却で急施を要するものについては町長の執行権限としているから、「右議会の議決を必要としない範囲の不動産の売却については、同町長はつねに町を代表して私法上の売買契約を締結する権限を与えられているものと解せられる」として町長の基本権限を認め、原審の判断を維持した。

解説 公法人の機関（市町村長等）の権限は法令等で定められており、市町村長の行為は法定代理の一種とされるところ、法令上の権限を越える行為につき表見代理は成立するか。最3判昭和34・7・14民集一三巻七号九六〇頁は、一般論としては一一〇条類推適用の可能性を認めつつ、法令上村長が権限を一切有しない行為に関し相手方が法令上の制限を知らずに権限ありと信じた場合につき、正当理由は認められないとした。本判決は、三四年判決で示された一般論を前提に、町長の不動産売却権限につき一定額以上の売却には議会の特別議決を要する旨条例で定められていた事案において、基本権限（基本代理権）の存在を認め、さらに一一〇条類推適用を認めた点で意義を有するが、一般的には、市町村長の越権行為につき一一〇条の正当理由が認められるのは例外的な場合に限られるであろう（中舎三六〇頁）。なお本問題に関連して、組合や私法人の理事の越権行為に関する議論にも注意したい。

▼**評釈**――安倍正三・最判解昭和三九年度

日常家事債務に関する代理権と表見代理

90 最1判昭44・12・18民集二三巻一二号二四七六頁

関連条文 一一〇条・七六一条

①七六一条により夫婦相互に日常家事代理権が認められるか。②日常家事の範囲を超える行為と一一〇条適用の可否。

事実 本件土地建物はXがAとの婚姻前から所有していたXの特有財産である。Aは、Xに無断で、Y主宰会社に対しA経営の会社が負った債務の弁済を目的として本件土地建物の売買契約を締結し、さらにXの実印を利用して作成した委任状・印鑑証明書をY方に交付して、YからXへの意思確認もなく本件土地建物のYへの所有権移転登記を了した。Xは Yに対し所有権移転登記抹消を請求した。Yは、XからAへの代理権授与またはAの日常家事に関する代理権を基本代理権とする表見代理の成立を主張し抗争した。

裁判所の見解 上告棄却。七六一条は夫婦は相互に日常の家事に関する法律行為につき他方を代理する権限を有することをも規定している。この日常の家事に関する法律行為の具体的範囲は、夫婦の社会的地位、職業、資産、収入等や地域社会の慣習により異なる。他方、問題となる具体的な法律行為が当該夫婦の日常家事の範囲内か否かは、同条の第三者保護という目的に鑑み、単にその夫婦の共同生活の内部的な事情やその行為の個別的な目的のみを重視して判断するのではなく、さらに客観的に、その法律行為の種類、性質等をも充分に考慮して判断すべきである。しかし、夫婦の一方が日常家事の範囲を超えて第三者と取引した場合に、広く一般的に一一〇条の表見代理の成立を認めるのは夫婦の財産的独立を損なうおそれがあり相当でないから、夫婦の一方が他方にその他の何らかの代理権を授与していない以上、「当該越権行為の相手方である第三者においてその行為が当該夫婦の日常の家事に関する法律行為の範囲内に属すると信ずるにつき正当の理由のあるときにかぎり、民法一一〇条の趣旨を類推適用して」第三者の保護をはかれば足りる。

解説 本判決は、まず七六一条が夫婦相互の日常家事の範囲内での代理権を認めたものであるとし、次に日常家事の範囲内か否かの判断において考慮さるべき事情を示した上で、本件Aの行為は日常家事行為にあたらないとした。さらに日常家事代理権を基本代理権とした表見代理の成否につき、学説では一一〇条適用肯定説、否定説および法定代理一般に一一〇条の適用を否定する説等があるところ、本判決は、相手方が日常家事の範囲と信ずるにつき正当な理由がある場合には、一一〇条の趣旨を類推適用することとした。学説と異なり一一〇条の趣旨の類推適用にとどめた点に特色があり、第三者が保護される場合はかなり限定されると解されるが、本判決は夫婦の財産的独立という理念からこれを基礎づけている。

▼**評釈**――合田篤子・百選Ⅲ8

専門家と表見代理の正当理由判断

91 最2判昭和51・6・25民集三〇巻六号六六五頁

関連条文 一一〇条

一一〇条における正当理由の存否の判断。

事　実　X（電気器具販売会社）は、A社と継続的取引を行っていたが、Aからの代金支払に不安をおぼえ、Aの代表Bに右取引上の債務につきBの父が連帯保証人になるよう求めたが、Bは父から保証を断られた。他方、Bの妻の伯父YはAの社員寮の賃借の保証を引き受け、Bに締約権限を与え実印を貸与した。Bはこれを利用し、XにはYを妻の父と説明した上で、Yに無断で根保証契約書（債務額、期間の定めなし）にYの名を署名捺印し印鑑証明書添付の上Xに差し入れた。Xはこれを信じ取引を継続し、手形の交付を受けたがAは倒産した。Xは連帯保証人としてのYの責任を追及し手形金の支払いを求めて本訴に及んだ。

裁判所の見解　破棄差戻。印鑑証明書は実印による行為につき行為者の意思確認手段として重要な機能を果たしており、「XがYの保証意思確認のために印鑑証明書を徴した以上は、特段の事情のない限り、前記のように信じたことにつき正当理由があるというべきである」。しかし本件事情の下では、「単にAが持参したYの印鑑証明書を徴しただけでは、本件約定書がYみずからの意思により作成され、ひいて本件根保証契約の締結がYの意思に基づくものと信ずるには足りない特段の事情があるというべきであって、さらにY本人に直接照会するなど可能な手段によってその保証意思の存否を確認すべきであったのであり、かような措置を講ずることなく、たやすく前記のように信じたとしても、いまだ正当理由があるということはできない」。

解　説　本件は署名代理による越権行為にあたるが、この場合も一一〇条類推適用がある。では同条の正当理由の存否（相手方の善意・無過失）はいかに判断されるか。わが国の取引慣行では実印が重視されることから、判例は、印鑑証明書や実印の交付があれば特段の事情がない限り正当理由が認められるとする（最3判昭和35・10・18民集一四巻一二号二七六四頁）。本判決はこの立場を前提としつつ、XがAの資力に不安を抱いていたことや契約によりBを代表とするAが利益を受けること等Bの行為に疑念を抱くべき事情があり、また本件連帯保証契約の責任の重さ等に鑑みればXにはYの意思確認義務があるとし、それを怠れば正当理由なしとした。このように、正当理由判断において、実印を用いた取引であれば原則として正当理由があるが、契約に至る経緯や契約の種類等から不審を抱くべき特段の事情があるときは相手方に調査義務が課されるという判断枠組を示した点、相手方が金融機関等の専門家でなくとも調査義務は生じることを示した点に本判決の意義がある。

▼**評釈**――早川眞一郎・百選Ⅰ30

代表権の制限につき悪意の場合と越権代理

92　最2判昭和60・11・29民集三九巻七号一七六〇頁

関連条文　旧五四条・一一〇条

組合理事が定款による代表権の制限を越えてなした行為につき第三者はどのように保護されるか。

事実　Xは、Y漁業協同組合理事長Aとの間で、Y所有の本件不動産および漁業権につき手付交付のうえ売買契約を締結した。漁業権および組合所有不動産の処分については組合定款において組合理事会の承認が必要とされていたところ、Aは、本件売買につき承認を得るためと称してXから運動費を受領した。しかしその後も理事会承認は得られず、Xは本件不動産の所有権移転登記を求めて本訴に及んだ。一審原審ともX敗訴。Xは旧五三条・五四条につき代表権の制限は内部的制限に過ぎず制限違反行為も原則として有効であり、第三者が代表者の具体的行為が制限に違反していることを知り又は知りうべきときに限り無効と解すべきであると主張して上告。

裁判所の見解　上告棄却。水産業協同組合法四五条の準用する旧五三・五四条により組合は定款の規定や総会決議により理事の代表権を制限できるが、善意の第三者にその制限を対抗できない。旧五四条にいう善意とは、理事の代表権に制限が加えられていることを知らないことをいい、その主張・立証責任は第三者にある。第三者が善意とはいえない場合も、「第三者において、理事が当該具体的行為につき理事会の決議等を得て適法に漁業協同組合を代表する権限を有するものと信じ、かつ、このように信じる正当の理由があるときには、民法一一〇条を類推適用し、漁業協同組合は右行為につき責任を負うものと解するのが相当である。」

解説　まず本判決は、理事長の行為につき理事会の承認が必要とする定款の定めは代表権の制限であり、これに反する理事長の行為は無効であることを前提とする。では理事長の制限違反行為の相手方は、いかなる場合に、どのように保護されうるのか。旧五四条はかかる制限を善意の第三者に対抗できないと規定していたところ、本判決はまず、この「善意」とは、理事の代表権の制限の存在を知らないことをいうとする。そうすると、制限の存在は知っていたがその制限を解除する要件（本件では理事会の承認）が充たされたと誤信した第三者は旧五四条による保護は受けられないこととなる。そこで本判決は、このような第三者の保護は一一〇条類推適用により図られることを明らかにした。本件では、Xは理事会の承認が必要である旨認識していたため旧五四条の「善意の第三者」にあたらず、さらに一一〇条類推適用のための正当理由もないとされた。なお旧五四条は一般法人七七条五項と同様の規定であるが、一般法人法下の代表理事の代表権の制限とその制限違反行為の扱いについては別途検討を要しよう。

▼**評釈**――中原太郎・百選Ⅰ31

死亡により代理権が消滅しない特約

93 最2判昭和31・6・1民集一〇巻六号六一二頁

関連条文 一一一条一項一号

一一一条一項一号と異なる合意は可能か。

事実 Aは、昭和一九年、応召出征に際して、応召不在中における財産管理その他後事一切を祖母Bに託し、Bに委任による不在者の財産管理人たる権限を付与した。このとき、右代理権限はAの死亡によっては消滅しないと定めた。昭和二〇年一二月二三日、Bは本件家屋をYに売却し、さらに、留守宅にあったAの印鑑を用いて、同月二六日、所有権移転登記を完了した。しかるに、翌年一一月八日附公報によって、上記売買契約締結前の昭和二〇年五月の戦闘でAの死亡していたことが判明した。昭和二二年七月、Aの妻XがAの家督相続人に選定され、A死亡の日に遡って権利義務一切を承継したことから、Xは、Bを代理人としてなされた前記売買契約の無効確認と移転登記の抹消を求めて、Yに対して訴えを提起した。

裁判所の見解 上告棄却。「一一一条一項一号は、代理権は本人の死亡によつて消滅する旨を規定しているけれども、右はこれと異なる合意の効力を否定する趣旨ではないと解すべきであるから、右原審の判断は正当である。」「A死亡後もBはAの代理人である」が、Bの代理権は一〇三条所定の権限しかなく、本件売買契約は、その権限を越えたものである。しかし、XがAを相続したことから、「その後にAの選定家督相続人となつたXにおいてこれを追認すれば、本件売買契約は一一三条、一一六条の規定によりその契約の当初にさかのぼつて有効となる」。そして「原判決の認定した事実……をもつてXの暗黙の追認がなされた」とする原判決の「判断は相当と認められる」。

解説 本件は、一一一条一項一号の規定が強行規定か否かを問題とするものである。これについて、最1判昭和28・4・23民集七巻四号三九六頁が任意規定であると述べるが、それは傍論で、本判決は、一一一条一項一号を任意規定と明言した先例と理解される。本人が死亡しても代理権が消滅しないとは、死者を代理するという意味か。本判決は、「A死亡後もBはAの代理人である」と判示するものの、追認の有無・有効性は相続人Xについて判断している。これは、Aの死亡によって、Bは相続人Xの代理人になったと理解していることを意味するのではないか。原審は、本件売買契約を権限踰越の行為としながらも表見代理の成立を認めたが、これは、夫の応召中に妻が夫の財産を処分した事案における判例（最3判昭和27・1・29民集六巻一号四九頁等）と整合的でない。本件最高裁判決は、本件売買契約についてXの暗黙の追認があったとして問題を解決し、表見代理に関わる議論を封じたことになる。

▼**評釈**——岡本坦・法協七四巻四号、大場茂行・最判解昭和三一年度

一一〇条と一一二条の重畳適用

94 大連判昭和19・12・22民集二三巻六二六頁

代理権消滅後になされた従前の代理権の範囲に属しない行為について表見代理が成立するか。

事実　XはAに大正一四年一月および大正一五年二月に総額五五〇〇円を貸し付けた。その際Aは、契約書に連帯保証人としてYの名を記しYの実印を押捺した（本件保証契約）が、実はYはこれを承諾しておらず、Aは連帯保証を承諾する権限がなかった。他方、Yは祖父を代襲相続した際に未成年者だったため、Yの母が大正十年末頃から昭和十年一月までAにYの実印を預けており、本件保証契約と相前後して、Aは、銀行からのYの借入およびAの借入にかかるYの保証につきYの代理人として交渉しYの名で署名・捺印したり（取引総額三万円）、その他のAの債務（総額五万九七〇〇円）にかかるYの保証につきYに代わりYの署名捺印をするなどしていた。XはYに対し連帯保証債務の履行を求め、一審はXの請求認容。原審も、本件保証契約につきAは代理権を有さず、一一〇条は代理権を有しない者が代理人と称して行為をなした場合には適用されないとしてYの控訴棄却。Y上告。

裁判所の見解　破棄差戻。「代理権の消滅後従前の代理人がなお代理人と称して従前の代理権の範囲に属せざる行為をなしたる場合においても若し右代理権の消滅に付善意無過失の相手方において諸般の事情に稽え自称代理人の行為に付その権限あり信ずべき正当の理由を有するにおいては前掲両規定の精神に則り之を類推適用して当該の代理人と相手方との間に為したる行為に付本人をしてその責に任ぜしむるを相当とすべし」。

解説　代理権消滅後に元代理人が従前の代理権の範囲外の行為をした場合に表見代理は成立するか。一一〇条適用の前提として無権代理人が現に何らかの基本代理権を有することを求めるならば、一一二条との重複適用はありえないことになる。かつての判例は重複適用を否定していたが（大判大正7・6・13民録二四輯一二六三頁）、学説は取引安全の観点からこれを批判した。かかる流れの中、本判決は判例変更し、一一二条と一一〇条の類推適用により表見代理成立の余地を認めた。なお本件は複数の有権代理行為の途中で無権代理行為がなされた事案に関するものだが、これ以降、一一二条と一一〇条の重畳適用は最高裁でも踏襲され、代理権授与が一回のみの場合（最2判昭和32・11・29民集一一巻一二号一九九四頁）や包括代理権消滅後の行為（最1判昭和35・12・27民集一四巻一四号三二三四頁）、無権代理行為の本人追認後に無権代理行為が繰り返された場合（最1判昭和45・12・24民集二四巻一三号二二三〇頁）にも重畳適用の余地が認められている。

▼**評釈**——山下純司・百選Ⅰ33

関連条文　一一〇条・一一二条

法人理事の退任登記と悪意

95 最3判平成6・4・19民集四八巻三号九二二頁

関連条文 一一二条、社会福祉事業法二七条

社会福祉法人の理事の退任登記後の行為に一一二条の適用はあるか。

事実 社会福祉法人Yの代表者Aは、昭和六〇年四月七日に理事を辞任し代表権を喪失し、同年四月一七日その旨の登記がなされたものの、同年一二月一六日、信用金庫より法人用の統一手形用紙の交付を受け、Yのゴム印・理事長印を用いY理事長名義でBらを受取人とする手形を振り出した。Bらより手形を取得したXがYに手形金支払いを求め本訴に及んだ。一審は社会福祉法人理事の退任登記後の行為につき一一二条類推適用の余地はないとしたが、原審は、取引量の多い会社と異なり社会福祉法人の取引では一一二条類推適用が認められるとしながらも、受取人BらとXに過失が認められるとした。

裁判所の見解 上告棄却。社会福祉事業法二七条二項の趣旨は、社会福祉法人は登記事項につき登記しない限り第三者に対抗できず、登記すれば善意の第三者にも対抗できるとすることにある。代表権喪失は同法二七条一項等により登記事項とされているから、規定の趣旨に照らせば、「社会福祉法人が理事の退任につき登記をしたときは、右理事の退任すなわち代表権の喪失を第三者に対抗することができ、その後その者が右法人の代表者として第三者とした取引については、交通・通信の途絶、登記簿の滅失など登記簿の閲覧につき客観的な障害があり、第三者が登記簿を閲覧することが不可能ないし著しく困難であるような特段の事情があった場合を除いて、民法一一二条の規定を適用ないし類推適用する余地はない。」

解説 社会福祉法人理事の退任は登記事項であり登記されればこれを第三者に対抗できるとされる。では退任登記後の理事の行為につき一一二条類推適用はあるか。類する問題として、旧商一二条〔会社九〇八条一項〕では、株式会社代表取締役の退任・代表権喪失につき、登記後は同条の「正当ノ事由」がない限り善意の第三者にも対抗できるとされ、判例はこの場合につき一一二条の適用を排除する（最2判昭和49・3・22民集二八巻二号三六八頁）。この「正当ノ事由」とは、天災等による交通途絶のため登記簿を閲覧できない場合あるいは登記簿の滅失汚損等のため登記事項を知りえないような客観的障害がある場合に限定されるというのが判例・通説と解されている（最3判昭和52・12・23判時八八〇号七八頁）。本判決は、この理を社会福祉法人にも及ぼしたことになる。「特段の事情」としては、問題となる行為と登記の時期が非常に近接しているような場合が考えられるが、本件は退任登記から八ヶ月後の行為であり、結論に異論はなかろう。

▼**評釈**――森泉章・判セ94（民1）、福瀧博之・平成六年重判（商1）

本人の無権代理人相続

96 最2判昭和37・4・20民集一六巻四号九五五頁

本人が無権代理人を相続し、本人と代理人の資格が同一人に帰属した場合に、無権代理行為は当然に有効になるか。

事実　Yの先代Aは、代理権がないにもかかわらず、Yの代理人としてY所有の本件家屋をXに売り渡し、所有権移転登記をした。Yが追認も追認拒絶もしないうちに、Aが昭和一五年に死亡し、Yがその家督を相続した。Yは、本件家屋はYの所有であり、Aは何等の権限なくしてこれをXに売り渡したものであるとして、所有権移転登記の抹消登記手続請求の訴えを提起し、Y勝訴の判決が確定した。Xは、YがAの無権代理人としての履行責任（一一七条）を承継したこと、相続によって無権代理による契約は有効になったことなどを主張し、本件家屋の所有権移転登記手続ならびに本件家屋のY占有部分の明渡しを求めた。原審はXの請求を認容した。

裁判所の見解　一部破棄差戻。「無権代理人が本人を相続した場合においては、自らした無権代理行為につき本人の資格において追認を拒絶する余地を認めるのは信義則に反するから、右無権代理行為は相続と共に当然有効となると解するのが相当であるけれども、本人が無権代理人を相続した場合は、これと同様に論ずることはできない。後者の場合においては、相続人たる本人が被相続人の無権代理行為の追認を拒絶しても、何ら信義に反するところはないから、被相続人の無権代理行為は一般に本人の相続により当然有効となるものではないと解するのが相当である。」

関連条文　一一三条・一一七条・八九六条

解説　無権代理人が本人を相続し、本人と代理人との資格が同一人に帰属した場合においては、本人が自ら法律行為をしたのと同様の法律上の地位を生じたものとされる（大判昭和2・3・22民集六巻一〇六頁等）。根拠としては、無権利者が権利を処分した後に権利を取得した場合と同様であることなども挙げられるが、本判決は、追認拒絶は信義則に反するからであるとし、本人が無権代理人を相続した場合については、信義に反するところはないことから、当然有効となるものではないとする。しかし、本人として追認を拒絶できるとしても、本判決では明らかではないが、無権代理人の責任を相続するため、相手方が善意無過失であった場合には、履行の責任が認められるのかが問題になる。この点については、金銭債務について肯定する判決（最3判昭和48・7・3民集二七巻七号七五一頁）と、他人物売買において権利者が売主を相続した場合に関して履行の拒絶を認めた判決（最大判昭和49・9・4民集二八巻六号一一六九頁）がある。

▼**評釈**——前田陽一・百選Ⅰ35等

無権代理人による本人相続

97 最2判昭和40・6・18民集一九巻四号九八六頁

無権代理人が、ほかの共同相続人が相続の放棄をした結果、本人を単独で相続した場合には、無権代理行為は有効になるか。

事実　AはXに代理権を付与したことも代理権を与えた旨を他に表示したこともなかったが、XはAの代理人としてBにA所有の本件土地を担保に他から金融を受けることを依頼し、Aに無断で必要書類を作成・準備してBに交付した。Bはこれらの書類を使用して昭和三三年に、本件土地をYに売渡し、所有権移転登記がなされた。Aは昭和三五年に死亡し、X以外の共同相続人全員が相続の放棄をした結果、Xが単独でAを相続した。Xは、BがXに無断で本件土地を売渡したこと、相続放棄によって帰属した相続分については何の違法性もないことを主張し、本件土地の所有権移転登記の抹消手続を求めた。原審はXの請求を棄却した。

裁判所の見解　上告棄却。「無権代理人が本人を相続し本人と代理人との資格が同一人に帰するにいたった場合においては、本人が自ら法律行為をしたのと同様な法律上の地位を生じたものと解するのが相当であり、この理は、無権代理人が本人の共同相続人の一人であって他の相続人の相続放棄により単独で本人を相続した場合においても妥当すると解すべきである。」

関連条文　一一三条・一一七条・八九六条・九三九条

解説　無権代理人が本人を相続し、本人と代理人との資格が同一人に帰属した場合には、本人が自ら法律行為をしたのと同様な法律上の地位を生じる。すなわち、無権代理行為は当然に有効になる。このことは、戸主の地位を単独で相続する家督相続について承認されてきた（大判昭和2・3・22民集六巻一〇六頁等）。本判決は、家督相続制度が廃止された後も、ほかの共同相続人が相続放棄することによって相続となる場合には、以前と同様に当然に有効になることを確認したものである。それに対して、共同相続人がいる場合には、追認権は不可分であることから、無権代理人の相続分に相当する部分においても、当然に有効とはならない（99判決）。単独相続の場合に当然有効になる理由については、本判決では「本人が自ら法律行為をしたのと同様な法律上の地位を生じたもの」とするが、「自らした無権代理行為につき本人の資格において追認を拒絶する余地を認めるのは信義則に反する」とする判決（本人が無権代理人を相続した場合についての96判決参照）もある。なお、本件では、他から金融を受けるためのBへの代理権付与が、無権代理人Xが本人Aを単独相続することによって有効となり、この代理権を基本代理権とする表見代理の成立が認められている。

▼**評釈**――松本タミ・家族百（四版）77等

無権代理人と本人の双方相続

98 最3判昭和63・3・1家月四一巻一〇号一〇四頁

関連条文　一一三条・一一七条・八九六条

無権代理人を相続した後に本人を相続した場合、本人の資格において追認を拒絶できるか。

事実　本件各土地は、A所有の甲地の一部であった。Aの妻Bは、昭和三五年に、Aの代理人としてCに、甲地を売り渡したが、Aから売買に必要な代理権を授与されていなかった。Bが昭和四四年に死亡し、Aおよび子であるXら三名がBの法律上の地位を相続した。Aが昭和四八年に死亡し、XらがAの法律上の地位を相続した。甲土地は分筆され、本件各土地についてYを権利者とする登記がされている。XらはYに対して本件各土地の共有持分権に基づいて各登記の抹消登記手続を求めた。原審は、追認拒絶権を認め、Xの請求を認容した。

裁判所の見解　破棄差戻。「無権代理人を本人とともに相続した者がその後更に本人を相続した場合においては、当該相続人は本人の資格で無権代理行為の追認を拒絶する余地はなく、本人が自ら法律行為をしたと同様の法律上の地位ないし効果を生ずるものと解するのが相当である。けだし、無権代理人が本人を相続した場合においては、本人の資格で無権代理行為の追認を拒絶する余地はなく、右のような法律上の地位ないし効果を生ずるものと解すべきものであり、このことは、信義則の見地からみても是認すべきものであるところ、無権代理人を相続した者は、無権代理人の法律上の地位を包括的に承継するのであるから、一旦無権代理人を相続した者が、その後本人を相続した場合においても、この理は同様と解すべきであって、自らが無権代理行為をしていないからといって、これを別異に解すべき根拠はな」い。

解説　本判決によれば、無権代理人を相続した者が、その後に本人を相続した場合にも、さらに、無権代理人を本人とともに共同相続した者が、その後に本人を相続した場合にも、追認を拒絶できない。相続人は無権代理行為を自らなしていない。本判決が引用する判決（大判昭和17・2・25民集二一巻一六四頁）は、無権代理人の責任を相続によって負担した者が本人の地位についた場合には、追認を拒絶することは信義則に反するとする。この判決が引用されていることからすれば、本判決は、仮に本人の資格において追認拒絶を認めたとしても、無権代理人の履行責任（一一七条）を負う可能性があり、その場合には、そもそも追認を拒絶できないとするものかもしれない（ただし、原判決にはYの悪意に言及がある）。本人を相続した者が、その後に無権代理人を相続した場合や本人を無権代理人とともに共同相続した者が、その後に無権代理人を相続した場合については、判断されていない。

▼**評釈**――中川高男・家族百（五版）80等

共同相続と無権代理行為の追認

99 最1判平成5・1・21民集四七巻一号二六五頁

関連条文 一一三条・一一七条・八九六条・八九八条

無権代理人が本人を共同相続した場合に、無権代理人が相続した範囲において当然に有効になるか。

事実 Yは、Yの父であるAから代理権を授与されていなかったにもかかわらず、その了解を得ずにBの依頼に応じ、本件連帯保証契約を締結した。Xは、昭和五七年にCからBに対する貸金債権の譲渡を受けた。Aは昭和六二年に死亡し、同人の妻DおよびYが、Aの権利義務を各二分の一の割合で相続により承継した。Xは、Yに対し、二分の一の範囲について本人であるA自らが行為したのと同様の効果が生じたとして連帯保証契約の責任を、残り二分の一について無権代理人の責任（一一七条）に基づいて請求した。

裁判所の見解 破棄自判。「無権代理人が本人を他の相続人と共に共同相続した場合において、無権代理行為を追認する権利は、その性質上相続人全員に不可分的に帰属するところ、無権代理行為の追認は、本人に対して効力を生じていなかった法律行為を本人に対する関係において有効なものにするという効果を生じさせるものであるから、共同相続人全員が共同してこれを行使しない限り、無権代理行為が有効となるものではないと解すべきである。そうすると、他の共同相続人全員が無権代理行為の追認をしている場合に無権代理人が追認を拒絶することは信義則上許されないとしても、他の共同相続人全員の追認がない限り、無権代理行為は、無権代理人の相続分に相当する部分においても、当然に有効となるものではない。そして、以上のことは、無権代理行為が金銭債務の連帯保証契約についてされた場合においても同様である。」

解説 無権代理人が本人を「単独」で相続した場合には、当然に有効になる。それに対して、本判決は、「共同」相続の場合には、本人たる地位を承継した分（二分の一）について当然有効になるものではないとした。共同相続される追認権が不可分であることが理由として挙げられている（二五一条参照）。無権代理人の相続分についてだけでも当然有効になるとすれば、相手方が取消権（一一五条）を奪われる、本人が負うべき債務が特定物の給付を目的とする場合には、ほかの共同相続人が共有を強いられるなどの問題がある（本判決には、これらの点に言及したうえでの反対意見がある）。特定物とは異なり当然に分割して相続される金銭債務である場合についても、本判決は、同様であるとする。無権代理人の責任については、原審において相手方の過失が認定され、否定されている。なお、Aは生前に別訴で請求異議の訴えを提起しており、追認を拒絶したと評価する余地がある（101判決参照）。

▼**評釈**――井上繁規・最判解平成五年度、後藤巻則・百選Ⅰ36等

無権代理人の後見人就任と追認拒絶

100 最3判平成6・9・13民集四八巻六号一二六三頁

関連条文　一一三条・八五九条・八六九条

無権代理行為に関与した者が後見人に就任した場合に、無権代理行為の追認を拒絶することは信義則に反するか。

事実　六歳程度の知能年齢にあるYは店舗（旧建物）とその敷地の借地権を相続により取得したが、Yの姉Aが旧建物の管理をし、Yを賃貸人とするXとの間の賃貸借契約の締結等を行った。旧建物の敷地を含む土地上にビルを建築する計画が立てられ、Xが旧建物から一旦立ち退き、ビルの完成後にYが取得する区分所有建物を改めてXに賃貸する旨の合意書が作成され、AがYの記名および捺印をした。その後、X、A、Yの姉Bが弁護士の事務所に集まり、AがYの記名および捺印をして賃貸借の予約がされた。Aが本契約の締結を拒む意思を表明したため、Xは予約中の合意に基づき損害賠償等を求める訴えを提起した。この間に禁治産宣告（現在の後見開始の審判に相当）の申立てがなされ、BがYの後見人に選任された。原審は、本件予約は無権代理行為であるとしたうえで、Bが追認を拒絶してその効力を争うことは信義則に反し許されないとした。

裁判所の見解　破棄差戻。「禁治産者の後見人が、その就職前に禁治産者の無権代理人によって締結された契約の追認を拒絶することが信義則に反するか否かは、⑴右契約の締結に至るまでの無権代理人と相手方との交渉経緯及び無権代理人が右契約の締結前に相手方との間でした法律行為の内容と性質、⑵右契約を追認することによって禁治産者が被る経済的不利益と追認を拒絶することによって相手方が被る経済的不利益、⑶右契約の締結から後見人が就職するまでの間に右契約の履行等をめぐってされた交渉経緯、⑷無権代理人と後見人との人的関係及び後見人がその就職前に右契約の締結に関与した行為の程度、⑸本人の意思能力について相手方が認識し又は認識し得た事実、など諸般の事情を勘案し、契約の追認を拒絶することが取引関係に立つ当事者間の信頼を裏切り、正義の観念に反するような「例外的な場合に当たるか否かを判断して、決しなければならないものというべきである。」

解説　後見人は、無権代理行為に関与し、しかも後見人であれば、それを追認することに問題がないにもかかわらず、追認を拒絶している（最2判昭和47・2・18民集二六巻一号四六頁参照）。しかし、本人（禁治産者）の保護という観点からすれば、後見人が矛盾した行為をしているからといって、当然に有効になるものではない（一審判決参照）。特に本件では、建物の実質的対価が二〇〇〇万円のところ、予約が有効になれば、Yは四〇〇〇万円の損害賠償債務を負担することになり、追認拒絶は本人の利益になるようである。

▼評釈――田中豊・最判解平成六年度、熊谷士郎・百選Ⅰ6等

本人の無権代理行為追認拒絶後の相続

101 最2判平成10・7・17民集五二巻五号一二九六頁　関連条文　一一三条・一一七条・八九六条

本人が無権代理行為の追認を拒絶した後に、無権代理人が本人を相続した場合、無権代理行為は当然に有効になるか。

事実　Aは本件各物件を所有していたが、昭和五八年には、意思能力を喪失した状態に陥った。昭和六〇年から昭和六一年の間に、Aの長男Bが、Aに無断で、その代理人としてYらとの間で締結した根抵当権契約等に基づいて、本件各物件に登記を経由した。Bは昭和六一年に死亡し、その相続人である妻のC及び子のXらは、限定承認をした。Aは、昭和六二年に、禁治産者（現在の被後見人に相当）とする審判を受けた。Aは、後見人に就職したCが法定代理人となって、Yらに対する本件各登記の抹消手続を求める本訴を提起したが、昭和六三年に死亡し、Xらが代襲相続により、本件各物件を取得し、訴訟を承継した。原審は、Xらの請求を棄却した。

裁判所の見解　破棄自判。「本人が無権代理行為の追認を拒絶した場合には、その後に無権代理人が本人を相続したとしても、無権代理行為が有効になるものではないと解するのが相当である。けだし、無権代理人がした行為は、本人がその追認をしなければ本人に対してその効力を生ぜず（一一三条一項）、本人が追認を拒絶すれば無権代理行為の効力が本人に及ばないことが確定し、追認拒絶の後は本人であっても追認によって無権代理行為を有効とすることができず、右追認拒絶の後に無権代理人が本人を相続したとしても、右追認拒絶の効果に何ら影響を及ぼすものではないからである。」

解説　無権代理人が本人を単独相続した場合には、追認を拒絶することができないことは、多くの判例（97判決等）が認めている。無権代理人を相続した後に本人を相続した場合についても、追認を拒絶できない（98判決）。しかし、本人が追認を拒絶した後には、本判決によれば、無権代理行為の効力が本人に及ばないことが確定し、無権代理人（本件ではその相続人）が本人を相続（本件では代襲相続）しても、無権代理行為は有効にならない。追認拒絶の効果を無権代理人が主張することとそれ自体は信義則に反しないとされている。本件各登記の抹消手続を求める訴えを提起したことが、追認拒絶とされたが、無権代理人の妻が後見人となって訴訟が提起された点（100判決参照）は問題となっていない。無権代理人は履行の責任（一一七条）を負担する可能性があるが、本件では限定承認がされている。仮に本人の追認拒絶がなかったとして、限定承認した無権代理人の相続人が本人を相続した場合に、追認拒絶ができるかどうかは判断されていない。

▼**評釈**――春日通良・最判解平成一〇年度、佐久間毅・百選Ⅰ（五版新法対応補正版）37等

無権利者による処分行為の追認

102 最2判昭和37・8・10民集一六巻八号一七〇〇頁

関連条文 一一六条

無権利者が他人の所有物を処分した場合、真の権利者が後にこれを追認したときに、当該処分行為の効力はどうなるか。

事実 Aは、父Xの印鑑を盗用し、X所有の不動産につきXからAへの贈与契約書を偽造して自己への所有権移転登記手続を行ったあと、BがYに対して負う債務を担保するため、当該不動産にYのために根抵当権を設定し、登記を完了した。後に、その事実を知ったXは、所有権に基づいて、Yに対し根抵当権の不存在の確認と根抵当権設定登記の抹消を求めて提訴した。原審は、XがYに対し、当該根抵当権が当初から有効に存続するものとすることを承認し、Aのなした当該根抵当権の設定を追認していたと認定し、Xの請求を棄却。X上告。

裁判所の見解 上告棄却。「或る物件につき、なんら権利を有しない者が、これを自己の権利に属するものとして処分した場合において真実の権利者が後日これを追認したときは、無権代理行為の追認に関する民法一一六条の類推適用により、処分の時に遡って効力を生ずるものと解するのを相当とする（大審院昭和一〇年（オ）第六三七号同年九月一〇日云渡判決、民集一四巻一七一七頁参照）。本件において……右不動産の所有者であるXがこれ〔Aのなした当該根抵当権の設定〕を追認した以上、これにより、右抵当権の設定はXのために効力を生じたものと判断したのは正当」である。

解説 無権利者が他人の物を勝手に自己の物として売却処分した場合にも、売主と買主間の売買契約は完全に有効であるが（五六〇条参照）、目的物の所有権移転の効力は生じない。しかし、この場合、真の権利者が後に処分行為を承認したとき、当該処分行為の効力はどうなるか。この問題に関連する規定として、一一六条がある。同条は本人が無権代理行為を追認した場合、行為の効力を最初から本人に帰属させる。つまり、真の権利者が無効な行為を事後に追認した場合、自己を当事者とする行為の効力を認めることになる。ただ、無権利者の処分では、権利の移転などを生じさせる契約そのものは有効であり、真の権利者による追認の効力として問題とされるのは、契約当事者でない真の権利者からの直接の権利の移転を認めるべきかである。したがって、この場合に一一六条を直接適用することはできない。この問題に対し本判決は、大審院昭和一〇年判決を引用しつつ、一一六条の類推適用により、真の権利者の追認により処分行為が処分の時に遡って効力を生じると判断した。つまり、無権利者の処分行為につき、真の権利者が後にそれを追認した場合、処分の時から真の権利者から権利移転の効力が認められる。

▼**評釈**――佐久間毅・百選Ⅰ38、於保不二雄・民商四八巻五号

譲渡禁止特約付債権の譲渡の承認

103 最1判平成9・6・5民集五一巻五号二〇五三頁

関連条文 一一六条

譲渡禁止特約付債権につき、債務者の承諾により債権譲渡が有効になった場合、債権譲渡通知が債務者に到達した後、債務者の承諾前に当該債権を差押えた第三者に対し、譲受人が債権譲渡の効力を主張できるか。

事実 AはBに対し売掛代金債権を有していた。XはAから当該債権を譲り受け、Aは債権譲渡をBに通知した。しかし、当該債権については譲渡禁止特約が付されており、Xは特約の存在につき悪意またはそれを知らないことにつき重大な過失があった。他方、Aの債権者であるY（国）は当該債権に対して滞納処分による差押えを行い、差押通知書はBに送達された。そこで、Bは債権者不確知などを理由に当該売掛代金を供託し、その際、XにAからXへの債権譲渡を承諾した。XがYに対して供託金の返還を請求。原審は、Xの請求を棄却。X上告。

裁判所の見解 上告棄却。「譲渡禁止特約のある指名債権について、譲受人が右特約の存在を知り、又は重大な過失により右特約の存在を知らないでこれを譲り受けた場合でも、その後、債務者が右債権の譲渡について承諾を与えたときは、右債権譲渡は譲渡の時に遡って有効となるが、一一六条の法意に照らし、第三者の権利を害することができないと解するのが相当である」。本件では、Bの承諾により、AからXへの債権譲渡が「譲渡の時に遡って有効となるとしても、右承諾の前に滞納処分による差押えをしたYに対しては、債権譲渡の効力を主張することができないものというべきである。」

解説 債権は原則として譲渡性を有するが、当事者間に譲渡禁止特約があるときにはその譲渡性が制限される（四六六条二項本文）。譲渡禁止特約に反してなされた債権譲渡の効力につき、物権的効力説（通説）と債権的効力説が対立している。判例は物権的効力説に立脚し、譲渡禁止特約は債務者の利益のためになされるものであるため、債務者が事前または事後に債権譲渡を承諾すれば、譲渡禁止が解消され、債権譲渡が債務者に対して有効となるとした。問題は、当該債権譲渡の対抗要件である通知が債務者に到達した後、債務者が承諾を出す前に、第三者が当該債権を差押さえたとき、債権の譲受人が第三者に対抗することができるか。本判決は、この点を明らかにした初めての最上級審判決として、無権代理行為が追認された場合の一一六条の法意に照らして、債務者の承諾により債権譲渡が譲渡の時に遡って有効となるが、第三者の権利を害することができないとし、譲受人Xは債権譲渡の効力を第三者Yに主張することができないとした。譲渡禁止特約付債権の譲渡を処分権のない無権代理人による処分に類比させているわけである。

▼**評釈**――野澤正充・百選Ⅱ27

無権代理人の損害賠償責任の範囲

104 大判大正4・10・2民録二一輯一五六〇頁

関連条文 一一七条

無権代理人が相手方に対して負う損害賠償責任の範囲は、履行利益に及ぶか。

事実 Yは、Aに授権されていないにも関わらず、A代理人と称し、A所有地をXに売却し、XはYに三五二〇円を支払った。その後、Yの行為が無権代理であったことが判明し、XはYに対して損害賠償を請求した。原審はYに対して訴訟時の当該土地の価格である四〇五四円と売買代金との差額の賠償を命じた。Y上告。

裁判所の見解 上告棄却。「第百一七条第一項の場合に於て、代理権を証明すること能はず、且本人の追認を得ざりし、無権代理人か相手方に為すべき損害賠償は契約か本人と相手方との間に効力を生ぜざる点より見るときは、消極的契約上の損害則ち契約か有効に成立したるものと誤信したるに因り被りたる損害を賠償せしむるに在るものの如きも、同条は相手方を保護する為めの特別規定にして、相手方の保護は契約の有効なる場合に於けると同一の状態を得るにあらざれば十分なりと言ひ難く、且同条か履行又は損害賠償の選択権を相手方に与へたるに徴するときは、積極的損害の賠償を為さしむるの趣旨なりと解釈するを正当とす。故に契約か本人との間に効力を生じたる場合と同様に、相手方はその受けたる損害及び得べかりし利益に付き履行に代る賠償を為さしむることを得る」とし、無権代理人の損害賠償責任は、債務不履行責任と同様に履行利益賠償であると認定した。

解説 代理権限を有しない者が、他人の代理人として契約をした場合、自己の代理権を証明できず、かつ本人の追認を得られなかったときは、相手方の選択に従い、相手方に対し履行または損害賠償の責任を負う（一一七条）。この無権代理人の責任は、無過失責任とされる（河上四五九頁、最3判昭和62・7・7民集四一巻五号一一三三頁）。本人が追認しない場合、本来の履行が実現できない場合も多く、通常は無権代理人に損害賠償を求めることになる。問題は、損害賠償の範囲が履行利益だけなのか、それとも信頼利益にまで及ぶのかである。本判決は、本人との間で契約が有効である場合と同様の利益を相手方に与えるべきであり、無権代理人の損害賠償責任の範囲は履行に代わる損害賠償であるべきものとした。その後、最2判昭和33・12・5新聞八三・八四号一六頁も、これを踏襲して、無権代理人の損害賠償責任が履行利益であると判断した。履行利益の賠償が認められる以上、本来相手方が負担すべきである信頼利益（契約が有効であると信頼して支出した費用）の賠償を請求することはできないわけである（山本三八五頁、中舎三三〇頁）。

無権代理と表見代理の関係等

105 最3判昭和62・7・7民集四一巻五号一一三三頁

関連条文 一一七条

①相手方に過失があり、無権代理人の責任を追及できない場合、その「過失」は重過失と解すべきか。②無権代理人は「表見代理の成立」を抗弁事由として免責されうるか。

事　実　Xは訴外A工務店に四度の貸付を行うに際し、いずれもBが連帯保証人となっていた。その後、Aが倒産し、XはBに対し保証債務の履行を訴求したが、Bは連帯保証人の責任を負わないとの判決が確定した。Bの妻であるYは、従姉妹であるA工務店の代表者の妻Cに頼まれ、勝手にBを代理して連帯保証契約を締結していた。そこで、XはYに対し無権代理人の責任（履行）を請求した。原審はXに重過失がないことを理由に、Yの履行責任を認めた。Y上告。

裁判所の見解　破棄差戻。①について、「［一一七条］一項が無権代理人に無過失責任という重い責任を負わせたところから、相手方において代理権のないことを知っていたとき若しくはこれを知らなかったことにつき過失があるときは、同条の保護に値しないものとして、無権代理人の免責を認めたものと解されるのであって、その趣旨に徴すると、右の『過失』は重大な過失に限定されるべきものではないと解するのが相当である」とし、相手方に過失があれば、無権代理人の責任を追及できないとされた。②について、最高裁は表見代理と無権代理人の責任とは互いに独立した制度であり、無権代理人が表見代理の成立をもって抗弁することができないとした。

解　説　無権代理人が一一七条による責任を負う場合、無権代理であることにつき相手方が悪意または有過失であることを立証できれば、自らの責任が免れる。問題は相手方の「過失」の程度である。原審は重過失が必要としたが、本判決は原審を否定し、無権代理人に無過失責任という重い責任を負わせたこととの均衡を理由に、相手方に「過失」があるときは無権代理人を免責すべきものとした。本判決の結論は多くの学説に支持されているが、疑問も指摘されている。仮に、本判決の立場を前提としても、表見代理成立のための「無過失」の判断と、ここでの「過失」の有無の判断が完全に一致するものではないこと、および一般の不法行為による救済の拡大にも留意する必要がある（河上四六〇頁）。また、無権代理と表見代理との関係につき、最高裁は両者が独立の制度であると明示した。すなわち、表見代理は無権代理人の免責のためではなく、あくまで相手方保護のための制度であるため、無権代理人は表見代理の効果を相手方に押しつけることができない。相手方は表見代理と無権代理人の責任のどちらでも選択でき、無権代理人が表見代理の成立を抗弁として主張することはできない（中舎三三〇頁）。

▼**評釈**――難波譲治・百選Ⅰ34

無効行為の転換・嫡出届と認知

106 最2判昭和53・2・24民集三二巻一号一一〇頁

関連条文 一一九条

虚偽の嫡出子出生届出等は本来出生届出として無効であるが、それに任意認知としての効力を認めることができるか。

事実 Aは Yに貸金債権を有していたが、返済を受ける前に死亡した。Aの妻X_1と九名の子X_2～X_{10}は、Aの遺産を相続し、Yに対し貸金の返還を求めた。X_2とX_3の二名はAとX_1の子として認知届がされ、四名は他の女性が生んだがAとX_1の子として出生届され、三名はAと架空の女性との子として出生届されていた。そこで、YはX_2とX_3の認知の無効、および他の七名の子の出生届には、認知の効力がないと主張し、それらの者の相続資格を争った。原審ではXら勝訴。Y上告。

裁判所の見解 上告棄却。「嫡出でない子につき、父から、これを嫡出子とする出生届がされ、又は嫡出でない子としての出生届がされた場合において、右各出生届が戸籍事務管掌者によって受理されたときは、その各届は認知届としての効力を有するものと解するのが相当である。けだし、……認知届は、父が、戸籍事務管掌者に対し、子の出生を申告することのほかに、出生した子が自己の子であることを父として承認し、その旨申告する意思の表示が含まれており、右各届が戸籍事務管掌者によって受理された以上は、これに認知届の効力を認めて差支えないと考えられるからである。」

解説 出生の届出は、いわゆる報告的届出であるから、事実どおり行われなければならず、故意に事実と異なる届出を行っても虚偽の届出として無効であり、また刑事罰の対象となりうる（戸一三二条）。父が行った無効な出生届出に認知の効力を認めるべきかにつき、本判決はいずれの届出も戸籍事務管掌者によって受理された以上、認知届としての効力を認めるべきものとした。つまり、本判決は要式性の枠を越えて無効な出生の届出に任意認知の届出としての効力を認めた。これはいわゆる無効行為の転換の理論がその基礎にあるといわれる。すなわち、無効な法律行為であっても、他の法律行為として評価し直すことが、当事者の法的保護に資すると考えられる場合、他の法律行為としての有効性が認められうる（河上四二二頁）。しかし、虚偽の嫡出子出生届出に養子縁組届出の効力を付与することにつき、最高裁は一貫して否定している（最2判昭和25・12・28民集四巻一三号七〇一頁、最3判平成9・3・11家月四九巻一〇号五五頁等）。異なる扱いをする理由としては、未成年養子に関する家庭裁判所の許可が潜脱されることへの配慮があるが、任意認知は事実的に存在する父子関係を法的に承認するものであり、新たな親子関係を形成することに向けられた行為である養子縁組とは異なる点に大きな意味がある。

▼**評釈**——岩志和一郎・家族百26

現存利益と生活費の返還

107 大判昭和7・10・26民集一一巻一九二〇頁

関連条文 一二一条

生活費等の出費の節約は、121条にいう「現存利益」に含まれるか。

事実　Xは未成年者Yに対し、四〇〇〇円を貸し付け、Y所有の不動産に抵当権の設定を受けた。ところが、上記貸借はYの親権者Aが親族会の同意を得ずにYに代わって行ったものであったため、Yがこれを取り消した。Yは受領した四〇〇〇円を利用して既存債務の弁済並びに生活費に費消した。そこで、Xは、Yに対し四〇〇〇円の返還を求めて提訴した。原審はXの請求を認めた。Y上告。

裁判所の見解　上告棄却。裁判所は、Yは受領した金銭を自らの債務を弁済したり生活費に充てたりしたため、一二一条によって、Xに返還すべきものと判断した。その理由は、「無能力者の負担する債務又は生活費はその財産を以て弁済または支弁することを要するものなれば、之に必要なる資金を自己の財産より支出することなく、取消し得べき法律行為に因り受領せし金員を之に充てたるときは、無能力者の財産はその範囲に於て減少すべきかりしもの減少せずして尚存在するものにして、無能力者は現にその利益を受け居れるものと謂ふを得べければなり」とされた。

解説　法律行為が取り消された場合、行為は初めから無効であったものとみなされ、相手方から受け取ったものを返還する義務が生じる。ただし、制限行為能力者の返還義務の範囲は、現に利益を受けている限度（現存利益）に軽減される。問題は「現存利益」とは何かである。判例は、売買代金を生活費に充てた場合（大判大正5・6・10民録二二号一一四九頁）、反対給付した目的物の返還のために訴訟費用および弁護士費用として支出した場合（大判昭和5・10・23民集九巻九九三頁）について、現存利益ありとして、返還義務を認めた。本判決は、これらの判例を踏襲し、自己の財産から支出すべきものを支出しなくて済んだ場合は利益が現存していることを理由に、債務弁済や生活費に充てた部分につき返還範囲に含まれると判断した。また、一二一条は制限行為能力者が悪意であっても、「現に利益を受けている限度」の返還でよいと理解される。従って、制限行為能力者が制限行為能力を理由に取り消す場合には、不当利得の返還義務を定める七〇四条の適用がないことに留意すべきである。

▼**評釈**――潮見佳男・百選Ⅰ（五版新法対応補正版）39

履行の受領と法定追認

108 大判昭和8・4・28大判民集一二巻一〇四〇頁

関連条文 一二五条

履行の受領は、法定追認の事由といえるか。

事実 Xの先代X'が、大正二年五月四日、当時未成年者であったYが所有する本件土地を、Yの法定代理人A（Yの母）から買受けたことにつき、X'の死亡（昭和二年八月）により家督相続をしたXが、Yに対し右売買を原因とする所有権移転登記手続を訴求したところ、Yは、右売買契約の成立を否認したほか、仮に右契約が成立したとしても、当時Yは未成年者であり、Aは右契約につき親族会の同意を得ていないことを理由に（参照、明治民法八八六条第三号、同八八七条）、右契約を取り消す旨を抗弁した。原審は、右売買契約の成立、および、Yが大正四年七月九日に成年に達したのち、同年一二月二四日、右売買代金の内金四円をX'より受領した事実を認定して、YはX'に対し右売買行為を追認したものというべきである旨を判示した。Yは上告し、金四円の受領をもってただちに追認の推定をなす原判決の誤り等を主張した。

裁判所の見解 上告棄却。「民法第百二十五条第一号に所謂全部又は一部の履行とは、取消権者が債務者として履行を為したる場合は勿論、債権者として履行を受けたる場合をも指称する法意なりと解するを相当とす。蓋し、債権者が債務者に対して債務の履行を請求するとその履行を受くるとは、之に拠りてその債務発生原因たる行為の効果を自認する点に於て敢て逕庭なきを以て、履行の請求は同条第二号に依り追認と看做さるるも、履行の受領は同条第一号に包含せられずして追認と看做されずと為すは衡平を失したる不当の解釈なりと謂うべければなり。」

解説 一二五条は、取り消すことができる行為につき六種の事実があった場合には、取消権者が特に異議をとどめたときを除き、「常に追認の意思あるものと認定せり」（梅二六九頁）。相手方保護、取引安定の要請であり、法定追認とされる。その各号の具体的な場合につき、民法制定時は、「本条第一号及び第四号の場合は取消権者がその取消し得べき行為に因りて債務を負いたる場合に関し第二号及び第五号は債権を取得したる場合に関し第三号及び第六号は債務者と為れる場合と債権者と為れる場合とに通ずるものなり」（梅同頁）とされた。第二号「履行の請求」はもっぱら取消権者による請求を指す（大判明治39・5・17民録一二輯八三七頁）。その後学説は、本判決が扱う第一号「全部又は一部の履行」と同様に、第四号「担保の供与」につき、取消権者が債権者として担保供与を受けた場合をも指すとし、また第六号「強制執行」が取消権者が債務者として強制執行を受けた場合をも指すかにつき、議論を重ねる（参照、河上四二八頁、判例民法1・三五二頁）。

▼**評釈**――山田晟・法協五二巻四号

無権代理行為の追認と法定追認

109 最2判昭54・12・14判時九五三号五六頁

関連条文 一一三条・一二五条

無権代理行為の追認に一二五条は類推適用されるか。

事実 本件土地（山林）は、A、B及びYの共有に属していたところ、事業資金に窮したAは、Yの同意を得ずに、売主兼、B及びYの代理人と称して、昭和四四年九月一〇日、本件土地全部を、代金八〇〇万円、手付金二〇〇万円、残代金完済と引換えに所有権移転登記手続を行う旨の約定により、Xに売却してしまった。Xは、同年一〇月三日までにAに代金を完済したが、Yが応じないため、本件土地に対するYの共有持分につき、右売買を原因とする持分全部移転登記手続を訴求した。Xは、その請求原因として、右売買につきYからAに代理権の授与があったこと、仮に右売買がAの無権代理行為であるとしても、右売買後におけるYの事情（本件土地の代金から一〇〇万円がAによりY名義の預金口座に入金され、約六ヶ月間保有されていた事実等。）が追認と評価されること等を主張した。原審は、代理権授与を認めず、また、売買後のYの事情は追認とは認められない旨を判示した。Xは上告し、民法一二五条の法定追認の法意は無権代理行為に当然類推適用されて然るべきこと等を主張した。

裁判所の見解 上告棄却。「取り消しうべき行為についての法定追認を定めた民法一二五条の規定は、無権代理行為の追認には類推適用されないと解するのが相当である。」

解説 無権代理行為の追認は、本人に効果が帰属しないのが原則である無権代理行為につき、「代理権の欠缺を補充」し（大判大正3・2・24民録二〇輯一〇七頁）、例外的に自己への効果帰属を確定させる本人の意思表示であり、その方法は明示的であると黙示的であるとを問わない（大判大正3・10・3民録二〇輯七一五頁〔契約履行の訴求を追認の暗黙の意思表示と認める。〕）とされる。他方、取り消すことができる行為にかかる一二五条の規定（法定追認）は、六種の事実につき、取消権者の意思如何にかかわらず、「取消権の拋棄ありたるものと看做し取消権者が取消権の存することを知りたると否とを問わざる趣旨」（大判大正12・6・11大判民集二巻三九六頁）とされる。本件でXは、売買後のYの事情が「全部又は一部の履行」（同条第一号）に当る（参照、大判昭和8・4・28大判民集一二巻一〇四〇頁〔108判決〕）として、同条の類推適用を論じたが、本判決はこれを否定した。その論拠は明示されていないが、学説は一般に、無権代理行為と取り消すことができる行為との効果の異質性、無権代理行為の追認にあって本人の積極的意思を立証する必要性等から、本判決の立場を支持する（参照、四宮・能見二九二頁、河上四五六頁）。

▼**評釈**――遠田新一・判評二五九号、鎌田薫・法セ三一三号

仲介報酬契約と直接取引

110 最1判昭和39・1・23民集一八巻一号九九頁

関連条文 一二八条・一三〇条・七〇九条

条件の成就を故意に妨げたとされるのは、いかなる場合か。

事実 Xは、昭和三一年一月頃、YからYが所有する山林の売却斡旋の依頼を受け、両者間に、Xが右山林を代金一八〇万円で売れば金二〇万円、金二〇〇万円で売れば金三〇万円、それ以上で売れば金三〇万円とその超過額を、YはXに報酬として支払う旨のほか、XがかねてYに負担していた金一〇万円の借入金債務を免除する旨の停止条件付契約が締結された。Xはその後、同年九月一一日、Aとの間で右山林を代金三〇〇万円で売買する仮契約を結ぶに至ったが、他方、Yは自ら、同月二二日頃、右山林を他者Bに対し代金一六五万円で売却してしまった。原審において、Xは、Yが故意に停止条件の成就を妨げたとして、条件が成就したものとみなすことができると主張したほか、予備的に、不法行為にもとづく損害賠償を請求したが、いずれも認められなかった。X上告。

裁判所の見解 破棄差戻。本件事案に即し、「Xの前示斡旋事務の処理は、その事務の進行の程度如何にかかわらず、YのBに対する右の売却に因り履行不能に陥ったものと解すべきであ」り、本件「停止条件付契約を締結し右条件の存在することを熟知していたであろうYとしては、右条件の成就を妨げる故意がないものということはできない」と論じて、「YはXに対し報酬として少くとも金三〇万円の支払義務を免れないと同時に前示債務免除の特約もその効力を生じたものと云わざるを得ない」と結論づけた。また、別に、「YはXの有するいわゆる期待権を故意に侵害した不法行為の責を免れないものと云わなければならない」旨を判示した。

解説 条件付法律行為は、「既に拘束力を生じたるもの」(梅二八〇頁)であり、条件の成就により利益を受ける当事者には、条件成否未定の間もその利益に対する期待があり、右期待は独立の法的保護に値する(一二八条)。本判決は、期待権侵害による不法行為の成立が考えられることを明言した最初の最高裁判決とされる(後掲安倍二〇頁)。進んで一三〇条は、一二八条の原則を敷衍し、故意に条件の成就を妨げられた相手方保護のために、条件成就を擬制する。その故意とは、「条件の成就を妨くべき結果を来すことを知りて或行為を為したることを以て足り必しも条件の不成就より来る不利益を免るるの希望を以てすることを要せず」(大判大正9・10・1民録二六輯一四三七頁)とされ、本判決もこれに従う(他に最判昭和45・10・22民集二四巻一一号一五九九頁等)。なお、法定条件には、一三〇条の適用はない(最判昭和36・5・26民集一五巻五号一四〇四頁〔農地の売買〕)。

▼**評釈**――安倍正三・最判解昭和三九年度

かつらの特殊製法に関する和解契約違反

111 最3判平成6・5・31民集四八巻四号一〇二九頁

関連条文 一三〇条

条件の成就により利益を受ける者が故意に条件を成就させた場合、相手方は条件が成就していないものとみなしうるか。

事実 ともに著名なかつら業者であるX_1とYは、昭和五九年五月、櫛歯ピン付き部分かつら（以下「本件かつら」という。）の特許紛争につき、X_2（X_1の関連会社）らも交えて裁判上の和解をし、「Xらは本件かつらを製造販売しない」（第一項）、「Xらがこれに違反した場合には連帯してYに対し違約金一〇〇〇万円を支払う」（第二項）旨を約した。翌年三月、Yの指示の下に、A（Yの取引先関係者）は、通常の客を装いX_2の店舗に赴き、本件かつらと異なるピンを付着したかつらの購入を申し込んだ後、かつら本体の製作作業が進んだ段階で、さらにYの意を受けて、本件かつらでなければ解約すると強く申し入れ、X_2から本件かつらの引渡しを受けた。Yは、これにより、本件和解条項第二項の条件が成就したとして、Xらに対する執行文の付与を受けた。そこでXらが、右執行文付与に対する異議の訴えを提起した。原審は、YがAに本件かつらを購入させた行為は本件和解条項違反を誘発したものであり、Yが同第二項の条件の成就を主張することは信義則に照らして許されないと判示し、Xらの請求を認容した。Y上告。

裁判所の見解 上告棄却。「X_2がAに本件かつらを販売した行為が本件和解条項第一項に違反する行為に当たるものであることは否定できないけれども、Yは、単に本件和解条項違反行為の有無を調査ないし確認する範囲を超えて、Aを介して積極的にX_2を本件和解条項第一項に違反する行為をするよう誘引したものであって、これは、条件の成就によって利益を受ける当事者であるYが故意に条件を成就させたものというべきであるから、民法一三〇条の類推適用により、Xらは、本件和解条項第二項の条件が成就していないものとみなすことができると解するのが相当である。」

解説 条件付法律行為において、一三〇条の場合とは逆の、条件成就により利益を受ける者が故意に条件を成就させた場合につき、ドイツ民法等と異なり、わが民法には規定がない。この場合における相手方保護として、損害賠償で足りる旨の見解（富井五八八頁）もあるが、かねてより、学説では、条件成就の主張を封じるに止めず、同条の類推適用により条件不成就の擬制を帰結させるかが論議されてきた。本判決はこの点に関する初めての上告審判決である。その後の関連判決として、大阪地判平成21・3・3判時二〇四六号一〇〇頁、名古屋家岡崎支判平成23・10・27判タ一三七二号一九〇頁がある。

▼**評釈**――三村量一・最判解平成六年度、上野達也・百選Ⅰ39

条件の成否が債権者の意思のみに係る法律行為の効力

112 大判大正7・2・14民録二四輯二二一頁

関連条文 一三四条

債権者の意思のみに係る条件の付いた法律行為は有効か。

事実 XとYの間で、「YがXに大正四年九月三〇日までに金一千円を支払えば、Xは第三者Aに対する土地所有権移転登記手続請求事件の訴訟を取り下げる。同期日までに右金員全額の支払がない時は、Xは同訴訟を進行させ、Yはもはや金員の支払を要しない。」旨の契約が締結された。Yは同期日に内金二百円のみを支払い、残金の支払期限は同年一二月三〇日に延期されたが、Yはなお残金を支払わなかった。そこで、XがYに対し残金の支払を求めて提訴したところ、原審は、支払期限に残金の支払がなかったため当該契約は効力を失った旨を判示した。Xは上告し、一三四条を援用する。

裁判所の見解 上告棄却。原審「認定の事実を法律的に観察するときは、債権者が債務者をして或義務を負担せしめんと欲するには先づ債権者に於て一定の給付を為すことを必要とする事実、換言せば停止条件附法律行為の条件が単に債権者の意思のみに係る事実を認めたるものなるが故に、所論の如く民法第百三十四条の法則を援用して原判決を攻撃せんとするは全く原判旨に副わざるものなり。」

解説 条件の成否が当事者の一方の意思のみに係る「随意条件」のうち、債務者の意思のみに係る停止条件の付いた法律行為は無効とされる（一三四条）。そのような条件は「その行為をして全く拘束力を失わしむるもの」（梅二九三頁）であり、債務者に当該債務を引き受ける意思があるとは認定できないことによる。

しかし、具体的事例に即した当事者意思の解釈の結果として、条件が単に債務者の意思のみに係る停止条件付法律行為にはあたらないと判断された裁判例は多い（土地売買に関する東京控判大正14・6・12新聞二四四四号一〇頁、鉱業権売買に関する最2判昭和31・4・6民集一〇巻四号三四二頁、等）。反対に、債務者の意思のみに係る解除条件の付いた法律行為は無効とされない（解雇による転貸借契約の終了事例を扱う最1判昭和35・5・19民集一四巻七号一一四五頁）。

では、本件のように、条件の成否が債権者の意思のみに係る法律行為はどうか。停止条件であれ解除条件であれ、当事者の当該効果意思の存在が認定できる以上、その条件付法律行為を無効とすべき理由はない（参照、梅二九二頁）。

なお、第三者のためにする契約における第三者の受益の意思表示（五三七条二項）の法的性質は、債権者の意思のみがその条件とされる場合の一類型とみてよい（金山正信・注民第四巻三八五頁）。

▼**評釈**——昭和31年判決につき、青山義武・最判解昭和三一年度、村上淳一・法協七四巻三号

出世払い債務の性質

113 大判大正4・3・24民録二一輯四三九頁

関連条文　一二七条・一三五条・一六六条

①出世払債務の性質は条件付か期限付か。②不確定期限付債権の消滅時効の起算点をどう考えるか。

事実　XはYに金六〇円を「Y出世の時に履行すべき旨」を定めて貸し付けた（貸借期日は不明）。その後、Yは、明治三二年に約二五〇円、翌三三年には約百円を費出して自宅の改築・修繕をなす等、同年中には、「既に債務を弁済してなお多少の余裕ある生計を営むに足る財産状態」に達した。しかし、後日ようやくYの右財産状態を知るに至ったXが、Yに貸金の返済を請求したところ応じないため、本訴に及んだ。原審は、本件出世払債務は不確定期限を付したものであり、Y出世の時より、Xの知不知を問わず消滅時効は進行し、明治四三年末日には時効が完成した旨を判示した。Xは上告し、本件出世払債務は停止条件付であり、期限付としても、過失なくその事実の到来を知らない以上、時効は完成しないと主張した。

裁判所の見解　上告棄却。本件出世払債務は、「原判決認定の如く出世なる事実の到来に因りて債務の効力発生するものに非ずして、既に発生したる債務の履行を之に因りて制限し債務者出世の時に至りその履行を為すべきものなるに於ては、その債務は不確定期限を付したるものと謂ふ可きである。また、「債権の消滅時効は債権者が権利を行使し得べき時よりその進行を始むるものにして、不確定期限の債務と雖もその到来の時より債権者は弁済を請求し得べく之と同時に消滅時効は当然進行すべく、債権者が期限の到来を知ると否と又その過失の有無を問ふことを要せざるものとす。」

解説　法律行為の付款として、条件と不確定期限をどのように区別して論じるか。判例は、「条件は法律行為の効力の発生若くは消滅を不確定なる事実の到来に繫らしむるものなるに反し、期限は法律行為の効力たる債務に付きその履行を猶予するものなれば、到来することの確定せざる事実と雖も当事者がその事実の到来すべき時迄既に存在する債務の履行を猶予すべきことを約し、その事実到来せざること確定することあるも猶ほ之を履行せんとするの意思を有するものと認め得るときは条件を約したるものにあら」ず、不確定期限とする（大判大正9・4・22民録二六輯五五七頁）。出世払債務も、当事者意思の解釈として、通例、弁済期の猶予に止まり、「出世」不能が確定した時にも期限が到来する趣旨とされる（四宮・能見三一四頁、河上五〇五頁。反対、金山正信・注民第四巻三一七頁）。

他に、不確定期限付売買契約と認定判断された事例として、最2判昭和43・9・20判時五三五号四三頁がある。

▼**評釈**——安井宏・判プラⅠ149

時効の援用権者・直接利益を受ける者

114 大判明治43・1・25民録一六輯二二頁

関連条文 一四五条

①時効の援用権者であるための基準は何か。②抵当不動産の第三取得者は抵当権の被担保債権の消滅時効を援用することができるか。

事実 概要は次のようである。Xは、YのAに対する債権を担保するためAが抵当権を設定した甲不動産をAから取得した者（抵当不動産の第三取得者）である。Yが抵当権を実行し競売を申し立てたので、Xは抵当権の被担保債権の消滅時効を援用し競売異議の訴えを提起した。原審はXの請求を認容。Y上告。

裁判所の見解 破毀差戻。一四五条の「所謂当事者とは、時効に因り直接に利益を受くべき者、即取得時効に因り権利を取得し又は消滅時効に因りて権利の制限若くは義務を免るる者を指称す。故に、時効に因り間接に利益を受くる者は所謂当事者に非ず。若し此の如き者も独立して時効を援用するを得るとせんか、直接に利益を受くる者、例えば債務者は時効の利益を受くるを欲せずして時効を援用せず、若くは之を拋棄したるが為め債務の弁済を命ぜられたるに拘らず、間接に利益を受くる者、例えば抵当権を設定したる第三者は時効を援用して抵当権の行使を免るるを得べく、債権者は主たる債権を有しながら従たる抵当権を失うが如き不合理なる結果を見るに至るべし。」「Xは係争債権を担保する抵当権の目的物たる不動産の第三取得者たるに過ぎざれば、抵当債権の消滅時効に罹りたるが為め直接に利益を受くべきに非ず。抵当権消滅するときはその取得したる不動産上に存する抵当権消滅するの結果、その所有権安固となるの利益は之を受くべしと雖も、その利益たる時効の直接の効果に非ざれば、抵当権の消滅時効を援用し得べき当事者と謂う可らざるや論を俟たず。」

解説 本判決は、一四五条の「当事者」に当たる者の範囲、すなわち、時効援用権者の範囲に関するリーディングケースである。本判決は、この「当事者」とは、時効により直接利益を受ける者であり、抵当不動産の第三取得者、物上保証人（傍論）は時効により直接利益を受ける者ではないとした。もし直接に利益を受ける者（債権者）が時効の利益を受けることを欲しないのに間接に利益を受ける者（抵当不動産の第三取得者、物上保証人）が独立して時効を援用することができるとすると、債権者は主たる債権を有しながら従たる抵当権を失うという不合理な結果になるとの理由による。学説は、これでは援用権者の範囲が狭すぎるとして反対し、本判決はのちに変更されたが（物上保証人につき117判決、抵当不動産の第三取得者につき120判決）、時効の援用権者は「直接利益を受ける者」に限られるという一般的な判断基準は、その後も大審院・最高裁の考え方として堅持され現在に至っている。

連帯保証人と時効の援用

115 大判昭和7・6・21民集一一巻一一八六頁

関連条文 一四五条

①連帯保証人は、主たる債務の消滅時効を援用することができるか。②連帯保証人は、自己の債務について承認をし又は時効の利益を放棄した場合でも、主たる債務の消滅時効を援用できるか。

事実 XはAに対し、Yを連帯保証人とする売買代金債権（一八八五円九三銭）を有しているが、Aは二五〇円を支払ったのみであった。そこで、XはYに対して残金の支払を求めて訴えを提起したところ、Yは主たる債務の消滅時効を援用した。これに対しXは、Yは主たる債務の消滅時効完成後に自己の連帯保証債務を承認し、支払いの延期を懇請しているので、自己の連帯保証債務の消滅時効の利益を放棄したことになり、もはや主たる債務の消滅時効を援用することもできなくなると主張した。原審はXの請求を棄却。X上告。

裁判所の見解 上告棄却。「保証人が主たる債務者と連帯して債務を負担したるときと雖、尚保証債務の特有たる主たる債務に附従する性質を失はざるを以て、主たる債務が消滅したるときは保証債務も亦消滅に帰するものと云はざる可らず。然り而して保証人は主たる債務者の債務が時効に因り消滅したることを主張することを得るは夙に本院判例の認むるところなるにより、本件の如き主たる債務者と連帯して保証債務を負担したるYも亦自己債務に対する消滅時効が中断せられ若は時効の利益を拋棄したるときと雖、主たる債務者の債務が時効に因り消滅したることを主張するを妨げざると同時に、叙上の如き事実ありたればとて単に此の一事に依りYに於て主たる債務が時効に因り消滅したることを主張するの意思なきものと云うを得ず。」

解説 本判決は、保証人について（大判大正4・12・11民録二一輯二〇五一頁等）と同じく、連帯保証人についても主たる債務の消滅時効を援用できるとした。また、連帯保証人は、自己の債務の消滅時効が「承認」（一四七条三号）により中断し（請求の場合は主たる債務も中断する〔四五八条→四三四条〕）、あるいはその時効の利益を放棄しても、「此の一事に依り……主たる債務が時効に因り消滅したることを主張するの意思なきものと云うを得ず」との理由から、主たる債務の消滅時効を援用できるとした。これは、連帯保証債務を承認し、あるいはその債務の時効の利益を放棄した連帯保証人が主たる債務の消滅時効を援用できるかどうかは、その承認あるいは時効利益の放棄が主たる債務の時効援用権の放棄を含むか否かの意思解釈の問題であるとし、Yの連帯保証債務の承認は主たる債務の時効消滅を主張する意思のないものであるとはいえないとしてXの主張を排斥したものである。

▼**評釈**――吾妻光俊・法協五一巻二号

裁判外の時効の援用と時効の効果の確定

116 大判昭和10・12・24民集一四巻二〇九六頁

関連条文 一四五条

①裁判外の時効の援用は認められるか。②時効の利益を直接受ける者が時効を援用すると、時効の効果は確定するか。

事実　未成年者Aの親権者YはAの法定代理人として本件山林の立木をBに売却したところ、Xが本件山林は自己の所有するものであるとしてYに対し不法行為に基づく損害賠償を請求した。これに対し、Yは、本件山林はAの所有する甲地であり、仮にXの所有する乙地にあたるとしてもAが二〇年の取得時効（一六二条一項）により取得しているので本件売却は不法行為にならないと主張した。原審は、本件山林はXの所有する乙地にあたるとした上で、Yの時効の抗弁については、「未成年者の親権者と雖も、親権者自身が訴訟の当事者なる場合に於て専ら親権者個人の利益の為め未成年者の時効を援用することは、親権者が民法第一四五条の当事者に該当せず、従て時効援用の適格なき点より見て到底許されざるものと解すべきであるとして、Xの請求を認容した。Y上告。

裁判所の見解　一部破毀差戻。「裁判所が時効に依りて裁判を為すには、当該訴訟に於て直接時効当事者たる者の援用あることを要すと謂うが如き厳格なる解釈を採らんか。永続せる事実状態に信頼し之を基礎として建設せられたる多数の法律関係を保護せんとする取得時効制度の主要なる理由は大半没却せられ、而も右時効に関する限り大多数の場合に於て裁判所は実際の権利関係を無視して裁判を為さざるべからざるに至らん。〔略〕。されば、少くとも取得時効に付ては直接時効の利益を享くる者は裁判上たると裁判外たるとを問はず何時にても之が採用を為すを得べく、一旦その援用ありたる時は茲に時効による権利の取得は確定不動のものとなり、爾後は契約その他の法律事実と同く何人と雖訴訟に於て之が主張を為し得るものと解せざるべからず。」として、Aの取得時効完成の有無、Yが裁判上又は裁判外でXにAの取得時効を援用したかどうかを審理させるため原審に差戻した。

解説　大審院は、消滅時効の完成により権利は消滅し（大判明治38・11・25民録一一輯一五八八頁）、時効の援用は訴訟上の防御方法にすぎないとしていた（大判大正8・7・4民録二五輯一二一五頁）。これに対し、本判決は、少なくとも取得時効については、時効の援用は裁判外でもよく、時効の援用により時効の効果が確定するとした。時効の援用により時効の効果が確定するという本判決の考え方（停止条件説）は、のちに、最2判昭和61・3・17民集四〇巻二号四二〇頁（122判決参照）で示されることになる。時効援用の性質、時効の援用と時効の効果の発生については、学説上大いに議論のあるところである。

▼**評釈**――吾妻光俊・法協五四巻五号

物上保証人による時効の援用、放棄の相対効

117 最2判昭和42・10・27民集二一巻八号二一一〇頁

関連条文　一四五条

①物上保証人は被担保債権の消滅時効を援用できるか。②被担保債務者が時効の利益を放棄しても、物上保証人は被担保債権の消滅時効を援用できるか。

事実　Aは弟Bが代表取締役をしているC会社に貸金をし、その担保として、B所有の本件土地家屋につき、いわゆる弱い譲渡担保（処分清算型）が設定された。Aの相続人X_1らはBの相続人Y_1らに対して右不動産の所有権移転登記手続きを求めて訴えを提起した。原審において、Y_1らは、物上保証人としてCの債務の消滅時効（五年）を援用した。X_1らは、仮に時効が完成したとしても、C会社の承継人D会社が右債務を承認し、時効の利益を放棄していると争った。原審は、Bは質権又は抵当権を設定したものではないから物上保証人ではなく、また、自ら債務を負担したものでもないから、被担保債権の時効消滅により直接利益を受ける者ではないとしてY_1らの時効援用を認めず、X_1らの請求を認容した。Y_1ら上告。

裁判所の見解　破棄自判。「時効は当事者でなければこれを援用しえないことは、民法一四五条の規定により明らかであるが、右規定の趣旨は、消滅時効についていえば、時効を援用しうる者を権利の時効消滅により直接利益を受ける者に限定したものと解されるところ、他人の債務のために自己の所有物件につき質権または抵当権を設定したいわゆる物上保証人も被担保債権の消滅によって直接利益を受ける者というを妨げないから、同条にいう当事者にあたるものと解するのが相当であり、これと見解を異にする大審院判例（大判明治43・1・25民録一六輯二二頁）は変更すべきものである。Bは、他人の債務のためその所有不動産を担保に供した者であって、被担保債権の消滅によって利益を受けるものである点において、物上保証人となんら異るものではないから、同様に当事者として被担保債権の消滅時効を援用しうるものと解するのが相当である。」「時効の利益の放棄の効果は相対的であり、被担保債権の消滅時効完成の利益を債務者が放棄しても、その効果は物上保証人……に影響を及ぼすものではない。」

解説　本判決は、自己所有の財産を他人の債務の担保に供する物上保証人（本件は譲渡担保の事案であるが、抵当権の事案については最1判昭和43・9・26民集二二巻九号二〇〇二頁〔118判決〕参照）は被担保債権の消滅時効を援用できる「当事者」（一四五条）であるとして判例（114判決）を変更し、「当事者」の具体的な範囲を広げた。また、時効利益の放棄の効果は相対的なものであることを明らかにした判決としても重要である。

▼評釈――舟橋諄一・昭和四二年重判（民1）、星野英一・法協八五巻一〇号

時効援用権の代位行使

118 最1判昭和43・9・26民集二二巻九号二〇〇二頁

関連条文 一四五条

後順位抵当権者は、物上保証である先順位抵当権の被担保債権の消滅時効を債権者代位権により行使できるか。

事実 A所有の本件不動産について、YのBに対する甲債権（一〇五万余円）を担保する一番抵当権の仮登記があり、XのAに対する乙債権（三〇万円）を担保する二番抵当権の登記がある。XはさらにAに対し丙債権（一〇〇万円の無担保債権）を有している。Xは乙債権に基づいて任意競売を申し立て、ついで丙債権に基づいて強制競売を申し立てた。しかし、競落代金は一四一万余円であったため、支払表によればXにはわずか三万円弱が乙債権に割当てられただけであった。そこで、Xは、配当期日に、Yの債権の消滅時効を債権者代位権によりAに代位して援用し、配当異議の訴えを提起した。原審は、XやAは時効により直接利益を受ける者ではないとしてXの請求を棄却した。X上告。

裁判所の見解 破棄差戻。物上保証人は被担保債権の消滅時効を援用できるとして最2判昭和42・10・27民集二一巻八号二一一〇頁（117判決）を援用したうえで、「金銭債権の債権者は、その債務者が、他の債権者に対して負担する債務、または前記のように他人の債務のために物上保証人となつている場合にその被担保債権について、その消滅時効を援用しうる地位にあるのにこれを援用しないときは、債務者の資力が自己の債権の弁済を受けるについて十分でない事情にあるかぎり、その債権を保全するに必要な限度で、民法四二三条一項本文の規定により、債務者に代位して他の債権者に対する債務の消滅時効を援用することが許されるものと解するのが相当である。」とした。

解説 最2判昭和42・10・27民集二一巻八号二一一〇頁（117判決）に続き、本判決も物上保証人は被担保債権の消滅時効を援用できるとした。さらに、本判決は、債権者は債務者が無資力であれば債務者に代位して他の債権者に対する債務の消滅時効を援用できるとした。学説には本判決に反対するものも少なくない（本判決にも一名の反対意見がある）①援用するか否かは債務者の自由であるのに、援用権が代位行使されるとその効果は債務者にも及ぶこととなるので、援用権は代位行使に親しまない、②代位行使する債権者の債権も時効にかかっていた場合には代位行使の早いもの勝ちになってしまう、などの理由による。このように、本問題は、一四五条および債権者代位権制度の趣旨と、債権者間の公平をどう考えるかなどが絡まった難しい問題である。

▼**評釈**――岡本坦・百選Ⅰ（一版）42、中馬義直・百選Ⅱ（一版）17、星野英一・法協八六巻一一号

建物賃借人による敷地の時効取得の援用

119 最3判昭和44・7・15民集二三巻八号一五二〇頁

関連条文 一四五条

建物賃借人は、建物賃貸人による土地所有権の取得時効を援用することができるか。

事実 Xは本件土地の所有者であり、Y_1らは、A所有の本件建物に居住しその敷地である本件土地を占有している。そこで、XはY_1らに対し、本件建物から退去して本件土地を明け渡すよう求めて訴えを提起した。これに対し、Y_1らは、本件土地の所有権を時効取得した者ないしその承継人であるAから本件建物を賃借している者であるとして本件土地の取得時効を援用した。原審は、「時効の援用をなしうる者は、時効の完成によつて直接に利益を受ける者で、取得時効においては権利を取得する者に限られる」としてY_1らの取得時効の援用を認めず、Xの請求を認容した。Y_1らが上告。

裁判所の見解 上告棄却。「民法一四五条は、時効の援用権者は当事者である旨を規定している。しかるに、本件についてみるに、Y_1らの主張によれば、Y_1らは、本件係争土地の所有権を時効取得すべき者またはその承継人から、右土地上に同人らが所有する本件建物を賃借しているにすぎない、というのである。されば、Y_1らは、右土地の取得時効の完成によつて直接利益を受ける者ではないから、右土地の所有権の取得時効を援用することはできない。」

解説 本判決は、時効を援用できる「当事者」（一四五条）とは時効により直接利益を受ける者であるとの大審院（大判明治43・1・25民録一六輯二二頁〔114判決〕）以来の一般的基準を前提に、建物賃借人は、建物賃貸人の敷地についての取得時効の完成によって直接時効の利益を受ける者ではないとして敷地所有権の時効援用を否定した。学説の多くは、判決の結論には賛成する。学説には、一般的基準には批判的であるが、本判例がいう時効援用権者の一般的基準には批判的であるが、本判決の結論には賛成する。学説には、AはY_1らに本件建物の賃借権を確定的に取得させる義務があり、Aが取得時効を援用すればその義務を果たせるのであるから、Aが援用しないときはY_1らに援用権を認めるべきであるとするものもある。

やや類似の事案に関するものとして、土地の使用借主が貸主のその土地に対する所有権の取得時効を援用できるかについてはこれを否定する裁判例（前橋地判昭和43・10・8判時五六一号六五頁）がある。土地の賃借人は貸主のその土地に対する所有権の取得時効を援用できるかについては、裁判例は分かれている（東京地判昭和45・12・19判時六三〇号七二頁は肯定し、その上告審の東京高判昭和47・2・28判時六六二号四七頁は否定するが、東京地判平成元・6・30判時一三四三号四九頁は肯定する）。

▼評釈――金山正信・民商六二巻六号、椿寿夫・法セ一七三号

抵当不動産の第三取得者と消滅時効の援用

120 最2判昭和48・12・14民集二七巻一一号一五八六頁

関連条文 一四五条

抵当不動産の第三取得者は抵当権の被担保債権の消滅時効を援用することができるか。その際の判断基準はどのようなものか。

事　実　A会社は昭和三三年、Y会社から二〇〇万円を借り受け、その担保としてA会社所有の本件不動産に抵当権を設定し、その登記を経由した。その後、A会社から本件不動産を代物弁済により取得したXはYに対し、被担保債権の消滅時効（五年〔商五二二条〕）を援用し、抵当権設定登記の抹消登記手続を求めて訴えを提起した。原審は、「抵当不動産の第三取得者は、抵当債権の消滅に伴い抵当権が消滅する結果その所有権が安固となる利益を受けるが、その利益は債権消滅の時効の直接の効果ではない」から、Xは時効を援用できる当事者には該当しないとしてXの請求を棄却した。X上告。

裁判所の見解　破棄差戻。「民法一四五条の規定により消滅時効を援用しうる者は、権利の消滅により直接利益を受ける者に限定されると解すべきであるところ……、抵当権が設定され、かつその登記の存する不動産の譲渡を受けた第三者は、当該抵当権の被担保債権が消滅すれば抵当権の消滅を主張しうる関係にあるから、抵当債権の消滅により直接利益を受ける者にあたると解するのが相当であり、これと見解を異にする大審院明治……四三年一月二五日判決・民録一六輯一巻二二頁の判例は変更すべきものである。」

解　説　大判明治43・1・25民録一六輯二二頁（114判決）は、一四五条の「当事者」とは時効により直接利益を受ける者であるとして、物上保証人や抵当不動産の第三取得者は被担保債権の消滅時効により間接に利益を受ける者であるからこれを援用することはできないとした。しかし、この判例は、物上保証人については最2判昭和42・10・27民集二一巻八号二一一〇頁（117判決）により、抵当不動産の第三取得者については本判決により変更された。「大審院・最高裁を通じて『直接』性という判断基準を堅持しながら、その中身が正反対に異なり、かつては『直接』でなかったものが今では『直接』だといわれる、それも社会状勢の変化が背景にあるとでもいうならともかく、そうではないのに、がらりと態度を一変するのはあまり感心したこととは思えない。とりわけ法律の素人はどう受け取るであろうか。いかにも御都合主義、法律の解釈なるものはずいぶんいい加減なものだという感を抱くのではあるまいか。」（最3判昭和60・11・26〔121判決〕の米倉評釈二〇九一頁）との痛烈な批判は、時効援用権者の範囲の基準の難しさを示しているといえよう。

▼**評釈**――野村豊弘・法協九二巻九号

仮登記担保不動産の第三取得者と消滅時効の援用

121 最3判昭和60・11・26民集三九巻七号一七〇一頁

関連条文 一四五条

仮登記担保権の設定された不動産の第三取得者は、当該仮登記担保権の被担保債権の消滅時効を援用することができるか。

事　実　Aは、Xに対する五八〇万余円の債務の担保として自己所有の本件不動産につき代物弁済の予約を結び、その旨の仮登記を経由したが、分割弁済の第一回目の約定期日に弁済せず期限の利益を失った（債務全額について履行期到来）。その後、Aは本件不動産をY_1らに譲渡し所有権移転登記および引渡しを了していたので、Xは、被担保債権の履行期から一八年後、Aに対し右代物弁済の予約を完結する意思表示をし、Y_1らに対し右仮登記に基づく所有権移転本登記手続きをすることの承諾（不登法旧一〇五条〔現一〇九条〕参照）および右不動産の明渡しを求めて訴えを提起した。これに対しY_1らは、被担保債権および予約完結権の消滅時効を援用したうえ、本件不動産の所有権に基づいて、本件仮登記の抹消登記手続きを求める反訴を提起した。原審は、Yの主張を認め、本訴請求を棄却、反訴請求を認容した。X上告。

裁判所の見解　上告棄却。「民法一四五条所定の当事者として消滅時効を援用しうる者は、権利の消滅により直接利益を受ける者に限定されるところ、所有権移転予約形式の仮登記担保権が設定された不動産の譲渡を受けた第三者は、当該仮登記担保権の被担保債権の消滅によって直接利益を受ける者というを妨げないから、右不動産によって担保された債権の債務者でなくても、その消滅時効を援用することが許されるものと解すべきである（最高裁昭和……四八年一二月一四日第二小法廷判決民集二七巻一一号一五八六頁参照）。」

解　説　大判明治43・1・25民録一六輯二二頁（114判決）は、一四五条の「当事者」とは時効により直接利益を受ける者に限られるので抵当不動産の第三取得者は被担保債権の消滅時効を援用できないとした。本判決は、この基準を維持しつつも右判例を変更した最2判昭和48・12・14民集二七巻一一号一五八六頁（120判決）を援用して、仮登記担保権の設定された不動産の第三取得者は当該仮登記担保権の被担保債権の消滅時効を援用できるとした。これは、担保不動産の第三取得者を担保付という負担から解放するのが妥当であるとの考え方を示すものであり、売買予約に基づく所有権移転請求権保全の仮登記がなされた不動産の第三取得者は予約完結権の消滅時効を援用できるとする最1判平成4・3・19民集四六巻三号二二二頁（123判決）に繋がっていくこととなる。

▼**評釈**――松久三四彦・判評三三二号、米倉明・法協一〇七巻一二号

時効の効果に関する停止条件説

122 最2判昭和61・3・17民集四〇巻二号四二〇頁

関連条文 一四五条

時効の援用と時効の効果発生との関係

事実 Aは昭和三一年に本件土地（当時は農地）をBに売却し所有権移転請求権保全仮登記がなされた。Bは昭和四三年に本件売買契約上の買主たる地位をCに譲渡し、本件仮登記につき所有権移転請求権移転の付記登記がなされた。Aの相続人X_1らは、BのX_1らに対する農地法三条の知事に対する許可申請協力請求権は本件売買契約の成立から一〇年の消滅時効により消滅したため、本件土地の所有権はX_1らに帰属することが確定したとして、Bに対して本件仮登記の抹消登記手続を、Cに対し本件付記登記の抹消登記手続および本件土地の明渡しを求めて訴えを提起した（訴訟係属中にY_1らがCを相続）。これに対しY_1らは、本件土地の現況は非農地なので農地法三条の許可を要せずに所有権移転の効力が生じているなどと主張して、本件付記登記に基づく本登記手続を求める反訴を提起した。原審は、X_1らの請求を認容しY_1らの反訴請求を棄却した。Y_1ら上告。

裁判所の見解 破棄差戻。「民法一六七条一項は「債権は十年間之を行はざるに因りて消滅す」と規定しているが、他方、同法一四五条及び一四六条は、時効による権利消滅の効果は当事者の意思をも顧慮して生じさせることとしていることが明らかであるから、時効による債権消滅の効果は、時効期間の経過とともに確定的に生ずるものではなく、時効が援用されたときにはじめて確定的に生ずるものと解するのが相当であり、農地の買主が売主に対して有する県知事に対する許可申請協力請求権の時効による消滅の効果も、……売主が右請求権についての時効を援用したときにはじめて確定的に生ずるものというべきであるから、右時効の援用がされるまでの間に当該農地が非農地化したときには、その時点において、右農地の売買契約は当然に効力を生じ、買主にその所有権が移転するものと解すべきであ」る。

解説 時効の効果の発生時点については、時効完成により確定的に生ずるとの考え方（確定効果説）と、援用を停止条件的なものないし要件として発生するとの考え方（不確定効果説）がある。大審院判決には確定効果説をとるもの（大判明治38・11・25民録一一輯一五八一頁、大判大正8・7・4民録二五輯一二一五頁）と不確定効果説をとるもの（大判昭和10・12・24民集一四巻二〇九六頁〔116判決〕）があったが、本判決は、時効一般の通則である一四五条・一四六条が当事者の意思をも顧慮していることを理由に、今日の通説である不確定効果説（停止条件説ないし要件説）をとることを最高裁として初めて判示したものである。

▼評釈——松久三四彦・百選Ⅰ40

売買予約のある不動産の第三取得者と消滅時効の援用

123 最1判平成4・3・19民集四六巻三号二二二頁

関連条文 一四五条

売買予約に基づく所有権移転請求権保全の仮登記がなされた不動産の第三取得者は、予約完結権の消滅時効を援用できるか。

事実 AはBに対し、昭和三一年、五万円を貸付け、この貸金債権を担保するため、B所有の本件土地につき売買予約をし、その旨の所有権保全仮登記を経た。この予約完結権を昭和五九年に譲り受けたXは、右仮登記の移転登記を経たうえ、Bに対して右売買予約を完結する旨の意思表示をし、右仮登記後に本件土地の所有権移転登記を経由したY_1ら（共有）に対し、仮登記に基づく本登記手続することの承諾を求めて本訴を提起した。これに対し、Y_1らは本件予約完結権の一〇年の時効消滅などを主張し、Xに対し本件仮登記の抹消登記手続を求める反訴を提起した。原審は、Xの本訴請求を棄却し、Y_1らの反訴請求を認容した。X上告。

裁判所の見解 上告棄却。「民法一四五条にいう当事者として消滅時効を援用し得る者は、権利の消滅により直接利益を受ける者に限定されるところ、売買予約に基づく所有権移転請求権保全仮登記の経由された不動産につき所有権を取得してその旨の所有権移転登記を経由した者は、予約完結権が行使されると、いわゆる仮登記の順位保全効により、仮登記に基づく所有権移転の本登記手続につき承諾義務を負い、結局は所有権移転登記を抹消される関係にあり（不動産登記法一〇五条、一四六条一項）、その反面、予約完結権が消滅すれば所有権を全うすることができる地位にあるから、予約完結権の消滅によって直接利益を受ける者に当たり、その消滅時効を援用することができるものと解するのが相当である。これと見解を異にする大審院の判例（大審院昭和……九年五月二日判決・民集一三巻六七〇頁）は変更すべきものである。」

解説 判例は、形成権である売買予約完結権についても一〇年（一六七条一項）の消滅時効を認めている（大判大正4・7・13民録二一輯一三八四頁。最1判昭和33・11・6民集一二巻一五号三二八四頁参照）。しかし、援用権者の範囲については、大判昭和9・5・2民集一三巻六七〇頁は、再売買予約の仮登記のある不動産の第三取得者や抵当権者による予約完結権の消滅時効援用を否定した。そこで、取得目的の売買予約の事案で、最3判平成2・6・5民集四四巻四号五九九頁は抵当権者による予約完結権の消滅時効の援用を認め、右大判を変更した。本判決は、これに続き、担保目的の売買予約の事案で、第三取得者による予約完結権の消滅時効の援用を認めて右大判を変更したものである。

▼**評釈**――中田裕康・法協一一一巻二号、松久三四彦・百選I（四版）42

後順位抵当権者と消滅時効の援用

124 最1判平成11・10・21民集五三巻七号一一九〇頁

関連条文 一四五条

後順位抵当権者は、先順位抵当権の被担保債権の消滅時効を援用できるか。

事実 Y信用組合はA会社との間で取引契約を締結し、A所有の各不動産に極度額一億五〇〇〇万円の根抵当権の設定を受け登記を経由した。Yは本件取引契約に基づいて二億四三〇〇万円を貸し付けたが、Aはその弁済期を過ぎてもその一部を弁済したのみであった。そこで、Yは残元本一億二八四三万余円を回収するため、本件根抵当権の実行として本件各不動産の競売を申し立て、競売開始が決定し本件各不動産に差押登記がなされた。他方、Xは本件各不動産にYに劣後する抵当権および根抵当権の設定又は譲渡を受け、その旨の登記又は付記登記を経由していた。そこで、Xは先順位抵当権者YのAに対する本件貸付債権の消滅時効（五年）を援用し、Yの本件根抵当権設定登記の抹消登記手続を求めて訴を提起した。原審は、Xの時効援用を認めず請求を棄却した。X上告。

裁判所の見解 上告棄却。「民法一四五条所定の当事者として消滅時効を援用し得る者は、権利の消滅により直接利益を受ける者に限定される」（最2判昭和48・12・14〔120判決〕）。「先順位抵当権の被担保債権が消滅すると、後順位抵当権者の抵当権の順位が上昇し、これによって被担保債権に対する配当額が増加することがあり得るが、この配当額の増加に対する期待は、抵当権の順位の上昇によってもたらされる反射的な利益にすぎないというべきである。そうすると、後順位抵当権者は、先順位抵当権の被担保債権の消滅により直接利益を受ける者に該当するものではなく、先順位抵当権の被担保債権の消滅時効を援用することができないものと解するのが相当である。」

解説 最高裁は、時効援用権者を時効により「直接利益を受ける者」に限定する大審院判例（大判明治43・1・25〔114判決〕）の一般的基準は堅持しつつも、右判例を変更して（最2判昭和42・10・27〔117判決〕、最2判昭和48・12・14〔120判決〕）、援用権者の具体的な範囲を拡大してきた。しかし、本判決は、この拡大は無制限ではないことを示したことになる。本判決は、抵当不動産の第三取得者は抵当権の実行により所有権を失うが、後順位抵当権者は先順位の抵当権が実行されても目的不動産の価格から抵当権の従前の順位に応じて弁済を受けるという後順位抵当権者の地位が害されることはないので、抵当不動産の第三取得者と後順位抵当権者とではその置かれた地位が異なるとして、右最2判昭和42・10・27の射程は及ばない旨も述べている。

▼**評釈**――平井一雄・判評五〇三号、森田宏樹・百選Ⅰ41

共同相続人の一人による取得時効の援用

125 最3判平成13・7・10判時一七六六号四二頁

関連条文 一四五条

①被相続人の占有により完成した取得時効の援用は、共同相続人全員でする必要があるか。②全員で援用する必要はないとすると、共同相続人の一人はいかなる限度において援用することができるか。

事実 本件不動産は昭和三五年にY名義で購入されたが、購入当初からYの兄Aが居住し、二〇年以上占有していた。昭和六二年、Aが死亡し、Xを含め四名が相続した。XはYに対し、Aの占有により完成した取得時効を援用し、本件不動産の全部につきXへの所有権移転登記手続を求めて訴えを提起した。原審はXの請求を認容した。Yから上告受理の申立て。

裁判所の見解 破棄差戻。「時効の完成により利益を受ける者は自己が直接に受けるべき利益の存する限度で時効を援用することができるものと解すべきであって、被相続人の占有により取得時効が完成した場合において、その共同相続人の一人は、自己の相続分の限度においてのみ取得時効を援用することができるにすぎないと解するのが相当である。これを本件についてみると、Aの法定相続人の間で本件不動産の全部をXが取得する旨の遺産分割協議が成立したなどの事情があれば格別、そのような事情がない限り、Xは、Aの占有によって完成した取得時効の援用によって、本件不動産の全部の所有権を取得することはできないものというべきである。」

解説 被相続人のもとで取得時効が完成したが援用することなく共同相続が生じた場合について、大判大正8・6・24民録二五輯一〇九五頁は、「各当事者は各自独立して時効を援用することを得ると同時に、裁判所はその援用したる当事者の直接に受くべき利益の存する部分に限り時効に因り裁判することを得べく、援用なき他の当事者に関する部分に及ぼすことを得ざるものなりと解するを妥当とす」とした。本判決は、最高裁としてもこの立場をとることを明らかにしたものである。理由は述べられていないが、本判決の結論に至る法的構成としては、時効の完成と効果発生の関係に関する確定効果説（大判明治38・11・25民録一一輯一五八一頁〔消滅時効の事案〕）の立場では、各共同相続人は被相続人の所有権を相続し自己の相続分を主張するために時効を援用するからであるということになろう（所有権の相続）。これに対し、不確定効果説（最2判昭和61・3・17民集四〇巻二号四二〇頁〔113判決〕〔消滅時効の事案〕）の立場では、時効援用権を自己の相続分に応じて相続するからであり（時効援用権の相続）、援用により当該相続分がただちに援用者に帰属すると解することになろう。

▼**評釈**——門広乃里子・法教二五九号、松久三四彦・判セ01（民3）、松本克美・判評五二二号

消滅時効完成後の承認

126 最大判昭和41・4・20民集二〇巻四号七〇二頁

関連条文 一四六条・一四七条三号

債務者は、消滅時効の完成を知らずに債務を承認した場合には、消滅時効を援用することが許されるか。

事実 木材商Xは、昭和二四年、Yから八万円弱を借り受けた。Yは公正証書作成のためにXから交付された白紙委任状を利用し、元本を一一万円弱、履行遅滞の損害金を日歩七〇銭とする約定と異なる公正証書を作成した。Xは、昭和三三年、Yへの手紙で、本件借用金を元金だけにまけてもらえるなら同年中に何とかして四、五回くらいに分割して支払う旨を述べた。Yはこれに応ぜず、昭和三四年、右の公正証書に基づき二二七万余円の債権を有するとして強制執行したため、Xは請求異議の訴え（民訴旧五六二条。民執三五条参照）を提起し、本件債務の時効消滅（五年）などを主張した。原審は、右公正証書の効力は一部無効としつつ、Xは時効利益を放棄したものと推定されるとしてXの請求を一部棄却した。X上告。

裁判所の見解 上告棄却。「債務者は、消滅時効が完成したのちに債務の承認をする場合には、その時効完成の事実を知つているのはむしろ異例で、知らないのが通常であるといえるから、債務者が商人の場合でも、消滅時効完成後に当該債務の承認をした事実から右承認は時効が完成したことを知つてされたものであると推定することは許されない」として判例（最1判昭和35・6・23民集一四巻八号一四九八頁）を変更した上で、「時効の完成後、債務者が債務の承認をすることは、時効による債務消滅の主張と相容れない行為であり、相手方においても債務者はもはや時効の援用をしない趣旨であると考えるであろうから、その後においては債務者に時効の援用を認めないものと解するのが、信義則に照らし、相当である……。また、かく解しても、永続した社会秩序の維持を目的とする時効制度の存在理由に反するものでもない。」とした。

解説 学説は、従来の判例が時効完成後に債務の存在を前提とする行為をした債務者の時効援用を容易には認めないのは妥当としつつも、完成を知って債務を承認したという推定は経験則に反するとして批判してきた。それを受けて、本判決は従来の無理な推定を改め、信義則を理由に時効の援用はできないとした。これは、放棄の意思を要する援用権の放棄とは異なり、放棄の意思を要しない援用権の喪失を認めたもので妥当なものと解されている。他方で、時効完成後の債務承認は時効の完成を知らずになされるのが通常であるならば、たとえ時効の完成を知っている債権者が債務者はもはや時効の援用をしない趣旨と考えてもその信頼は保護に値せず、債権者が時効完成を知らないときは、そもそも右の信頼は生じないとの考え方もある。時効制度の存在理由論ともかかわる問題である。

▼**評釈**――金山直樹・百選Ⅰ42

消滅時効の援用権喪失後の再度の時効期間経過

127 最1判昭45・5・21民集二四巻五号三九三頁

関連条文 一四六条

債務者が、消滅時効の完成後に、債権者に対し当該債務を承認した場合においても、以後ふたたび時効は進行し、債務者は、再度完成した消滅時効を援用することができるか。

事実 XはYに対し、昭和二八年、一〇万円を貸付け、昭和三七年頃支払を催促したところ、Yは支払の猶予を求めた。Xがその支払を求めて訴えを提起したのに対し、Yは時効を援用し、仮に右の支払猶予に時効利益の放棄の効力があるとしても、その後再び時効が進行して、時効が完成しているとして時効を援用した。原審は時効完成後の承認により、もはや時効を援用することは信義則上許されないとしてXの請求を認容した。Y上告。

裁判所の見解 破棄差戻。「債務者が消滅時効の完成後に債権者に対し当該債務を承認した場合には、時効完成の事実を知らなかつたときでも、その後その時効の援用をすること」は許されないとする最大判昭和41・4・20民集二〇巻四号七〇二頁（126判決）は、「すでに経過した時効期間について消滅時効を援用しえないというに止まり、その承認以後再び時効期間の進行することをも否定するものではない。けだし、民法一五七条が時効中断後にもあらたに時効の進行することを規定し、さらに同法一七四条の二が判決確定後もあらたに時効が進行することを規定していることと対比して考えれば、時効完成後であるからといつて債務の承認後は再び時効が進行しないと解することは、彼此権衡を失するものというべきであり、また、時効完成後の債務の承認がその実質においてあらたな債務の負担行為にも比すべきものであることに鑑みれば、これにより、従前に比して債務者がより不利益となり、債権者がより利益となるような解釈をすべきものとはいえないからである。」

解説 本判決は、一五七条および一七四条の二と対比した場合の権衡と、時効完成後の債務の承認がその実質において新たな債務の負担行為にも比すべきものであることを理由に、債務者が消滅時効完成後の承認により時効援用権を喪失した場合にも、再び時効期間は進行するとしたものである。なお、時効取得者は時効完成後に出現した第三者が登記を備えると所有権を失うが、再度時効は進行し完成すると援用できる（最1判昭和36・7・20民集一五巻七号一九〇三頁）。しかし、対抗要件を備えていなかったため抵当権に劣後する賃借権に基づいて抵当権登記後も時効完成に必要な占有を継続しても賃借権の時効取得を抵当権を消滅させる競売〔民執五九条一項〕や公売〔国税徴収法一二四条一項〕の買受人に対抗することはできない（最2判平成23・1・21判時二一〇五号九頁）。

▼**評釈**——藤岡康弘・法協八九巻一号

一部請求と消滅時効の中断

128 最2判昭45・7・24民集二四巻七号一一七七頁

関連条文 一四七条一号・一四九条

一部請求の趣旨が明示されていない場合、訴え提起により債権の全部について時効中断の効力を生じるか。

事実 Xは、昭和三五年四月、Y_1が運転しY_2会社が保有する自動車により重傷を負ったため、昭和三八年三月、Y_1らに対し、一部請求であることを明示することなく損害の賠償を求める訴えを提起し、一審の口頭弁論期日において請求を拡張し治療費五万余円を加えた。これに対しY_1らは、この治療費のうち請求拡張の日から三年以上前に支払ったものは時効（七二四条前段）により消滅したと主張した。原審は、Y_1らの主張を斥けXの請求の一部を認容した。Y_1ら上告。

裁判所の見解 上告棄却。「一個の債権の一部についてのみ判決を求める趣旨を明らかにして訴を提起した場合、訴提起による消滅時効中断の効力は、その一部についてのみ生じ、残部には及ばないが、右趣旨が明示されていないときは、請求額を訴訟物たる債権の全部として訴求したものと解すべく、この場合には、訴の提起により、右債権の同一性の範囲内において、その全部につき時効中断の効力を生ずるものと解するのが相当である。」

解説 裁判上の請求（一四九条）による中断の根拠については、権利が訴訟物となり既判力により確定するところに求める権利確定説と権利行使そのものに求める権利行使説がある（もっとも、権利行使説も、裁判上の請求については権利の確定に到る権利行使であることを必要とするので、その意味では両説は接近する）。判例は、権利確定説の立場から、明示的一部請求の訴えは訴訟物となっていない残部の消滅時効を中断しないとする（最2判昭和34・2・20民集一三巻二号二〇九頁）。これに先立ち、一部請求であることを明示しないときは請求権全体が訴訟物になっているので、勝訴の確定判決をえた後で残額を訴求することはできないとしている（最2判昭和32・6・7民集一一巻六号九四八頁）。したがって、非明示的一部請求の訴えは債権全部について消滅時効を中断するとの本判決は、右両判決の論理的帰結といえる。なお、判例は、権利が訴訟物とならなくても、債務不存在確認の訴えの被告として応訴し債権の存在を主張して勝訴した場合などにも裁判上の請求に準じて時効の中断を認めている（大連判昭和14・3・22民集一八巻二三八頁、最1判昭和44・11・27民集二三巻一一号二二五一頁）。最近、最高裁は、明示的一部請求の訴えの提起は、残部について裁判上の請求に準じて消滅時効の中断の効力を生ずるものではないが、特段の事情のない限り、残部について裁判上の催告として暫定的な消滅時効中断の効力を生ずるとした（最1判平成25・6・6民集六七巻五号一二〇八頁）。

▼**評釈**——早田尚貴・民訴百（三版）44

裁判上の催告と消滅時効の中断

129 最1判昭和45・9・10民集二四巻一〇号一三八九頁

関連条文 一四七条一号・一四九条

破産手続においてした権利行使の意思の表示は、当該権利の消滅時効の進行を中断する効力を有するか。

事実　Xの先代Aは、Y_1に対して、Y_2らの連帯保証のもと、金銭を貸し付け（第1債権）、さらにBに対して、Y_1およびY_2らの連帯保証のもと、金銭を貸し付けた（第2債権）。Aは、昭和三一年一〇月二五日、第1債権を原因債権とする手形債権に基づき、Y_1およびY_2について破産の申立てをし、その際、第1および第2債権の計算書を提出した。しかし、AはY_1およびY_2の破産宣告がされぬうちに死亡し、Aの相続人であるXは、昭和四一年一二月二三日、Y_1およびY_2に対して第1および第2債権の支払を求めて訴訟提起するとともに、同月二六日、破産申立てを取り下げた。Y_1およびY_2が、第1債権と第2債権の弁済期はそれぞれ昭和三〇年一月二一日と昭和三一年二月二八日であるから、両債権は時効によって消滅していると主張したのに対して、Xは破産申立ての取下げ前に本訴を提起したから、時効は中断していると主張した。原審は、時効の完成を認めず、Xの請求を認容したので、Y側が上告。

裁判所の見解　上告棄却。「破産手続上においてした右権利行使の意思の表示は、破産申立が申立の適法要件として申述された債権につき消滅時効の中断事由となるのと同様に、一種の裁判上の請求として、当該権利の消滅時効の進行を中断する効力を有するものというべきであり、かつ、破産の申立がのちに取り下げられた場合でも、破産手続上権利行使の意思が表示されていたことにより継続してなされていたものと見るべき催告としての効力は消滅せず、取下後六ヶ月内に他の強力な中断事由に訴えることにより、消滅時効を確定的に中断することができるものと解するのを相当とする。」

解説　債権者が債務者について破産申立てをした場合、それが時効の中断事由に当たるかどうかは問題であるが、判例（最1判昭和35・12・27民集一四巻一四号三二五三頁等）および通説はこれを肯定する。その理由として、判例は、破産申立ては一種の裁判上の請求（一四七条一号、一四九条）に当たるといい、また学説においては、判例と同じ理由づけをするもののほか、破産手続参加（一五二条参照）を同視できるとするものもある。確かに破産申立てをもっぱら破産宣告のみを目的としたものと解するなら、債権者の権利実現を目指した行為である裁判上の請求や破産手続参加と同視することは難しいが、破産申立ては破産手続を開始させ、終局的には債権者の権利実現を目的としてされるものであり、すると、時効の中断事由としてよいことになろう。

▼評釈――川井健・法協八九巻八号、高田昌宏・倒産百（三版）9、村田典子・倒産百（四版）Appendix 1

連帯保証債務の物上保証人に対する抵当権の実行と主債務の消滅時効の中断

130 最2判平成8・9・27民集五〇巻八号二三九五頁

関連条文　一四七条一号

連帯保証人に対する競売開始決定正本の送達は、主債務者に対する「請求」に当たるか。

事実　融資業者Xは、Aが販売する不動産を購入する顧客との間で住宅ローン取引をしてきた。Aは、顧客がXに対して負う債務を連帯保証している。Bは、この連帯保証契約に基づいてXがAに取得する債権を担保するため、Bの所有する不動産に根抵当権を設定した。Aの顧客Y_1は、Xから金銭を借り受け、Y_2はこの債務の連帯保証人となった。Y_1の債務が昭和五九年八月に弁済期が到来したので、Xは同年一〇月二六日に右根抵当権の実行を申し立て、執行裁判所はこれを認めて、競売開始決定正本をAの送達した。その後、五年以上経過してから、Xは、Y_1に貸金債務の弁済を、Y_2に連帯保証債務の履行を求めて提訴したが、Y_1とY_2は商事短期消滅時効を援用した。原審は時効の中断を認め、Xの請求を認容。Yらが上告。

裁判所の見解　破棄自判。「物上保証人所有の不動産を目的とする抵当権の実行としての競売の申立てがされ、執行裁判所が、競売開始決定をした上、同決定正本を債務者に送達した場合には、債務者は、民法一五五条により、当該抵当権の被担保債権の消滅時効の中断の効果を受けるが（最高裁昭和……五〇年一一月二一日第二小法廷判決・民集二九巻一〇号一五三七頁参照）、債権者甲が乙の主債務についての丙の連帯保証債務を担保するために抵当権を設定した物上保証人丁に対する競売を申し立て、その手続が進行することは、乙の主債務の消滅時効の中断事由に該当しないと解するのが相当である」として、Yらの主張を認めて、Xの請求を棄却した。

解説　Aの連帯保証債務については、Aに競売開始決定正本が送達されており、最2判昭和五〇年により、時効の中断が認められる。

しかし、Y_1の負う主債務について時効が中断したというためには、①Aに対する競売開始決定正本の送達が、XのAに対する「請求」に当たるとしたうえ、②その請求がY_1との関係でも効力を有する（四五八条、四三四条）、と構成する必要がある。だが、本判決は①を否定した。(a)競売手続では、抵当権の被担保債権の存否およびその額の確定のための手続が予定されておらず、また競売開始決定後は、執行裁判所が適正な換価を行うための手続を職権で進め、債権者の関与は希薄なので、競売の申立てを裁判上の請求（一四九条）とみることはできず、(b)競売開始決定正本の送達は、債権者の債務者に対する意思表示ではなく、競売の申立ての対象となった財産を差し押さえる旨の裁判がされたことを利害関係を有する債務者に告知するためのものであり、催告（一五三条）も当たらないからである。

▼**評釈**――山野目章夫・平成8年重判（民2）

131 仮差押えによる時効中断の効力

最3判平成10・11・24民集五二巻八号一七三七頁

関連条文　一四七条二号・一五七条一項

仮差押えがされた場合、時効中断の効力はどの時点まで及ぶか。また債権者が勝訴判決を得たとき、仮差押えによる時効中断効はどうなるか。

事実　AはXに二七五〇万円を貸した（本件債権）が、弁済がされなかったので、昭和五一年、うち一〇〇〇万円を被保全債権として、X所有の甲不動産と乙不動産に対する仮差押命令を得て、登記がされた。その後、AはXに本件債権の支払を求めて提訴し、昭和五五年、A勝訴の判決が確定し、甲不動産につき、競売手続が開始され、Aが配当を受けて手続は終了した。他方、乙不動産については、仮差押登記がされたまま、Aは死亡し、Yが相続した。配当の日から一一年以上経過した平成六年、XはYに対して本件債権が時効消滅したとして、債務不存在の確認等を求めた。原審は、時効中断事由としての不動産仮差押えは、仮差押登記と債務者への仮差押命令の送達が終わった時に終了し、その時から新たな時効が進行する、そうでなくても、仮差押後、本案の勝訴判決が確定した場合、仮差押えによる時効中断効は確定判決による時効中断効に吸収されるとして、Xの請求を認容した。Yが上告。

裁判所の見解　破棄差戻。「仮差押えによる時効中断の効力は、仮差押えの執行保全の効力が存続する間は継続すると解するのが相当である……。けだし、民法一四七条が仮差押えを時効中断事由としているのは、それにより債権者が、権利の行使をしたといえるからであるところ、仮差押えの執行保全の効力が存続する間は仮差押債権者による権利の行使が継続するものと解すべきだからであり、このように解したとしても、債務者は、本案の起訴命令や事情変更による仮差押命令の取消しを求めることができるのであって、債務者にとって酷な結果になるともいえないからである。また、民法一四七条が、仮差押えと裁判上の請求を別個の時効中断事由と規定しているところからすれば、仮差押えの被保全債権につき本案の勝訴判決が確定したとしても、仮差押えによる時効中断の効力がこれに吸収されて消滅するものとは解し得ない。」

解説　仮差押えによって時効は中断し、中断事由が終了した時、新たな時効が進行する（一五七条一項）。では、仮差押えにおける中断事由が終了した時とはいつか。仮差押登記がある限り、終了しないとする継続説と、登記および債務者への仮差押命令の送達がされた時に終了したことになるとする非継続説が対立する。大審院以来、判例は継続説採っていたが、昭和五〇年代末から、学説では非継続説が有力化した。本判決は従前の立場を改めて確認したものである。

▼**評釈**――中田裕康・平成10年重判（民3）、松久三四彦・民保百96

債務者の承認による時効中断の物上保証人に対する効力

132 最2判平成7・3・10判時一五二五号五九頁

関連条文 一四七条三号・一四八条

債務者の承認によって時効が中断した場合、その中断の効力は物上保証人に及ぶか。

事　実　XとYは、ともにSに対する債権者であり、Sの兄であるAはSのXに対する債務について連帯保証をしている。またSのYに対する債務（本件債務）については、Sの父親が物上保証をし、父親が所有する本件土地にYのために根抵当権を設定し、登記もされたが、その後、本件土地を相続したAがその地位を承継した。

Xは本件土地につき強制競売の申立てをし、競売手続が開始され、Yも債権届出をした。しかし、Xは、Yの根抵当権の被担保債権は元本確定後、すでに時効により消滅しているとして、無資力であるAに代位して、Aの土地所有権に基づき、Yに対して根抵当権設定登記の抹消登記を求めた。しかし、原審は、時効完成前にSが本件債務を承認し、時効が中断していたとして、Xの請求を棄却した。Xが上告。

裁判所の見解　上告棄却。「他人の債務のために自己の所有物件につき根抵当権等を設定したいわゆる物上保証人が、債務者の承認により被担保債権について生じた消滅時効中断の効力を否定することは、担保権の付従性に抵触し、民法三九六条の趣旨にも反し、許されないものと解するのが相当である。」

解　説　時効中断は、当事者とその承継人に対してのみ効力を有し（一四八条）、原則として、それ以外の者には及ばない（相対効）。したがって、当事者について中断事由が生じても、当事者以外の援用権者（一四五条参照）との関係では、時効は中断せず、当初の時効期間が満了（＝完成）した場合、その援用権者は時効を援用することができる。また、時効利益の放棄ないし援用権の喪失も、相対効とされ、ある者が時効利益を放棄したとしても、他の援用権者は時効を援用することができる。

しかし、特に時効中断については、例外も認められている。例えば主たる債務者に中断事由が生じた場合、その中断効は保証人にも及ぶ（四五七条一項）。これは付従性の観点から説明されることもあるが、実際には、主たる債務者について中断事由が生じている場合に、債権者に対して、なお保証人との関係でも時効を中断せよと求めるのはやや行きすぎである、との考慮に基づくものである。すると、本判決は、これと同様の観点から根拠づけることも可能であろう。通説も本判決と同様の立場にある。ただし、時効完成後であれば、主たる債務者が時効の利益を放棄しても、保証人は主たる債務の消滅時効を援用することができる（四五七条一項とは異なる）。

▼**評釈**――松久三四彦・判時一六四九号

詐害行為取消しの受益者と消滅時効の援用

133 最2判平成10・6・22民集五二巻四号一一九五頁

関連条文 一四五条

詐害行為の受益者は、取消債権者の債務者に対する債権（被保全債権）の消滅時効を援用できるか。

事　実　Xは、Aが経営するB会社に対して昭和五六年から昭和五九年の間に生じた合計二一五〇万円の債権を有し、Aがその連帯保証人となった。また、XはAに対して、昭和五二年から昭和五六年の間に生じた合計一一九〇万円弱の債権を有していた。Aは多額の債務を負担していたところ、Aとその内縁の妻Yは、債権者を害することを知りながら、昭和六一年、A所有の本件不動産につき贈与契約を締結し、Yへの所有権移転登記を経由した。そこで、Xはこの贈与が詐害行為に当たるとして、その取消しと移転登記の抹消を求めて訴えを提起した。これに対しYは、被保全債権の消滅時効を援用して争った。原審は、受益者にすぎないYは被保全債権の消滅時効を援用できないとしてXの請求を認容した。Y上告。

裁判所の見解　破棄差戻。「民法一四五条所定の当事者として消滅時効を援用し得る者は、権利の消滅により直接利益を受ける者に限定されるところ（最高裁平成……四年三月一九日第一小法廷判決・民集四六巻三号二二二頁参照）、詐害行為の受益者は、詐害行為取消権行使の直接の相手方とされている上、これが行使されると債権者との間で詐害行為が取り消され、同行為によって得ていた利益を失う関係にあり、その反面、詐害行為取消権を行使する債権者の債権が消滅すれば右の利益喪失を免れることができる地位にあるから、右債権者の債権の消滅によって直接利益を受ける者に当たり、右債権について消滅時効を援用することができるものと解するのが相当である。これと見解を異にする大審院の判例（大審院昭和三年……一一月八日判決・民集七巻九八〇頁）は、変更すべきものである。」

解　説　本判決は、消滅時効を援用し得る者は、権利の消滅により直接利益を受ける者に限定されるとして最1判平成4・3・19（123判決）を援用したうえ、詐害行為の受益者は被保全債権の消滅によって直接利益を受ける者に当たらないとした従来の判例（大判昭和3・11・8民集七巻九八〇頁）を変更し、直接利益を受ける者に当たるのでその消滅時効を援用することができるとした。抵当不動産の第三取得者（120判決）や担保目的で所有権移転請求権保全の仮登記がなされた不動産の第三取得者（123判決）の被担保債権時効消滅の利益、そして詐害行為の受益者（本判決）の被保全債権時効消滅の利益は、いずれも取得した所有権を失わない利益であり、判例はこれを時効による直接の利益であるとしたことになる。

▼**評釈**――佐藤岩昭・平成10年重判（民2）、松久三四彦・百選Ⅰ（五版新法対応補正版）42

被告による所有権の主張と取得時効の中断

134 最大判昭和43・11・13民集二二巻一二号二五一〇頁

関連条文 一四七条一号・一四九条

所有権に基づく登記請求訴訟において、被告が自己に所有権があることを主張して請求棄却を求めることは原告の取得時効の中断事由となるか。

事実 Xらは、本件土地建物の登記名義人であるYらに対し、主位的に父親であるAからの共同相続を、予備的に取得時効の完成を主張し、所有権（共有権）に基づく所有権移転登記手続等を請求した。これに対し、Yらは、Aから本件土地建物の所有権を適法に承継した旨を主張するとともに、時効取得については、時効期間経過前である昭和三三年三月四日、YらがXらの主張を争い、自己の所有権を主張して請求棄却の判決を求める答弁書を陳述したことにより、時効が中断したと主張した。原審が、Yらの答弁書の陳述は、裁判上の請求ないし裁判上の権利行使として、Xらの取得時効を中断する効力を有するとして、Xらの請求を棄却したので、Xが上告。

裁判所の見解 上告棄却。「Yらの右答弁書による所有権の主張は、その主張が原審で認められた本件においては、裁判上の請求に準ずるものとして民法一四七条一号の規定によりXらの主張する二〇年の取得時効を中断する効力を生じたものと解すべきである。けだし、原判決は、本件係争物件につき、Xらに所有権（共有権）に基づく所有権移転登記請求権がないことを確定しているに止まらず、進んでYらにその所有権（共有権）があることを肯定していると解されるのであるから、時効制度の本旨にかんがみ、Yらの前示主張には、時効中断の関係においては、所有権そのものに基づく裁判上の請求に準じ、これと同じ効力を伴うものとするのが相当であるからである。」

解説 時効は、裁判上の請求によって中断するが（一四七条一号、一四九条）、ここで典型的に想定されているのは、原告が訴訟で主張した権利についてである、ということであって、被告が権利主張をした場合、その権利について時効が中断するかどうかは定かではない。大審院は、当初、この場合には時効は中断しないと判示して（大判大正9・9・29民録二六輯一四三一頁、同大正11・4・14民集一巻一八七頁、同昭和6・12・19民集一〇巻一二三七頁）、学説の強い批判を浴び、その後、被告の主張した権利が訴訟物である場合には、裁判上の請求に準じ、時効中断の効力が生じるとした（大民連判昭和14・3・22民集一八巻二三八頁、同昭和16・2・24民集二〇巻一〇六頁、同昭和17・1・28民集二一巻三七頁）。本判決は、この立場をさらに一歩進めたものである。

▼**評釈**――石田穣・百選Ⅰ（二版）46、早田尚貴・民訴百（三版）44

一五八条の時効の停止と七二四条後段との関係

135 最2判平成10・6・12民集五二巻四号一〇八七頁

関連条文 一五八条・七二四条後段

一五八条の法意は、七二四条後段に及ぶか。

事実 昭和二七年五月一九日に出生したX_1は、同年一〇月二〇日に予防接種法に基づき疱瘡の集団接種を受け、このため、高度の精神障害・知能障害となったので、昭和四九年一二月五日、両親であるX_2およびX_3とともに、国賠法一条に基づき損害賠償を請求した。その際、当初、X_1については、X_2とX_3が親権者と称して弁護士に訴訟委任したが（だが、当時、X_1はすでに二二歳になっていた）、一審判決後の昭和五九年一〇月一九日、X_1は禁治産宣告を受けて、X_2が後見人となり、再度弁護士に本件訴訟を委任した。原審は、七二四条後段は除斥期間を定めたものであるから、当事者の主張がなくても本件請求権が消滅したと判断すべきであり、除斥期間の主張が信義則違反ないし権利濫用であるとするX_1らの主張は認められず、また訴えの提起が遅れたことについてX_1らにやむを得ない事情があったとしても、除斥期間の経過が妨げられるわけでないとして、X_1らの請求を棄却した。そこで、X_1らが上告。

裁判所の見解 X_2およびX_3の上告については、棄却したものの、X_1の上告を容れ、X_1の請求を棄却した原判決を破棄差戻。「不法行為の被害者が不法行為の時から二〇年を経過する前六ヶ月内において右不法行為を原因として心神喪失の常況にあるのに法定代理人を有しなかった場合において、その後当該被害者が禁治産宣告を受け、後見人に就職した者がその時から六ヶ月内に右損害賠償請求権を行使したなど特段の事情があるときは、民法一五八条の法意に照らし、同法七二四条後段の効果は生じないものと解するのが相当である。」

解説 七二四条後段の期間制限については、時効と解する見解と除斥期間と解する見解が対立する。前者の場合、一五八条が妥当することは疑いない。しかし、最1判平成元・12・21民集四三巻一二号二二〇九頁は後者の立場を採った。学説では批判が強く、時効とする見解のほうが通説と称しうる状況にあるが、本判決は最1判平成元年の立場を改めて確認している。

しかし、除斥期間であるとしても、ただちに中断や停止が認められないわけではなく、その可否はそれぞれの除斥期間の趣旨目的に照らして判断されるべきであろう。本判決は、七二四条後段を除斥期間と解しつつも、これを字義どおりに本件に当てはめた場合、著しく正義・公平の反することになるとして、一五八条の法意を七二四条後段に及ぼした。ただし、あくまで七二四条後段との関係を説示したものであって、一五八条が除斥期間一般に及ぶとしたものでないことには注意を要する。

▼**評釈**――大塚直・平成10年重判（民11）、同・百選Ⅱ（五版新法対応補正版）99

136 事理弁識能力を欠く常況にある者と一五八条一項の類推適用

最2判平成26・3・4民集六八巻三号二二九頁

関連条文　七条・一五八条一項

民法一五八条一項の類推適用が認められる場合とは。

事　実　Aは、自筆証書遺言を残し平成二〇年一〇月二二日に死亡。その法定相続人は、同居中の妻XほかYを含む六名で、Xの法定相続分は二分の一、遺留分は四分の一である。遺言では、Aの財産すべてをYに相続させる旨が記されていた。Xは、A死亡時、Yが全財産を相続する事実を一応理解していたが、平成二一年八月五日に後見開始の申立てがなされ、平成二二年四月二七日に後見開始の審判が確定し、同二九日、後見人BはXのために遺留分減殺請求を行った。Yは、平成二一年一〇月二二日の経過によりXの遺留分減殺請求権の消滅時効が完成したと主張。原審（東京高判平成25・3・19判時二二二四号四四頁）は、成年後見開始の要件を備えていても、成年後見開始の審判がなされていない者に一五八条の類推適用を認める余地がないとして請求を棄却した。Xより上告受理申立て。

裁判所の見解　破棄差戻。「時効の期間の満了前六箇月以内の間に精神上の障害により事理を弁識する能力を欠く常況にある者に法定代理人がない場合において、少なくとも、時効の期間の満了前の申立てに基づき後見開始の審判がされたときは、民法一五八条一項の類推適用により、法定代理人が就職した時から六箇月を経過するまでの間は、その者に対して、時効は、完成しないと解するのが相当である。」

解説　一五八条一項は、成年被後見人等に法定代理人がいないときは時効中断措置を執ることを期待し難く、そのまま時効を完成させることが酷であるため、本人が行為能力者となった時又は法定代理人が就職した時から六箇月を経過するまで時効の完成を猶予している（時効の停止）。文理上、後見開始の審判を受けていない者は、既に申立がされていたとしても一五八条にいう「成年被後見人」には該当しない。しかし、実質的に、権利行使が困難で本人が処分能力を欠く以上、時効の停止を認めるべき必要性は高い。本判決は、相手方の予見可能性を考慮しつつ一五八条一項の類推適用を正面から認めた。従来、不法行為に基づく損害賠償請求権の除斥期間につき、一五八条の「法意に照らし」て効果を否定した例（最2判平成10・6・12民集五二巻四号一〇八七頁等）があり、何らかの形で時効の停止があり得るとする方向性は示されていたが（加害者が心神喪失の原因を与えていた点にも留意）、本判決は、類推適用の明示的判断と枠組みを下した点で、高齢化の進むわが国の後見実務に大きな影響を与え得るだけでなく、時効制度や制限行為能力に関する理論的・実務的意義も大きい。

▼**評釈**――河上正二・平成26年重判（民2）

一六〇条の時効の停止と七二四条後段との関係

137 最3判平成21・4・28民集六三巻四号八五三頁

関連条文　一六〇条・七二四条後段

一六〇条の法意は、七二四条後段に及ぶか。

事　実　Yは、昭和五三年八月一四日、Aを殺害し、その死体を自宅の床下に掘った穴に埋めて隠匿した。Aの家族は、警察に捜索願を出すなどしてAの行方を捜したが、手掛かりをつかむことはできなかった。Yは、発覚を恐れ、自宅の周囲にブロック塀を設置するなどしたが、平成六年頃、Yの自宅を含む土地が土地区画整理事業の施行地区となり、明渡しを余儀なくされたため、死体発見は避けられないと考え、平成一六年八月二一日、警察署に自首した。その後の捜査の結果、Aの相続人であるXらは、Aの死亡を知った。そこで、Xらは、平成一七年四月一一日、Yに損害賠償を求めて提訴したが、一審は、Aに対するYの殺害行為については、七二四条後段を適用し、Xらの請求を棄却した。しかし、原審は、Aの死体が確認されたのは平成一六年九月二九日であり、三ヶ月後の同年一二月二九日に法定単純承認によって相続人が確定し、そして、それから六ヶ月以内に本訴が提起されているから、一六〇条の法意に照らし、七二四条後段の効果は生じていないとして、Xらの請求を認容した。そこで、Yが上告。

裁判所の見解　上告棄却。「被害者を殺害した加害者が、被害者の相続人において被害者の死亡の事実を知り得ない状況を殊更に作出し、そのために相続人はその事実を知ることができず、相続人が確定しないまま上記殺害の時から二〇年が経過した場合において、その後相続人が確定した時から六ヶ月内に相続人が上記殺害に係る不法行為に基づく損害賠償請求権を行使したなど特段の事情があるときは、民法一六〇条の法意に照らし、同法七二四条後段の効果は生じないものと解するのが相当である。」

解　説　一六〇条は、相続財産に関しては、相続人が確定した時等から六ヶ月経過するまでの間は、完成しないとする。相続人が確定しなければ、相続人は時効中断できず、時効完成の不利益を受けるからである。そのため、相続人が確定する前に時効期間が経過した場合にも、相続人が確定した時から六ヶ月経過するまで、時効は完成しない（最2判昭和35・9・2民集一四巻一一号二〇九四頁）。そして、相続人が被相続人の死亡の事実を知らない場合、九一五条一項所定の熟慮期間は進行しないから、相続人は確定しないこととなる。

一六〇条が時効に関する規定である一方、判例は七二四条後段を除斥期間とする（最1判平成元・12・21民集四三巻一二号二二〇九頁）。本判決は著しく正義・公平に反する結果を避けるため、一六〇条の法意を七二四条後段に及ぼした。

▼**評釈**――松久三四彦・平成21年重判（民12）、石綿はる美・法協一二八巻三号

取得時効における当事者と登記の要否

138 大判大正7・3・2民録二四輯四二三頁

不動産を時効によって取得した占有者は、時効が完成した時点における所有者に対して、登記なくして所有権を主張することができるか。

事実 明治三四年、Yの先代がAに本件土地を売却して引き渡し、明治三八年三月、Aの相続人であるBがCに転売し、さらに明治四五年二月一日、CがXに転売した。この間、A、B、Cが順次本件土地を占有している。他方、先代を相続したYが、大正四年二月一〇日、本件土地につき所有権移転登記をした。そこで、XがYに所有権確認等を求めたが、原審はXが登記を具備していないことを理由にXの請求を棄却した。Xは、右の各売買が立証されなかったとしても、Xについて取得時効が成立し、またYは一七七条の「第三者」に当たらないはずであるとして上告した。

裁判所の見解 破棄差戻。「不動産物権の得失及び変更の登記は当事者以外の第三者に対抗するの方法に過ぎずして当事者並びにその一般承継人との間に於ては登記なくしてその効力を生ずるものなることは民法第一七六条及び第一七七条の規定に徴し明かなり故に民法第一七七条を適用するにはその対抗を受くる者が所謂第三者に該当するや否やを確定せざるべからず而して時効に因る不動産所有権の取得は原始取得なるを以て法律行為に於ける意義の当事者なるものなしと雖も時効に因り不動産の占有者がその所有権を取得するはその時効関係の時期に在りて一方に占有者が所有権を取得するの結果その時期に於て目的たる不動産の所有者たりし者の所有権消滅するものなるを以て時効完成当時の所有者はその取得者に対する関係に於ては恰も伝来取得に於ける当事者たる地位に在るものと看做すべきものとす従て時効に因る不動産の所有権の取得に付き之を第三者に対抗するが為めに登記を必要なるものとするも時効完成の時期に於ける当事者たりしものに対しては完全に所有権を取得するものにして敢て登記を必要とすることなきものとす」としたうえ、「Xの係争不動産の所有権を時効に因り取得したりとする時期に於ける所有者にして若しY若しくはYの先代なりとすればYは第三者にあらざるを以てXは登記なくしてその所有権取得をYに対抗し得べきものとす。」

解説 本件において、もし逐次売買があったとすると、YとXは前主と後主の関係にあり、二重譲渡関係にはない。そのため、今日的な視点からすれば、Yは一七七条の「第三者」には当たらず、本判決は取得時効においてこの点を確認した判決といえる。しかし、判旨の前半部分では、Yが「時効完成当時の所有者」であることを理由に、一七七条の「第三者」に当たらないとされる。本判決は最判昭和41・11・22民集二〇巻九号一九〇一頁に受け継がれていく。

関連条文 一六二条・一七七条

取得時効と登記、時効完成後の第三者

139 大民連判大正14・7・8民集四巻九号四一二頁

関連条文　一六二条・一七七条

不動産の所有権を時効取得した者は、時効完成後に旧所有者から当該不動産を譲り受けて登記をした者に対して、登記がなくてもその所有権を対抗することができるか。

事実　国有未開地であった本件土地を占有していたY_1の先々代は、明治二一年四月、Xの先代に本件土地を譲渡し引き渡した。明治三二年一二月二七日、Y_1の先代が未開地処分法によって本件土地の所有権を取得し、大正五年四月六日に保存登記をした後、同月二〇日、Y_2に譲渡し、Y_2はY_3に同月二七日に転売し、それぞれ移転登記がされた。Xの先代の相続人であるXは、遅くとも明治四一年には本件土地を時効取得したとして、Yらに登記抹消を求めた。原判決は、Xの時効取得によりY_1の先代は権利者となり、その後にされた登記も無効であるから、Yらは一七七条の「第三者」に当たらないとして、Xの請求を認容した。Yらが上告。

裁判所の見解　破棄自判。「所有権の保存登記は現に所有権を有する者が之を受くるに非ざれば如何なる場合に於ても之を無効とすべき理由なく却て未登記不動産の所有権が甲より乙に移転したるが如き場合に於ては乙が直に所有権の保存登記を受くるは固より適法なりと雖甲に於て先ず自己名義に保存登記を受けたる後乙の為めに所有権移転の登記を受くるその保存登記及移転登記は決して無効に非ざるのみならず（大正五年二月二日第三民事部判決、大正六年五月二十一日第二民事部判決参照）時効に因る不動産の所有権取得は移転登記の方法に依り之を登記すべきものなるが故にその不動産が未登記のものなる場合には時効関係後に於て従来の所有者が自己名義に保存登記を受くるもその登記は叙上の場合に於ける保存登記とその取扱を異にすべき理由なきが故に之亦有効なりと謂わざるを得ず然ればY_1の先代の受けたる本件の保存登記は決して原判決の説示せる如き無効の登記に非ざるのみならずXが該登記を基礎として時効に因る所有権取得の登記を受けざる間にY_2が売買に因る所有権移転の登記を受けたるは二重売買のありたる場合に後の買主が前の買主に先んじて登記を受け更に他人の登記手続を為したる場合と同一に論ずべく何等之を区別すべき理由なきが故にY_2の受けたる登記も亦有効なり」

解説　古くは、時効取得の場合、登記がなくても所有権取得を主張できるとの判決（大判明治43・11・19民録一六輯七八四頁）もあり、大判大正7・3・2民録二四輯四二三頁後も判例は揺れていた。本判決は統一を図り、最判昭和33・8・28民集一二巻一二号一九三六頁に受け継がれる。

▼**評釈**――末弘厳太郎・判例民事法大正一四年度二八四頁、山田卓生・百選Ⅰ（一版）55

取得時効と登記、時効完成前の第三者

140　最判昭和41・11・22民集二〇巻九号一九〇一頁

関連条文　一六二条・一七七条

不動産の所有権を時効取得した者は、時効完成前に当該不動産を譲り受けて登記をした者に対して、登記がなくても所有権を主張することができるか。

事　実　Xは、昭和二三年七月末、Aから本件不動産を贈与され、引渡しを受けたが、Aは、昭和二六年一一月二八日、本件不動産をYに譲渡し、移転登記をした。そこで、Xは本件不動産の所有権を時効取得したとして、昭和三三年九月二二日、Yに対して所有権確認と所有権移転登記手続を求めて提訴した。原審は、Xの時効取得の主張に対して、時効完成前に原所有者から第三者に所有権移転登記がされた場合には、それ以後さらに取得時効期間が経過しなければ、時効取得の効力は生じない、として、Xの請求を棄却した。Xが上告。

裁判所の見解　破棄差戻。「時効が完成しても、その登記がなければ、その後に登記を経由した第三者に対しては時効による権利の取得を対抗することができないのに反し、第三者のなした登記後に時効が完成した場合においては、その第三者に対しては、登記を経由しなくても時効取得をもつてこれに対抗することができるものと解すべきことは、当裁判所の判例とするところであつて（昭和……三五年七月二七日第一小法廷判決、民集一四巻一〇号一八七一頁以下、同……三六年七月二〇日第一小法廷判決、民集一五巻七号一九〇三頁以下）、これを変更すべき必要を認めない。」

解　説　Aの所有する不動産を時効取得したBは、登記をしなくても、Aに対して所有権を主張することができる。登記は不動産の取得時効の要件とされていないし（一六二条参照）、またAとBは当事者関係にあり、Bから見て、Aは「第三者」ではないからである（一七七条参照）。

では、AがCに当該不動産を譲渡していた場合はどうか。CがBの取得時効完成後にAから不動産を譲り受けていた場合、BとCは対抗関係に立ち、Bは登記がなければCに時効取得を主張することができない（大民連判大正14・7・8民集四巻九号四一二頁、最1判昭和33・8・28民集一二巻一二号一九三六頁）。これに対して、本判決は、大判大正7・3・2民録二四輯九号四二三頁の説示を受け継ぎ、CがBの取得時効完成前にAから不動産を譲り受けた場合、Bは登記がなくてもCに所有権を主張できることを明らかにした。

なお、本判決は、先例として、最1判昭和三五年と最1判昭和三六年を挙げるが、前者は直接的には取得時効の起算点が争われた事案であり、後者は、第三者の登記後、新たに時効が進行し、再度取得時効が完成した事案に関わるものである。

▼**評釈**――遠藤浩・民商五六巻六号、松久三四彦・不取百（二版）25

自己の物の時効取得

141 最2判昭和42・7・21民集二一巻六号一六四三頁

関連条文 一六二条・一七七条

自己の物について、取得時効は成立するか。

事実 Yは、昭和二七年一一月、Aから本件家屋の贈与を受け、占有を始めたが、移転登記はしなかった。しかし、Aは自己の債務のために本件家屋に抵当権を設定し、Xが昭和三七年九月一二日に本件家屋を競落し、同年一〇月二九日、その旨の登記がされた。そこで、XはYに対して本件家屋の明渡しを求めたが、Yは昭和三七年一一月に本件家屋の所有権を時効取得し、かつ、このことはXに対抗できるはずである、と主張した。原審は、取得時効が成立するには、「他人の物」を占有している必要があり、「自己の物」について取得時効は成立しないとして、Xの請求を認容した。Yが上告。

裁判所の見解 破棄差戻。「所有権に基づいて不動産を占有する者についても、民法一六二条の適用があるものと解すべきである。けだし、取得時効は、当該物件を永続して占有するという事実状態を、一定の場合に、権利関係にまで高めようとする制度であるから、所有権に基づいて不動産を永く占有する者であつても、その登記を経由していない等のために所有権取得の立証が困難であつたり、または所有権の取得を第三者に対抗することができない等の場合において、取得時効による権利取得を主張できると解することが制度本来の趣旨に合致するものというべきであり、民法一六二条が時効取得の対象物を他人の物としたのは、通常の場合において、自己の物について取得時効を援用することは無意味であるからにほかならないのであつて、同条は、自己の物について取得時効の援用を許さない趣旨ではないからである。」

解説 一六二条は、取得時効の対象物を「他人の物」としている。しかし、本件のような二重譲渡の事案では、自分の物でもYには取得時効を主張する実益がある。Xは時効完成前に登場した者であるため、Yは、登記がなくても、Xに所有権を主張できるとされているからである。

しかし、二重譲渡であるなら、XY間の関係は一七七条によって規律すべきであるとの考え方もある（これによれば、Xの登記後、Yがさらに一〇年ないし二〇年占有を継続しない限り、Yの時効取得は認められない）。他方、本件で、Yが完全な無権利者なら、取得時効が認められるのに、Aからの譲受人である場合に時効取得を認めないのはバランスを失している、との批判もあるが、これには「贈与を受けたYは、Xが登場する前に、Aに対して登記を求めればよかったはずである」との反論もある。Xの登記がYの取得時効の中断事由となるとの考え方を含め、学説では、多様な見解が唱えられている。

▼**評釈**――宮内竹和・法協八五巻七号、本田純一・百選Ⅰ44

土地所有権の取得時効における無過失の判断基準

142 最2判昭和43・3・1民集二二巻三号四九一頁

関連条文　一六二条二項

登記簿に基づき実地調査をすれば、境界を容易に知りえた場合、その境界を知らなかった占有者には過失があったといえるか。

事実　Yの所有するa番とXの所有するb番とは隣接する土地であり、その境界線はAB線であったが、昭和五年七月一九日に先代からa番を相続したYは、境界を誤解し、b番の土地の一部cをa番に属するものと考え、占有していた。そこで、XがAB線が境界であることの確定を求めたところ、Yは、AB線が境界であることを争うとともに、境界がAB線であったとしても、cについては取得時効が成立するとして反訴し、Xに移転登記等を求めた。原審は、AB線を境界としつつ、とYは無過失であったとして、一〇年の取得時効（一六二条二項）を認め、Yの反訴を認容した。Xが上告。

裁判所の見解　破棄差戻。「Yがa番につき昭和五年七月一九日家督相続により所有権を取得したこと、および、a番とb番との境界線がAB線であることは、原審が適法に認定したところである。そして、右境界線がAB線であることは、原審がa番およびb番の両地の登記簿謄本、測量図、検証の結果等によつて認めたものであるから、登記簿に基づいて実地に調査すれば、右境界線がAB線であることを容易に知り得たことがうかがえる。したがつて、Yが相続当時右境界線がAB線であることを確認することは困難でなかつたといわなければならない。そうとすれば、原判決が認定するYがa番の所有権を相続により取得した昭和五年七月一九日にb番のcの土地（四・七八坪）をa番の土地の一部で自分の所有に属すると信じたとしても、それについては、他に特段の事情のない限り、無過失であるとはいえないと解するを相当とする。原判決が、Yが右のように信ずるについては直ちに無過失であつたといつているのは、民法一六二条二項の解釈適用を誤まつた違法がある。」

解説　過失の判断基準に絞って本判決を位置づけるなら、まず大判大正2・6・16民録一九輯六三七頁は、一六二条二項の「過失」につき、相当の注意をすれば権原の瑕疵を発見できたのに、注意不足によって発見できないことを意味するとの一般論を展開し、続く大判大正5・3・24民録二二輯六五七頁は、取引の際に登記簿を調査しなかった者について、また同昭和17・2・20民集二一巻一一八頁は、境界に関する売主の発言を信じ、所轄税務署の図面を確認しなかった者について、それぞれ過失を認めた。本判決はこれらの続くものであり、過失の有無を具体的に判断した事例判決である。

▼**評釈**——安達三季生・民商五九巻四号、野村豊弘・法協八六巻六号

売買契約の当事者間における買主の所有権取得時効の援用

143 最1判昭和44・12・18民集二三巻一二号二四六七頁

関連条文 一六二条

買主は売主に対して売買目的物である不動産について、取得時効を援用することができるか。

事実　Xは、昭和二〇年三月一五日頃、Yの先代から本件不動産を一五〇〇五円で購入し、内金として五五〇〇円を支払うとともに、本件不動産の引渡しを受けた。Yの先代は同月二三日に死亡して、Yが相続し、登記もしたので、XはYに対して残代金の支払と引換えに移転登記をするよう再三請求したが、売買契約自体に紛議が生じ、Yが応じないので、Xが登記移転を求めて提訴した。一審はXの請求を認め、Yが控訴し、原審において、Xは、仮に売買が認められなかったとしても、取得時効が成立しているはずであると主張し、他方、Yは、貨幣価値が著しく変動している以上、本件不動産の現在の価格で代金が支払われるまで移転登記には応じられないと主張した。原判決は、売買契約の存在は認めつつ、Yの代金増額請求を認容し、取得時効については判断しなかった。Xは、取得時効が成立しているなら、事情変更（＝代金増額）は認められないはずであるなどとして、上告。

裁判所の見解　破棄差戻。「不動産の所有者が第三者に対しその不動産を売却した場合においても、その買主が売主から右不動産の引渡を受けて、みずから所有の意思をもつて占有を取得し、（その占有開始の時から）一六二条所定の期間を占有したときには、買主は売主に対する関係でも、時効による所有権の取得を主張することができると解するのが、相当である。けだし、このような契約当事者においても、その物件を永続して占有するという事実状態を権利関係にまで高めようとする同条の適用を拒むべき理由はなく、このように解したとしても、その契約により発生すべきその余の法律関係については、その法律関係に相応する保護が与えられており、当事者間の権利義務関係を不当に害することにはならないからである。」

解説　「自己の物」についても取得時効が成立しうることは、本判決が挙げる最2判昭和42年で確認されているが、同判決では原所有者から不動産を譲り受け、登記を備えた第三者との関係が問題とされたため、一七七条との関係で同判決には疑義が提起されている。これに対して、本判決の場合、Yは「第三者」ではなく、売主の包括承継人であり、また売買契約の存在そのものに争いがある以上、Xに取得時効の主張を認めても奇妙ではない。もっとも、Xが目的物を時効取得しても、契約上の義務（代金債務）から解放されることはない。

▼**評釈**――風間鶴寿・民商六三巻三号、星野英一・法協八九巻七号

不動産の二重売買と所有権の取得時効の起算点

144 最2判昭和46・11・5民集二五巻八号一〇八七頁

関連条文 一六二条・一七七条

不動産の引渡しを受けたが、登記を得ていない第1買主が取得時効を主張する場合、どの時点が起算点となるか。

事実　Xは、昭和二七年一月二六日、Aから本件土地を購入し、同年二月六日、引渡しを受けた。他方、本件土地は、昭和三三年一二月一七日、Aの相続人からBに譲渡されて、同月二七日にB名義の登記がされ、昭和三四年六月頃にはBからCへ、同月九日にはCからYへ譲渡がされたうえ、同月一〇日、中間省略登記によりBから直接Yへの移転登記がされた。Xが、昭和二七年二月六日から一〇年以上経過しているから、本件土地を時効取得したとして、Yに移転登記等を求めたところ、一審はXの請求を認めたが、原審は、不動産を占有する第一買主が時効取得を主張する場合、時効の起算点は第二買主が登記をしたとすべきであるとして、Xの請求を棄却した。Xが上告。

裁判所の見解　破棄差戻。「不動産の売買がなされた場合、特段の意思表示がないかぎり、不動産の所有権は当事者間においてはただちに買主に移転するが、その登記がなされない間は、登記の欠缺を主張するにつき正当の利益を有する第三者に対する関係においては、売主は所有権を失うものではなく、反面、買主も所有権を取得するものではない。当該不動産が売主から第二の買主に二重に売却され、第二の買主に対し所有権移転登記がなされたときは、第二の買主は登記の欠缺を主張するにつき正当の利益を有する第三者であることはいうまでもないことであるから、登記の時に第二の買主において完全に所有権を取得するわけであるが、その所有権は、売主から第二の買主に直接移転するのであり、売主から一旦第一の買主に移転し、第一の買主から第二の買主に移転するものではなく、第一の買主は当初から全く所有権を取得しなかつたことになるのである。したがつて、第一の買主がその買受後不動産の占有を取得し、その時から一六二条に定める時効期間を経過したときは、同法条により当該不動産を時効によつて取得しうるものと解するのが相当である（最高裁判所……昭和四二年七月二一日第二小法廷判決、民集二一巻六号一六四三頁参照）。」

解説　不動産の引渡しを受けた第一譲受人が時効取得を主張するとき、本判決の引用する最2判昭和42年は引渡し時を取得時効の起算点とした。しかし、これには批判もあり、「自己の物」についても取得時効は成立するとしたうえ、引渡し時を取得時効の起算点とした。しかし、これには批判もあり、そこで、本判決は理由づけを変化させつつも、①第一譲受人の占有開始時が起算点とされ、②また第二譲受人の登記は第一譲受人の時効取得に影響を及ぼさないという帰結を維持した。

▼**評釈**――松久三四彦・不取百（三版）43、児玉寛・百選Ⅰ（六版）53、村田健介・百選Ⅰ55

一六二条二項の取得時効と無過失の立証責任

145 最1判昭46・11・11判時六五四号五二頁

関連条文 一六二条二項・一八六条二項

一六二条二項の一〇年の取得時効を主張する者は無過失の立証責任を負うか。

事実 本判決は（140判決）の差戻後の再度の上告審判決である。事案の詳細はそちらを参照されたいが、大要以下の通りである。Yは、昭和二六年一一月二八日に元所有者であるAから本件土地建物を買い受けその所有権移転登記を経由している。一方、本件土地建物を占有するXは、①昭和二三年七月Aから本件土地建物の贈与を受けた、②右時点から占有を開始して一〇年の経過により取得時効が成立したと主張し、昭和三三年九月二二日、Yに対し本件土地建物の所有権確認と移転登記を求めて提訴した。最高裁は、Xの取得時効の成否につき審理を尽くさせるべく原審判決を破棄差戻。差戻後の原審は、Xへの贈与の事実は認められず、またXの占有が無過失によるものであったとは認められないとして、Xの請求を棄却。Xは、一八六条により占有者は無過失も推定されると解すべきであり、明示こそしていないが無過失の推定はないとしてXの時効の主張を排斥した原判決には誤りがあるとして、再度上告。

裁判所の見解 上告棄却。「民法一六二条二項の一〇年の取得時効を主張するものは、その不動産を自己の所有と信じたことにつき無過失であったことの立証責任を負うものである（最高裁昭和四三年……一二月一九日第一小法廷判決、裁判集（民事）九三号七〇七頁参照）ところ、原審の認定した事実関係のもとにおいては、Xが無過失であったとは認められない旨の原審の判断は、正当であって、原判決に所論の違法は認められない。」

解説 一六二条二項にいう「善意」とは、自己の所有と信ずることをいう（それゆえ「悪意」は所有権がないことを知っている場合だけでなく、その有無を疑っていることも含む）が、占有者の善意は一八六条一項により推定される。この点、同項は無過失の推定も包摂するとの見解もあるが、本判決は従前の判例を踏襲し、無過失は推定されないとした。したがって一〇年の取得時効を主張する占有者は、自己に所有権があると信じたことに過失がないという評価を、具体的事実により根拠づけなければならない。その判断は、当事者にどこまでの調査・確認が期待できるかの状況判断によることから容易ではなく（河上五六一頁）、必ずしも登記簿等調査の不備のみで過失が認められるとは限らない（最1判昭52・3・31判時八五五号五七頁）。また、所有権と直接には抵触しない抵当権の設定・登記について知り又は不注意で知らなかった場合にも善意無過失が認められている（最3判昭43・12・24民集二二巻一三号三三六六頁）。

農地の取得時効の効果と原始取得

146 最1判昭和50・9・25民集二九巻八号一三二〇頁

関連条文　一六二条、農地法三条

農地の取得時効について農地法三条所定の許可は必要か。

事実　本件農地の所有者であるXの先々代は、本件農地を第三者に小作に出していたが、その後もXの先代、Xの順で小作は続けられ、小作料を収取し、公租公課の納付を続けて、その占有が継続していた。一方、本件農地は登記上は、Xの先々代からYの先代へ売買を原因として所有権移転登記がされていた。XとYとの間で本件農地の所有権の帰属をめぐって争いが生じたため、Xは、先代が先々代を家督相続した昭和一三年から二〇年間自主占有を継続したことを理由に本件農地所有権の時効取得を主張し、Yに対し、取得時効を原因とする所有権移転登記手続を請求した。原審はXの請求を認容した。Yは、農地法三条所定の知事等の許可が無い限り、時効による農地の所有権取得は効力を生じないこと等を主張して上告。

裁判所の見解　上告棄却。「農地法三条による都道府県知事等の許可の対象となるのは、農地等につき新たに所有権を移転し、又は使用収益を目的とする権利を設定若しくは移転する行為にかぎられ、時効による所有権の取得は、いわゆる原始取得であって、新たに所有権を移転する行為ではないから、右許可を受けなければならない行為にあたらないものと解すべきである。時効により所有権を取得した者がいわゆる不在地主である等の理由により、後にその農地が国によって買収されることがあるとしても、そのために時効取得が許されないと解すべきいわれはない。」

解説　時効による所有権取得は、本判決も述べる通り、一般には原始取得と解されている（我妻四八一頁）。もっとも、判例は不動産所有権の時効取得にも一七七条を適用し、時効完成時の占有者と原所有者は物権変動の当事者であるが（最3判昭和41・11・22民集二〇巻九号一九〇一頁）、時効完成後の原所有者からの譲受人は第三者であって、この者に対しては登記なくして時効取得を対抗できないとしており（最1判昭和33・8・28民集一二巻一二号一九三六頁）、この点では承継取得との違いはほとんど見られない。また、三九七条の解釈にも争いがあるところであり、結局、時効取得が原始取得であるとの一般論にどこまでの内実があるのかは検討を要する。とはいえ、時効取得の本質が過去における占有継続にあることは確かであり、それゆえ、農地法三条が許可を要する新たな所有権移転行為には当たらない（岨野・後掲四四六頁）。むしろ問題の核心は、農地の時効取得を認めるべき占有態様につき、農地法の趣旨に照らして適切に判断すべきとの点にあろう（河上五六七頁）。

▼**評釈**――岨野悌介・最判解昭和五〇年度、加藤正男・民商七四巻六号

取得時効における所有の意思と他主占有事情

147 最2判平成7・12・15民集四九巻一〇号三〇八八頁

関連条文 一六二条・一八六条一項

「所有の意思」の推定を覆すために立証すべき事情は何か。

事実 B（Aの弟）は、①昭和三〇年一〇月頃、A所有の本件土地に建物を建築して妻子と居住を始め、②昭和三八年頃に右建物を本件土地の北側角へ移築し、③昭和四〇年八月頃には増築した。その後、X_1（Bの娘）の夫X_2が、④昭和四二年四月頃、隣接建物を建築し、⑤昭和六〇年頃に両建物を結合する等の工事を行った。これに対し⑥AもC（A死亡後の登記名義人）も異議を述べたことはなかった。また、BもX_1・X_2も、この間、登記がAまたはCにあることを知りながら、所有権移転登記手続を求めず、固定資産税を負担することもなかった。X_1・X_2が、Y_1・Y_2（C死亡後の登記名義人）に対し、時効取得等を理由として持分権移転登記手続を求め提訴。

裁判所の見解 占有者が名義人に所有権移転登記手続を求めないことは、「占有者と登記簿上の所有名義人との間の人的関係等によっては、所有者として異常な態度であるとはいえないこともあ」り、また、固定資産税を負担しないことも「当該不動産に賦課される税額等の事情によっては、所有者として異常な態度であるとはいえないこともある」のであって、「これらの事実は、他主占有事情の存否の判断において占有に関する外形的客観的な事実の一つとして意味のある場合もあるが、常に決定的な事実であるわけではない」。本件においては、「BはAの弟であり、いわばB家が分家、A家が本家という関係にあって、当時経済的に苦しい生活をしていたB家がA家に援助を受けることもあった」との事実に加えて、①〜⑥の事実をも総合考慮すると、「B及びXらが所有権移転登記手続を求めなかったこと及び固定資産税を負担しなかったことをもって他主占有事情として十分であるということはできない。」本件土地の固定資産税の賦課額等につき審理を尽くさせるべく差戻し。

解説 他主占有を理由に取得時効の成立を争うには、当該占有が他主占有権原に基づくこと、または外形的客観的にみて占有者が他人の所有権を排斥して占有する意思を有していなかったものと解される事情（他主占有事情）のいずれかを主張立証しなければならない（最1判昭和58・3・24民集三七巻二号一三一頁）。本判決は、占有者が所有権移転登記手続を求めない、または固定資産税を負担しないという事実につき、他主占有事情として考慮され得る事実の一つではあるが、「決定的な事実」ではないとする。他主占有事情の判断は、占有に関わる諸事情の総合考慮によってなされるとするのが本判決の示すところである。

▼評釈――田中豊・最判解平成七年度、藤原弘道・民商一一五巻六号

時効完成後の再度の時効取得と抵当権

148 最2判平成15・10・31判時一八四六号七頁

取得時効の援用により不動産の所有権を取得し登記を了した者は、その後に設定され登記も経由された抵当権に対抗するため、右登記時を起算点とする再度の取得時効を援用することができるか。

関連条文 一六六条一項・一七七条・三九七条

事実　Xは、昭和三七年二月一七日にA所有の本件土地の占有を開始した。昭和五八年一二月一三日、本件土地にBのために抵当権が設定され登記もされた。平成八年一〇月一日、YがBから本件抵当権を被担保債権とともに譲り受け、翌年三月二六日に付記登記がされた。その後Xは、本件土地につき、昭和三七年二月一七日を起算点とする二〇年の取得時効を援用し、所有権移転登記を了した。さらに、Xは、右抵当権設定登記がされた昭和五八年一二月一三日から一〇年間本件土地の占有を継続したことにより、再度の取得時効が完成したとして、これを援用し、Yに対し本件抵当権設定登記の抹消登記手続を求め提訴した。一審、原審ともXの主張を認めたため、Yが上告受理の申立て。

裁判所の見解　破棄自判。Xは、最初の時効の援用により、「占有開始時の昭和三七年二月一七日にさかのぼって本件土地を原始取得し、その旨の登記を有している。Xは、上記時効の援用により確定的に本件土地の所有権を取得したのであるから、このような場合に、起算点を後の時点にずらせて、再度、取得時効の完成を主張し、これを援用することはできない」。「そうすると、Xは、上記時効の完成後に設定された本件抵当権を譲り受けたYに対し、本件抵当権の設定登記の抹消登記手続を請求することはできない。」

解説　判例は、不動産の取得時効完成後に第三者が所有権移転登記を了した場合でも、右登記時を起算点とする再度の時効取得により、登記なくして時効取得を対抗できるとする（最1判昭和36・7・20民集一五巻七号九〇三頁。いわゆる「取得時効と登記」の問題に関する一連の判例については、本書138～140判決の解説を参照されたい）。この考えが本件にも及ぶかが問題となったが、本判決は否定した。ところが最高裁は近年、不動産の取得時効の完成後、所有権移転登記がされないまま、第三者が抵当権の設定を受けて登記を経た場合に、右登記時を起算点とする再度の取得時効とそれによる抵当権の消滅を認めており（最2判平成24・3・16民集六六巻五号二三二一頁）、本判決との整合性に疑問を残した。おそらく、本件ではXが一旦時効を援用し、その登記まで経ることで「確定的に本件土地の所有権を取得した」がために再度の取得時効を否定したと説明することになろうが、説得的ではない（登記もなく初めて時効を援用する方が有利になる）。

▼**評釈**――岡本詔治・民商一三一巻二号

賃借権の時効取得の要件

149 最3判昭和43・10・8民集二二巻一〇号二一四五頁

関連条文 一六三条・六〇一条

賃借権は時効取得が認められるか。

事　実　本件係争地はYの所有地であるが、昭和二二年三月に二筆に分筆後、その一方（「甲地」とする）にはX所有建物が（届出によれば同年四月に）建築され、他の一筆は、X所有の物置が存する部分（「乙地」とする）と果樹園をなす部分（「丙地」とする）とに分かれている。XはYに対し、甲・乙・丙地につき、昭和二一年三月頃にYの代理人A（Yの父）から一括して賃借したこと、仮に右賃貸借契約が無効であれば賃借権を時効取得したことを主張し、賃借権を有することの確認等を求めている。これに対しYは、Aには代理権がなく、またAがXに賃貸したのは甲地のみであるから、Xの土地占有は無権原であると主張し、地上建物および果樹の収去と係争地全部の明渡しを求めている。原審が甲地についてはXの賃借権を認めたが乙・丙地については否定したため、Xが上告。

裁判所の見解　「土地賃借権の時効取得については、土地の継続的な用益という外形的事実が存在し、かつ、それが賃借の意思に基づくことが客観的に表現されているときは、民法一六三条に従い土地賃借権の時効取得が可能であると解するのが相当である」。原判決中、乙・丙地部分につき破棄差戻。

解　説　本判決は、最高裁として初めて土地賃借権の時効取得を理論上肯定し、また、その要件として、①土地の継続的な用益という外形的事実が存在し、かつ②それが賃借の意思に基づくことが客観的に表現されていることが必要であるとの枠組みを示した。①の外形的な占有態様に加えて②が要求されているのは、使用貸借上の権利等、賃借権以外の権利と識別するためであるとされる（可部・後掲）。土地賃借権の時効取得が問題になるケースには幾つかのタイプがあり、判例でも、(a)土地所有者の承諾のない転貸借に基づく占有について転借権の時効取得を認めた事例（最3判昭和44・7・8民集二三巻八号一三七四頁）、(b)無効な賃貸借契約に基づく占有について時効取得を認めた事例（最3判昭和45・12・15民集二十四巻十三号二〇五一頁）、(c)所有者以外の第三者との間の賃貸借契約に基づく占有について、所有者に対する関係において賃借権の時効取得を認めた事例（最2判昭和62・6・5判時一二六〇号七頁）等があるが、いずれにおいても本判決が提示した右要件が踏襲されている。要件判断に当たり、特に②については、右判例からも一般には賃貸借契約の存在と賃料の支払があれば良いとされている。

▼**評釈**――可部恒雄・最判解昭和四三年度、野村豊弘・法協八七巻一号

契約解除による原状回復義務、不履行による損害賠償請求の消滅時効

150 最3判昭和35・11・1民集一四巻一三号二七八一頁

関連条文　一六六条一項・五四五条、商五二二条

商事契約の解除に基づく原状回復義務の不履行を理由とする損害賠償請求権に商事時効は適用されるか。また、その起算点はいつか。

事　実　鉄鋼業および海上物品運送業を営むXは、昭和二三年七月頃、内燃機関等の製造販売・修理等を業とするYに対し、ディーゼルエンジン一基を引渡してその修理を依頼した。しかしYが再三の催告にかかわらず履行しないため、昭和二四年八月頃、Xは右修理委託契約を解除した。その間、Yは右エンジンを善良なる管理者の注意をもって保管せず、喪失してしまった。そのため昭和三〇年二月一二日、XはYに対し、契約解除に基づく原状回復のための物件返還義務の履行不能を理由に損害賠償を求めた。これに対しYは、右解除の時を起算点とする商事債務五年の消滅時効を援用してこれを争った。原審がYの主張を容れてXの請求を排斥したため、Xが上告。

裁判所の見解　上告棄却。「商事契約の解除による原状回復（本件では特定物の返還義務）は商事債務であり、その履行不能による損害賠償義務も同様商事債務と解すべきである。そして右損害賠償義務は本来の債務の物体が変更したに止まり、その債務の同一性に変りはないのであるから、商事取引関係の迅速な解決のため短期消滅時効を定めた立法の趣旨からみて、右債務の消滅時効は本来の債務の履行を請求し得る時から進行を始めるものと解すべきである。」

解　説　債務不履行による損害賠償義務が本来の債務と同一性を有しており、それゆえ両者は消滅時効の起算点を同じくするとの点は、すでに大審院時代に示されており（大判昭和18・6・15法学一三巻二六五頁）、また本判決以後も踏襲されている（最2判平成10・4・24判時一六六一号六六頁〔153判決〕）。もっとも本判決における「本来の債務」は契約解除に基づく原状回復義務であって、契約上の債務そのものではない。この点に関しては、契約解除による原状回復請求権は新たに発生した請求権であって、その消滅時効も解除時より進行するとの先例（大判大正7・4・13民録二四輯六六九頁〔156事件〕）が前提になっている。他方で本判決は解除による原状回復義務に商事性を肯定している。大審院時代の先例（大判大正5・7・18民録二二輯一五五三頁）を踏襲したと見られるが、解除による新たな請求権発生の論理との整合性には疑問が残る。仮に「商事取引関係の迅速な解決」の要請から正当化するのであれば、原状回復請求権とは別に解除権そのものの消滅時効も観念する（最1判昭和62・10・8民集四一巻七号一四四五頁）ことによる問題にも対応する必要があろう。

▼**評釈**――北村良一・最判解昭和三五年度、山中康雄・民商四四巻六号

過怠約款を付した割賦払債務の消滅時効の起算点

151　最2判昭和42・6・23民集二一巻六号一四九二頁

関連条文　一六六条一項

約定違反があれば債権者の請求によりただちに残債務全額を弁済すべき割賦払債務について、一回の不履行があれば残債務全額についてただちに消滅時効が進行するか。

事　実　A銀行は、Yらを連帯債務者として、Yらが半年賦払その他の約定に違反したときは債権者の請求により償還期限にかかわらずただちにその残債務の全部又は一部を弁済すること等の約定で金員を貸し付けた。Yらが第三回割賦金の支払（弁済期は昭和二八年九月三〇日）を怠ったので、右債権を譲り受けたXは、昭和三四年七月八日、残債務全額と遅延損害金の支払を求めて提訴した。これに対しYらは、右債権につき昭和二八年一〇月一日から進行する商事時効による消滅を主張した。原審は、Yらが割賦金の支払を一回でも遅滞したときは当然期限の利益を失い残債務全額について履行期が到来したと解すべきではなく、Xの即時支払の請求があってはじめて全額について履行期が到来するとし、第三回目の割賦金についてのみ時効による消滅を認めた。Yら上告。

裁判所の見解　一部破棄自判、一部棄却。「本件のように、割賦金弁済契約において、割賦払の約定に違反したときは債務者は債権者の請求により償還期限にかかわらず直ちに残債務全額を弁済すべき旨の約定が存する場合には、一回の不履行があっても、各割賦金額につき約定弁済期の到来毎に順次消滅時効が進行し、債権者が特に残債務全額の弁済を求める旨の意思表示をした場合にかぎり、その時から右全額について消滅時効が進行するものと解すべきである」（大連判昭和15・3・13民集一九巻五四四頁参照）。Xが残債務全額の請求をしたのは昭和三四年七月八日であるところ、第四回割賦金債務（弁済期は昭和二九年三月三一日）については消滅時効が完成しているとしてこの部分について原審を破棄しYの主張を認めたが、それ以外の残債務については上告棄却。

解　説　いわゆる過怠約款を付した割賦払債務の消滅時効の起算点につき、判例は、その特約の趣旨に応じて区別する。一回の不履行により当然に全額支払いすべきとする趣旨の場合には、不履行時から残額債権全部につき消滅時効が進行するが、本件のように債権者の請求を以てはじめて全額支払いになるものとするものの場合には、債権者の請求がない限り、各賦払債務は約定弁済期の到来毎に順次消滅時効が進行することになる。すでに大審院時代に示されていた判断であるが、本判決は改めてその態度を堅持することを示した。もっとも近時の学説においては、不履行があれば債権者はいつでも請求することができるのだから、残額債務につき当然に消滅時効が進行するとする見解が通説である。

▼**評釈**――森綱郎・最判解昭和四二年度

じん肺訴訟と消滅時効の起算点……日鉄鉱業じん肺訴訟

152 最3判平成6・2・22民集四八巻二号四四一頁

関連条文 一六六条一項、じん肺法四条・一三条

じん肺罹患による損害賠償請求の消滅時効の起算点。

事　実　Xらは、Y経営の長崎県内の炭鉱労務により「じん肺」に罹患した患者六三名の本人または相続人であり、Yに対し、雇用契約上の安全配慮義務の不履行に基づく損害賠償を求めて提訴した。じん肺法上、じん肺の罹患者は管理一から四まで区分されるところ、Xらの中には、最初の決定から徐々に高い管理区分の決定を受けた者もいる。原審は、損害賠償請求権の消滅時効は最初の行政上の決定から進行するとした。この結果、右六三名のうち三〇名に係る請求が消滅時効完成を理由に棄却された。

裁判所の見解　「一般に、安全配慮義務違反による損害賠償請求権は、その損害が発生した時に成立し、同時にその権利を行使することが法律上可能となるというべきところ、じん肺に罹患した事実は、その旨の行政上の決定がなければ通常認め難いから、本件においては、じん肺の所見がある旨の最初の行政上の決定を受けた時に少なくとも損害の一端が発生したものということができる。しかし、このことから、じん肺に罹患した患者の病状が進行し、より重い行政上の決定を受けた場合においても、重い決定に相当する病状に基づく損害を含む全損害が、最初の行政上の決定を受けた時点で発生していたものとみることはできない。……じん肺の病変の特質にかんがみると、管理二、管理三、管理四の各行政上の決定に相当する病状に基づく各損害には、質的に異なるものがあるといわざるを得ず、したがって、重い決定に相当する病状に基づく損害は、その決定を受けた時に発生し、その時点からその損害賠償請求権を行使することが法律上可能となるものというべきであり、……要するに、雇用者の安全配慮義務違反によりじん肺に罹患したことを理由とする損害賠償請求権の消滅時効は、最終の行政上の決定を受けた時から進行するものと解するのが相当である」。前記三〇名に係る請求について、破棄差戻。

解　説　判例は、履行不能に基づく損害賠償請求の消滅時効の起算点につき、債務の同一性を理由に履行請求可能時とするが（最3判昭和35・11・1民集一四巻一三号二七八一頁〔150判決〕）、最2判平成10・4・24判時一六六一号六六頁〔153判決〕）、本判決は、安全配慮義務違反に基づく損害賠償については同一性の理論を採らず、損害発生時とした。その上で、じん肺による損害に関し、病変の進行段階に応じた質的相違を重視し、各損害の個別性を認めている。さらに最3判平成16・4・27判時一八六〇号一五二頁では、死亡という損害の異質性を認め、最終の行政決定を受けた時から一〇年以上を経て死亡したケースにつき、死亡時を時効の起算点としている。

▼**評釈**――倉吉敬・最判解平成六年度

債務不履行による損害賠償請求権の消滅時効の起算点

153 最2判平成10・4・24判時一六六一号六六頁

関連条文　一六六条一項・四一五条

契約に基づく債務の履行不能の損害賠償請求権の消滅時効はいつから起算するか。

事実　Xは昭和三九年三月一二日、Yの父Aとの間で、当時農地であったA所有の本件土地を二〇〇万円で買受ける旨の本件契約を締結し、そのころ、右代金全額を支払うとともに、本件土地につき、同月一三日付で条件付の仮登記を経由した。Aを相続したYは、昭和六三年六月、Xに対し右仮登記の抹消を求めて提訴し、同年九月二七日、Y勝訴が確定した。Yはこれに基づき、同年一〇月二四日に右仮登記を抹消すると、同年一二月九日、Bに本件土地を売却して登記も経由した。平成四年二月、XはYに対し履行不能による損害賠償を求めて提訴した。これに対しYは、平成五年一月二五日頃、本件契約に基づく所有権移転許可申請協力請求権につき消滅時効を援用した。原審がXの請求を認容したため、Yが上告。

裁判所の見解　破棄差戻。「契約に基づく債務について不履行があったことによる損害賠償請求権は、本来の履行請求権の拡張ないし内容の変更であって、本来の履行請求権と法的に同一性を有すると見ることができるから、債務者の責めに帰すべき債務の履行不能によって生ずる損害賠償請求権の消滅時効は、本来の債務の履行を請求し得る時からその進行を開始するものと解するのが相当である」。Xの損害賠償請求権の消滅時効は、本件契約締結時から進行する。また、Yの平成五年一月二五日にした消滅時効の援用は「本来の履行請求権とこれに代わる損害賠償請求権との法的同一性にかんがみれば、右損害賠償請求権についての消滅時効を援用する趣旨のものと解し得る」。これによりXの損害賠償請求権は右時効の援用によって消滅することとなる。時効の進行を阻害する事由の有無、消滅時効の援用が信義則に反するかにつき、さらに審理を尽くさせるため差戻し。

解説　履行不能による損害賠償請求権と本来の履行請求権との同一性、およびそれゆえに両者は消滅時効の起算点を同じくするとの点は、本判決も引用する判例（大判大正8・10・29民録二五輯一八五四頁、最3判昭和35・11・1民集一四巻一三号二七八一頁〔150事件〕）がすでに示していた。本判決の特徴は、右同一性を理由に、本来の履行請求権の消滅時効の援用を以て損害賠償請求権についてのそれと同視できるとした点にある。もっとも近年では、判例の説く右同一性を疑問視し、債務不履行に基づく損害賠償と本来の履行請求権は別個の債権であることを前提に、前者の消滅時効は債務不履行の時から進行するとの見解も有力である（潮見三〇六頁参照。なお、遅行遅滞の場合の問題について河上五九一頁参照）。

▼**評釈**——佐々木典子・民商一二〇巻六号

154 瑕疵担保責任による損害賠償請求権の消滅時効の起算点

最3判平成13・11・27民集五五巻六号一三一一頁

関連条文 一六七条一項・五六六条三項・五七〇条

瑕疵担保請求権に消滅時効の規定の適用はあるか。

事実 昭和四八年二月一八日、XはYから本件宅地とその地上建物等を買受け、代金を支払った。同年五月九日、本件宅地につき移転登記が経由され、その頃引渡しがされた。本件宅地には昭和四七年一〇月二七日付で道路位置指定がされていたが、Xがこれを知ったのは平成六年二月ないし三月頃であった。XはYに対し右道路位置指定が隠れた瑕疵に当たるとして損害賠償を求めて提訴し、Yはこれに対し右損害賠償請求権について消滅時効を援用した。原審はYによる右抗弁を排斥しXの請求を一部認容した。Y上告。

裁判所の見解 破棄差戻。「買主の売主に対する瑕疵担保による損害賠償請求権は、売買契約に基づき法律上生ずる金銭支払請求権であって、これが民法一六七条一項にいう『債権』に当たることは明らかである。この損害賠償請求権については、買主が事実を知った日から一年という除斥期間の定めがあるが（同法五七〇条、五六六条三項）、これは法律関係の早期安定のために買主が権利を行使すべき期間を特に限定したものであるから、この除斥期間の定めがあることをもって、瑕疵担保による損害賠償請求権につき同法一六七条一項の適用が排除されると解することはできない。さらに、買主が売買の目的物の引渡しを受けた後であれば、遅くとも通常の消滅時効期間の満了までの間に瑕疵を発見して損害賠償請求権を行使することを買主に期待しても不合理でないと解されるのに対し、瑕疵担保による損害賠償請求権に消滅時効の規定の適用がないとすると、買主が瑕疵に気付かない限り、買主の権利が永久に存続することになるが、これは売主に過大な負担を課するものであって、適当といえない。したがって、瑕疵担保による損害賠償請求権には消滅時効の規定の適用があり、この消滅時効は、買主が売買の目的物の引渡しを受けた時から進行すると解するのが相当である。」Yによる消滅時効の援用が権利の濫用に当たるかにつきさらに審理を尽くさせるべく、差戻し。

解説 本判決は、瑕疵担保責任の法的性質に言及することなく、損害賠償請求権が「債権」であって一六七条一項が適用され得ることを示した上で、消滅時効とは制度趣旨の異なる除斥期間の定めはこれを排除しないとする。また、これにより、場合によっては買主が瑕疵の存在を知ることなくその請求が時効によって消滅するといった事態も生じ得るが、買主が目的物の引渡しを受けた後であるならば、瑕疵を発見して権利を行使することを期待するのは「不合理でない」との判断である。起算点につき契約締結時ではなく目的物の引渡時としたことには、この点についての配慮もあろう。

▼**評釈**――長谷川浩二・最判解平成一三年度

自動継続特約付定期預金の消滅時効の起算点

155 最3判平成19・4・24民集六一巻三号一〇七三頁

関連条文　一六六条一項

自動継続特約付きの定期預金契約における預金払戻請求権の消滅時効の起算点はいつか。

事実　Xは昭和六二年二月二三日、A信用組合に対し二〇〇万円を期間一年で預け入れた。この預金契約では、特約として、本件預金契約が満期日に前回と同一の期間の預金契約として自動的に継続されること、預金者が本件預金契約の継続を停止するときは満期日までにその旨を申し出るべきことが定められていた（自動継続特約）。その後、Aは合併によりB信用組合となり、さらにBはYに対し営業の全部を譲渡した。Xは平成一四年八月一三日、Bに対し本件預金契約の解約を申し入れて預金の払戻を請求したが、Bはこれに応じなかった。平成一五年六月二三日、XはYに対し本件預金の払戻等を求めて提訴した。原審がXの請求を認容したため、Yが上告。

裁判所の見解　上告棄却。本件預金払戻請求権は、初回満期日を起算点とする時効により消滅したとのYの主張に対し、本判決は以下のように判示しこれを認めなかった。「自動継続定期預金契約は、自動継続特約の効力が維持されている間は、……初回満期日が到来しても、預金払戻請求権の行使については法律上の障害があるというべきである。」「預金者が継続停止の申出をするか否かは、預金契約上、預金者の自由にゆだねられた行為というべきである。……消滅時効に関し、初回満期日から預金払戻請求権を行使することができると解することは、預金者に対し契約上その自由にゆだねられた行為を事実上行うよう要求するに等しいものであり、自動継続定期預金契約の趣旨に反するというべきである。……自動継続定期預金契約における預金払戻請求権の消滅時効は、預金者による解約の申入れがされたことなどにより、それ以降自動継続の取扱いがされることのなくなった満期日が到来した時から進行するものと解するのが相当である。」本件預金払戻請求権について、Xの解約申入後最初の満期日である平成一五年二月二三日から起算する消滅時効は、いまだ完成していない。

解説　自動継続定期預金契約においては、預金者が任意に継続停止の申出ができる点で、継続による満期日の更新が法律上の障害といえる（初回満期日が「権利を行使できる時」（一六六条一項）に当たらない）のかが問題になる。本判決は、初回満期日を起算点とすることは、預金者に事実上継続停止の申出を強要することになり、自動継続特約の趣旨に反し認められないと判断した。「権利を行使できる時」は債権者にそれを期待できる場合をいうとの判断を示唆するものである。

▼評釈――戸田久・最判解平成一九年度

契約解除権と原状回復請求にかかる二段構成

156 大判大正7・4・13民録二四輯六六九頁

関連条文 一六六条一項、五四五条

契約解除による原状回復請求権の消滅時効の起算点。

事　実　明治三六年四月一日、XとYは、防波堤を構成する石垣およびそこに生育する樹木の売買契約（本件契約）を締結し、XがYに代金二五〇〇円を支払った。しかし、Yは一向に引渡しをせずにいた（詳細は不明だが、引渡しには防波堤を取り崩す必要があるところ、防波堤にはA銀行のための抵当権が設定されており、防波堤の取り崩しについてその同意が得られなかったためと推測される）。明治四一年六月三〇日、XはYに対し、七日以内に引渡しがないときには本件契約を解除する旨の意思表示をした。その後も引渡しは行われなかったため、大正六年四月一七日、XがYに対し、本件契約の解除に基づく売買代金の返還を求めて提訴した。これに対しYは、契約解除による原状回復義務は本来の契約上の義務に代わるものであり、前者の時効は後者の時効とその進行の起算点を同じくし、それゆえ、Xの売買代金返還請求権は、本件契約の締結から一〇年を経た大正二年四月一日にすでに時効消滅しているとして争った。原審がXの請求を認めたため、Yが上告。

裁判所の見解　上告棄却。「契約の解除に因る原状回復の請求権は契約の解除に因りて新たに発生する請求権なるを以てその時効は契約解除の時より進行すへきものとす」。

解　説　本判決は、解除権とそれによる原状回復請求権について別々に消滅時効を考える二段階構成を採用した。本判決は大審院時代の古い事例であるが、その後の判例でも踏襲されている（最3判昭和35・11・1〈150事件〉）。また、判例は解除権以外の形成権一般について二段階構成を採るようである（取消権について大判昭和12・5・28民集一六巻九〇三頁、遺留分減殺請求権について最1判昭和57・3・4民集三六巻三号二四一頁）。しかし、形成権は独自の権利ではあるが、実質的には、その行使によって具体的請求権を生じさせるための手段でしかなく、独自の消滅時効を認めるべき理由に乏しい。また、形成権とそれによって生ずる原状回復請求権の両方の時効が生ずるというのは、その期間が相当長期に及ぶことにもなり、法律関係の早期確定の要請にも沿わない。本来は両者は一体として一つの消滅時効にかかるとするのが適当であろう。なお、形成権自体の消滅時効期間につき、明文の規定があるもの（一二六条、四二六条、五六六条等）の他は、判例は、単純に「債権又は所有権以外の財産権」（一六七条二項）に当たるとせず、その実質が債権に準ずるものについては一〇年としている（無断転貸を理由とする解除権について最1判昭和62・10・8民集四一巻七号一四四五頁、借地人の建物買取請求権について最1判昭和42・7・20民集二一巻六号一六〇一頁）。

遺留分減殺請求による登記請求権と消滅時効

157 最2判平成7・6・9判時一五三九号六八頁

関連条文 一六七条・八八四条・一〇四二条

遺留分減殺請求により取得した不動産の共有持分権に基づく登記請求権は消滅時効にかかるか。

事実 昭和三一年四月八日、AはY寺に唯一の財産といってよい本件土地を贈与し、移転登記がなされた。昭和四三年一月七日、Aが死亡し、Xらが相続した。XはY寺に対し、昭和五〇年一一月一八日に右贈与を減殺する旨の意思表示をした後、昭和五一年一月、本件土地の一部につき、右減殺請求により共有持分権を取得したとして移転登記手続を求めて提訴した（前訴）。この前訴は昭和六二年三月三日にX勝訴が確定した。Xは、さらに昭和六三年四月一一日、本件土地の前訴請求部分を除いた残余部分につき、同様に右共有持分の移転登記手続を求める本訴を提起した。Y寺は、Xの本訴請求権に関し、八八四条の規定する相続回復請求権の期間制限に服するのであって、A死亡時から二〇年の期間の満了する昭和六三年一月七日の経過をもって消滅したと主張して争った。一、原審とも右の主張を排斥したため、Y寺が上告。

裁判所の見解 上告棄却。「遺留分権利者が特定の不動産につき減殺請求をした場合には、受贈者が取得した所有権は遺留分を侵害する限度で当然に右遺留分権利者に帰属することになるから（最高裁昭和五〇年（オ）第九二〇号同五一年八月三〇日第二小法廷判決・民集三〇巻七号七六八頁、最高裁昭和五三年（オ）第一九〇号同五七年三月四日第一小法廷判決・民集三六巻三号二四一頁）、遺留分権利者が減殺請求により取得した不動産の所有権又は共有持分権に基づく登記手続請求権は、時効によって消滅することはないものと解すべきである。」

解説 判例は留分減殺請求権につき、物権的効果を生ずる形成権であるとしており、その行使により、減殺された贈与や遺贈は遺留分の限度において当然に失効し、遺留分権利者に移転するとしている（最1判昭和41・7・14民集二〇巻六号一一八三頁、最2判昭和51・8・30民集三〇巻七号七六八頁）。そのため減殺請求をした後にする目的物の返還や移転登記手続を求める請求は、減殺請求の効果として生じた法律関係（所有権・持分権の取得）に基づく物権的請求として捉えられ（二段構成）、論理的には一〇四二条や八八四条の消滅時効にもかからないことになる（最1判昭和57・3・4民集三六巻三号二四一頁）。なお、すでに大判大正11・8・21民集一巻四九三頁は、寄託物につき、寄託契約上の返還請求権が時効により消滅した場合でも、所有権に基づいて返還を求め得るとの判断を示している。

マンション管理費債権と定期金債権の消滅時効

158 最2判平成16・4・23民集五八巻四号九五九頁

関連条文 一六九条

マンションの管理費・特別修繕費にかかる債権は一六九条所定の債権に当たるか。

事実 Xは本件マンションの管理組合であり、その管理規約中には、管理費および特別修繕費（以下「管理費等」という）に関し、その額については「毎会計年度の収支予算案により、総会の承認を受けるものとする」旨の定めがある。Yは、平成一〇年三月三一日Aから本件マンションの一室の区分所有権を買い受け、登記を経由した。ところが、Aは平成四年一月分から平成一〇年四月分までの管理費等合計約一七四万円を滞納していた。XはYに対し、YがAの右管理費等の支払義務を承継したとして（建物区分所有法八条）その支払いを求めたが、Yは、右管理費等の債権は一六九条所定の五年間の短期消滅時効にかかり、平成七年一二月分までの計約一〇四万円については時効により消滅していると主張した。一・原審ともにYの主張を排斥し、Xの請求を認容した。

裁判所の見解 一部棄却、一部破棄自判。「本件の管理費等の債権は、前記のとおり、管理規約の規定に基づいて、区分所有者に対して発生するものであり、その具体的な額は総会の決議によって確定し、月ごとに所定の方法で支払われるものである。このような本件の管理費等の債権は、基本権たる定期金債権から派生する支分権として、民法一六九条所定の債権に当たるものというべきである。その具体的な額が共用部分等の管理に要する費用の増減に伴い、総会の決議により増減することがあるとしても、そのことは、上記の結論を左右するものではない。」

解説 本件の管理費等の債権は、その額につき総会決議によって決定されるために増減可能性があるものの、管理規約に基づき発生するその関係性につき、基本権としての定期金債権に基づき発生する支分権の関係と捉えることができる。本判決は以上の形式的論理により一六九条の該当性を導いている。ここには、同条が短期消滅時効を定めた趣旨（迅速に行使されるのが通常であり、また受取証の保存を期待し難い）はマンション管理費等の債権の実態に妥当しないという、原審での指摘に対する回答は必ずしも見られない。しかし、同じく一六九条の趣旨である、長年放置された後の突然の請求が債務者を困窮させるとの点は、本件のようなマンション管理費等の債権にも妥当し、それゆえ短期消滅時効を認めるべき理由となろう。なお、本判決は事例判決ではあるが、その説示は一般的なマンション管理規約に妥当する内容であり、本判決の射程は他のマンション管理費等にも広く及ぶ。

▼**評釈**——宮坂昌利・最判解平成一六年度、丸山英気・民商一三一巻四・五号

最3判平成13.11.27 民集55.6-1311 ……………瑕疵担保責任による損害賠償請求権の消滅時効の起算点 154
最1判平成14.4.25 判時1785.31……………司法書士会による政治献金と法人の目的〔群馬司法書士会事件〕 26
最1判平成14.7.11 判時1805.56……………空クレジット契約の連帯保証契約の効力 61
大阪地判平成14.7.19 金判1162.32 ……………売買契約の解除と違約金条項 74
最2判平成15.4.18 民集57.4-366 ……………損失補填契約と公序良俗違反の判断時期 39
最2判平成15.10.31 民集判時1846.7……………時効完成後の再度の時効取得と抵当権 147
大阪高判平成16.4.22 消費者法ニュース60.1012……………商品の対価についての不実告知 71
最2判平成16.4.23 民集58.4-959 ……………マンション管理費債権と定期金債権の消滅時効 158
最1判平成18.2.23 民集60.2-546 ……………他人名義への移転登記と九四条二項・一一〇条の類推適用 54
最2判平成18.11.27 民集60.9-3437 ……………入学辞退と学納金の返還請求 73
最3判平成19.4.3 民集61.3-967……………外国語会話受講契約の清算規定と特商法四九条〔NOVA 事件〕 70
最3判平成19.4.24 民集61.3-1073……………自動継続特約付定期預金の消滅時効の起算点 155
最3判平成21.4.28 民集63.4-853 ……………一六〇条の時効の停止と七二四条後段との関係 136
最1判平成23.3.24 民集65.2-903 ……………敷引特約の有効性 75
最2判平成23.7.15 民集65.5-2269……………更新料条項の有効性 76
最2判平成23.12.16 判時2139.3……………建築基準法等に反する建物の建築請負契約の公序良俗違反性 40
最2判平成26.3.4 民集68.3-229……………事理弁識能力を欠く常況にある者と一五八条一項の類推適用 136

最3判平成6.5.31 民集48.4-1065…………権利能力のない社団と総有権確認訴訟の原告適格（入会団体の場合） 22
最3判平成6.9.13 民集48.6-1263…………無権代理人の後見人就任と追認拒絶 100
最2判平成7.3.10 判時1525.59……………債務者の承認による時効中断の物上保証人に対する効力 132
最2判平成7.6.9 判時1539.68………………遺留分減殺請求による登記請求権と消滅時効 157
最2判平成7.7.7 金法1436.31………………クレジット契約における名義貸し 49
最2判平成7.12.15 民集49.10-3088………取得時効における所有の意思と他主占有事情 147
最2判平成8.9.27 民集50.8-2395…………連帯保証債務の物上保証人に対する抵当権の実行と主債務の消滅時効の中断 130
東京地判平成9.2.13 判時1627.129………スポーツクラブ会則における免責条項の解釈 72
最3判平成9.3.25 民集51.3-1609…………ゴルフ会員権譲渡と会則の解釈 44
最1判平成9.6.5 民集51.5-2053……………譲渡禁止特約付債権の譲渡の承認 103
最3判平成9.11.11 民集51.10-4077………賭博の負け金債務と異議を留めない承諾 38
最2判平成10.4.24 判時1661.66……………債務不履行による損害賠償請求権の消滅時効の起算点 153
最1判平成10.4.30 判時1646.162…………荷受人の損害賠償請求と宅配便約款上の責任制限条項 77
最3判平成10.5.26 民集52.4-985…………第三者の強迫による法律行為の取消 66
最1判平成10.6.11 民集52.4-1034…………留置期間の経過と到達 69
最2判平成10.6.12 民集52.4-1087…………一五八条の時効の停止と七二四条後段との関係 135
最2判平成10.6.22 民集52.4-1195…………詐害行為取消しの受益者と消滅時効の援用 133
最2判平成10.7.17 民集52.5-1296…………本人の無権代理行為追認拒絶後の相続 101
最3判平成10.11.24 民集52.8-1737………仮差押えによる時効中断の効力 122
最1判平成11.10.21 民集53.7-1190………後順位抵当権者と援用 124
東京高判平成11.12.14 金法1586.100……くも膜下出血の後遺症と金銭消費貸借 13
最3判平成13.3.27 民集55.2-434…………信義則(3)〔ダイヤルQ2事件〕 3
最3判平成13.7.10 判時1766.42……………共同相続人の一人による取得時効の援用 125

最1判昭和50.9.25 民集29.8-1320…………農地の取得時効の効果と原始取得 146
最2判昭和51.4.9 民集30.3-208……………復代理人の義務 79
最2判昭和51.6.25 民集30.6-665…………専門家と表見代理の正当理由判断 91
最2判昭和52.6.20 民集31.4-449…………両建預金の効力 35
最2判昭和53.2.24 民集32.1-110…………無効行為の転換・嫡出届と認知 106
東京地判昭和53.10.16 判時937.51………故意による沈黙と詐欺 67
最1判昭和54.2.15 民集33.1-51……………集合動産譲渡担保目的物の特定 28
最1判昭和54.9.6 民集33.5-630……………桁違いの手形と錯誤による一部無効 59
最2判昭和54.12.14 判時953.56……………無権代理行為の追認と法定追認 109
最3判昭和56.3.24 民集35.2-300…………女子若年定年制 36
最3判昭和56.4.28 民集35.3-696…………財団法人設立行為と虚偽表示 53
大阪地判昭和56.9.21 判タ465.153………脱毛機の性能不足と錯誤 62
最3判昭和60.11.26 民集39.7-1701………仮登記担保不動産の第三取得者と消滅時効の援用 121
最2判昭和60.11.29 民集39.7-1760………代表権の制限につき悪意の場合と越権代理 92
茨城簡判昭和60.12.20 判時1198.143……勧誘員の指示による偽生年月日の記入 15
最2判昭和61.3.17 民集40.2-420…………時効の効果に関する停止条件説 122
最大判昭和61.6.11 民集40.4-872…………人格権に基づく出版の事前差し止め〔北方ジャーナル事件〕 11
最1判昭和61.11.20 民集40.7-1167………愛人への三分の一の遺贈の効力 37
最3判昭和61.12.16 民集40.7-1236………干潟と土地所有権〔田原湾事件〕 30
最3判昭和62.7.7 民集41.5-1133…………無権代理と表見代理の関係等 105
最3判昭和63.3.1 家月41.10-104…………無権代理人と本人の双方相続 98
最1判平成元.9.14 家月41.11-75…………動機の錯誤と黙示の表示 60
最1判平成2.4.19 判時1354.80……………ガソリンスタンドの地下タンク・洗車機 31
大阪高判平成2.6.21 判時1366.53…………他に連帯保証人がいるとの誤信と錯誤 63
最1判平成4.3.19 民集46.3-222……………売買予約のある不動産の第三取得者と消滅時効の援用 123
最1判平成4.12.10 民集46.9-2727…………法定代理と代理権濫用 48
最3判平成5.1.19 民集47.1-1………………遺贈の解釈 43
最1判平成5.1.21民集47.1-265……………共同相続と無権代理行為の追認 99
最3判平成6.2.22 民集48.2-441……………じん肺訴訟と消滅時効の起算点〔日鉄鉱業じん肺訴訟〕 152
最3判平成6.4.19 民集48.3-922……………法人理事の退任登記と悪意 95
最3判平成6.5.31 民集48.4-1029…………かつらの特殊製法に関する和解契約違反 111

最2判昭和43.3.1 民集22.3-491……………土地所有権の取得時効における無過失の判断基準 142
最2判昭和43.3.8 民集22.3-540……………登記申請行為と債務の履行 80
最1判昭和43.9.26 民集22.9-2002…………時効援用権の代位行使 118
最3判昭和43.10.8 民集22.10-2145………賃借権の時効取得の要件 149
最1判昭和43.10.17 民集22.10-2188………意思外形非対応型九四条二項類推適用 51
最大判昭和43.11.13 民集22.12-2510……被告による所有権の主張と取得時効の中断 134
最1判昭和44.2.13 民集23.2-291…………詐術の意義 16
最1判昭和44.2.27 民集23.2-511…………和解と法人格否認の法理 20
最2判昭和44.7.4 民集23.8-1347…………員外貸付と無効主張の可否 24
最3判昭和44.7.15 民集23.8-1520…………建物賃借人による敷地の時効取得の援用 119
最2判昭和44.11.14 民集23.11-2023………心裡留保と第三者 47
最1判昭和44.12.18 民集23.12-246………売買契約の当事者間における買主の所有権取得時効の援用 143
最1判昭和44.12.18 民集23.12-2476………日常家事債務に関する代理権と表見代理 90
最1判昭和45.5.21 民集24.5-393…………消滅時効の援用権喪失後の再度の時効期間経過 127
最大判昭和45.6.24 民集24.6-625…………株式会社の政治献金と法人の目的 25
最2判昭和45.7.24 民集24.7-1177…………一部請求と消滅時効の中断 128
最3判昭和45.7.28 民集24.7-1203…………一〇九条と一一〇条の重畳適用 83
最1判昭和45.9.10 民集24.10-1389………裁判上の催告 129
最3判昭和45.9.22 民集24.10-1424………放置と他人作出型九四条二項類推適用 52
最2判昭和46.11.5 民集25.8-1087…………不動産の二重売買と所有権の取得時効の起算点 144
最1判昭和46.11.11 判時654.52……………一六二条二項の取得時効と無過失の立証責任 145
最2判昭和47.6.2 民集26.5-957……………権利能力のない社団の資産である不動産の登記方法 21
最3判昭和47.6.27 民集26.5-1067…………権利濫用(4)〔日照権事件〕 7
最2判昭和48.12.14 民集27.11-1586………抵当不動産の第三取得者と消滅時効の援用 120
最1判昭和49.9.26 民集28.6-1213…………詐欺取消しの第三者と登記の要否 65
最2判昭和50.2.28 民集29.2-193…………権利濫用(5)〔サブディーラー事件〕 8
最2判昭和50.4.25 民集29.4-456…………権利濫用(6)〔日本食塩製造事件〕 9
最2判昭和50.7.14 民集29.6-1012…………法人代表者の取引的不法行為と相手方の悪意重過失 27

大判昭和17.9.30 民集21.911…………………詐欺取消後の第三者 64
大連判昭和19.12.22 民集23.626…………一一〇条と一一二条の重畳適用 94
最1判昭和23.12.23 民集2.14-493…………養子縁組と心裡留保 45
最大判昭和29.10.20 民集8.10-1907………大学生の住所 17
最2判昭和29.8.20 民集8.8-1505…………外形自己作出型九四条二項類推適用 50
最2判昭和30.10.7 民集9.11-1616…………芸娼妓契約 33
最3判昭和30.11.22 民集9.12-1781 ………信義則(2)〔権利失効の原則〕 2
最2判昭和31.6.1 民集10.6-612……………死亡により代理権が消滅しない特約 93
最1判昭和33.6.14 民集12.9-1492…………粗悪ジャムと要素の錯誤 58
最1判昭和33.9.18 民集12.13-2027 ………非営利法人と目的の範囲 23
最2判昭和34.7.24 民集13.8-1176…………経理部員と基本代理権 86
最2判昭和35.10.21 民集14.12-2661………本人名義の使用許諾〔東京地裁厚生部事件〕 81
最3判昭和35.11.1 民集14.13-2781 ………契約解除による原状回復義務、不履行による損害賠償請求の消滅時効 150
最3判昭和36.1.17 民集15.1-1 ……………夫婦と正当理由判断 87
最1判昭和36.4.20 民集15.4-774 …………催告書の郵送と到達 68
最3判昭和36.12.12 民集15.11-2756………相手方からの転得者 88
最2判昭和37.4.20 民集16.4-955 …………本人の無権代理人相続 96
最2判昭和37.8.10 民集16.8-1700…………無権利者による処分行為の追認 102
最1判昭和39.1.23 民集18.1-37……………取締規定違反の私法上の効力〔有毒アラレ事件〕 34
最1判昭和39.1.23 民集18.1-99……………仲介報酬契約と直接取引 110
最2判昭和39.5.23 民集18.4-621 …………白紙委任状の輾転流通 82
最3判昭和39.7.7 民集18.6-1016 …………公法人代表者の権限外行為 89
最1判昭和39.10.15 民集18.8-1671 ………権利能力のない社団の要件 19
最2判昭和40.6.18 民集19.4-986 …………無権代理人による本人相続 97
最大判昭和41.4.20 民集20.4-702…………消滅時効完成後の承認 126
最3判昭和41.11.22 民集20.9-1901 ………取得時効と登記、時効完成前の第三者 140
最1判昭和42.4.20 民集21.3-697 …………代理人の権限濫用行為 46
最2判昭和42.6.23 民集21.6-1492…………過怠約款を付した割賦払債務の消滅時効の起算点 151
東京高判昭和42.6.30 判時491.67…………営業部長と代理人呼称 84
最2判昭和42.7.21 民集21.6-1643…………自己の物の時効取得 141
最2判昭和42.10.27 民集21.8-2110………物上保証人による時効の援用、放棄の相対効 117

判例索引

裁判所　裁判年月日　登載判例集	項　目	番　号
大判明治38.5.11 民録11.706	意思無能力者〔意思無能力者手形振出事件〕	12
大判明治43.1.25 民録16.22	時効の援用権者・直接利益を受ける者	114
大判大正4.3.24 民録21.439	出世払い債務の性質	113
大判大正4.10.2 民録21.1560	無権代理人の損害賠償責任の範囲	104
大判大正5.7.5 民録22.1325	和解契約の成否と錯誤	55
大判大正6.2.24 民録23.284	動機の錯誤〔受胎馬事件〕	56
大判大正7.2.14 民録24.221	条件の成否が債権者の意思のみに係る法律行為の効力	112
大判大正7.3.2 民録24.423	取得時効における当事者と登記の要否	138
大判大正7.4.13 民録24.669	契約解除権と原状回復請求権にかかる二段構成	156
大判大正8.3.3 民録25.356	権利濫用(1)〔信玄公旗掛松事件〕	4
大判大正9.4.27 民録26.606	署名代理	78
大判大正10.6.2 民録27.1038	法律行為の解釈〔「塩釜レール入」事件〕	41
大判大正10.12.15 民録27.2160	錯誤と瑕疵担保責任〔中古電動機事件〕	57
大民連判大正14.7.8 民集4.9-412	取得時効と登記、時効完成後の第三者	139
大判大正14.12.3 民集4.685	信義則(1)〔深川渡事件〕	1
安濃津地判大正15.8.10 新聞2648.11	権利濫用(7)〔富田浜病院事件〕	10
大判昭和7.6.21 民集11.1186	連帯保証人と時効の援用	115
大判昭和7.10.6 民集11.2023	胎児と代理〔阪神電鉄事件〕	14
大判昭和7.10.26 民集11.1920	生活費の返還	107
大判昭和8.4.28 民集12.1040	履行の受領と法定追認	108
大判昭和10.4.25 新聞3835.5	自然債務〔カフェー丸玉事件〕	42
大判昭和10.10.1 民集14.1671	建築中の建物〔不動産となる時期〕	29
大判昭和10.10.5 民集14.1965	権利濫用(2)〔宇奈月温泉事件〕	5
大判昭和10.12.24 民集14.2096	裁判外の時効の援用と時効の効果の確定	116
大判昭和13.2.7 民集17.59	失踪宣告の取消し前の行為	18
大判昭和13.3.30民集17.578	賭博債務	32
大判昭和13.10.26 民集17.2057	権利濫用(3)〔高知鉄道敷設事件〕	6
大判昭和17.5.20 民集21.571	法定代理権と表見代理	85

■編者紹介

河上　正二	（かわかみ・しょうじ）	東京大学教授	〔5・136〕
中舎　寛樹	（なかや・ひろき）	明治大学教授	〔10〕

■著者紹介（執筆順）

山崎　暁彦	（やまざき・あきひこ）	福島大学准教授	〔1～4・6～9〕
中里　　真	（なかざと・まこと）	福島大学准教授	〔11～18・28～31〕
渡辺　達徳	（わたなべ・たつのり）	東北大学教授	〔19～27〕
尾島　茂樹	（おじま・しげき）	名古屋大学教授	〔32～38〕
宮下　修一	（みやした・しゅういち）	静岡大学教授	〔39～44・71〕
武川　幸嗣	（むかわ・こうじ）	慶應義塾大学教授	〔45～52〕
鹿野菜穂子	（かの・なおこ）	慶應義塾大学教授	〔53～61〕
北居　　功	（きたい・いさお）	慶應義塾大学教授	〔62～69〕
丸山絵美子	（まるやま・えみこ）	名古屋大学教授	〔70・72～77〕
成田　　博	（なりた・ひろし）	成城大学教授	〔78～80・93〕
川　　淳一	（かわ・じゅんいち）	成城大学教授	〔81～87〕
森永　淑子	（もりなが・よしこ）	成城大学准教授	〔88～92・94・95〕
田中　教雄	（たなか・のりお）	九州大学教授	〔96～101〕
王　　冷然	（おう・れいぜん）	徳島大学准教授	〔102～107〕
五十川直行	（いそがわ・なおゆき）	九州大学教授	〔108～113〕
松久三四彦	（まつひさ・みよひこ）	北海学園大学教授	〔114～128・133〕
池田　清治	（いけだ・せいじ）	北海道大学教授	〔129～132・134・135・137～144〕
石月　真樹	（いしづき・まさき）	北海学園大学講師	〔144～158〕

※〔　〕内は、執筆担当の番号。

新《しん》・判例《はんれい》ハンドブック 民法総則《みんぽうそうそく》

編著者 河上正二《かわかみしょうじ》・中舎寛樹《なかやひろき》

発行所 株式会社 日本評論社　発行者 串崎 浩
東京都豊島区南大塚3-12-4 電話 東京(03)3987-8621(販売)
3987-8631(編集)
振替 00100-3-16 〒170-8474
印刷 精文堂印刷株式会社　製本 株式会社精光堂
Printed in Japan

2015年5月25日 第1版第1刷発行　装幀 海保 透

ISBN 978-4-535-00821-2